Análise de Séries Temporais em R: curso introdutório

Pedro Guilherme Costa Ferreira (Org.)

INSTITUTO BRASILEIRO DE ECONOMIA

Autores

Anna Carolina Barros
Daiane Marcolino de Mattos
Ingrid Christyne Luquett de Oliveira
Pedro Guilherme Costa Ferreira
Victor Eduardo Leite de Almeida Duca

- Os autores deste livro e a editora empenharam seus melhores esforços para assegurar que as informações e os procedimentos apresentados no texto estejam em acordo com os padrões aceitos à época da publicação, e *todos os dados foram atualizados pelos autores até a data de fechamento do livro*. Entretanto, tendo em conta a evolução das ciências, as atualizações legislativas, as mudanças regulamentares governamentais e o constante fluxo de novas informações sobre os temas que constam do livro, recomendamos enfaticamente que os leitores consultem sempre outras fontes fidedignas, de modo a se certificarem de que as informações contidas no texto estão corretas e de que não houve alterações nas recomendações ou na legislação regulamentadora.

- Os autores e a editora se empenharam para citar adequadamente e dar o devido crédito a todos os detentores de direitos autorais de qualquer material utilizado neste livro, dispondo-se a possíveis acertos posteriores caso, inadvertida e involuntariamente, a identificação de algum deles tenha sido omitida.

- **Atendimento ao cliente:** (11) 5080-0751 | faleconosco@grupogen.com.br

- Direitos exclusivos para a língua portuguesa
  Copyright © 2018, 2021 (7ª impressão) Instituto Brasileiro de Economia
  GEN | Grupo Editorial Nacional S.A.
  Publicado pelo selo Editora Atlas Ltda.
  Rua Conselheiro Nébias, 1.384
  São Paulo – SP – 01203-904
  www.grupogen.com.br

- Reservados todos os direitos. É proibida a duplicação ou reprodução deste volume, no todo ou em parte, em quaisquer formas ou por quaisquer meios (eletrônico, mecânico, gravação, fotocópia, distribuição pela Internet ou outros), sem permissão, por escrito, do GEN | Grupo Editorial Nacional Participações S/A.

- Coordenação geral: Claudio Roberto Gomes Conceição
- Capa: Marcelo Nascimento Utrine
- Editoração eletrônica: Marcelo Nascimento Utrine
- Revisão: Marina Rocha
- Imagem da capa: istockphoto.com

- Ficha catalográfica

A551
    Análise de séries temporais em R: curso introdutório / Anna Carolina Barros ... [et al.] - organização Pedro Guilherme Costa Ferreira. - 1. ed. - [7ª Reimp.] . - São Paulo: GEN | Grupo Editorial Nacional. Publicado pelo selo Editora Atlas Ltda., FGV IBRE, 2021.
    264 p. : il. ; 23 cm.

    Bibliografia.
    ISBN 978-85-352-9087-5

        1. Econometria. 2. Economia - Métodos estatísticos. 3. Estatística. I. Barros, Anna Carolina. II. Ferreira, Pedro Guilherme Costa.

17-45016

CDD: 330.015195
CDU: 330.43

Autores

Pedro Guilherme Costa Ferreira
Doutor em Engenharia Elétrica (Métodos de Apoio à Decisão) e mestre em Economia. Coautor dos livros *Planejamento da operação de sistemas hidrotérmicos no Brasil* e *Análise de Séries Temporais em R: curso introdutório*. É o primeiro pesquisador da América Latina a ser recomendado pela empresa RStudio Inc. Atuou em projetos de pesquisa e desenvolvimento (P&D) no setor elétrico nas empresas Light S.A. (*e.g.* estudo de contingências judiciais), Cemig S.A. e Duke Energy S.A., entre outras. Ministrou cursos de estatística e séries temporais na PUC-Rio e IBMEC e em empresas como o Operador Nacional do Setor Elétrico (ONS), Petrobras e CPFL S.A. Atualmente é professor de Econometria de Séries Temporais e Estatística, cientista chefe do Núcleo de Métodos Estatísticos e Computacionais (FGV IBRE) e coordenador do curso de Big Data e Data Science (FGV IDE). É também revisor de importantes *journals*, como *Energy Policy* e *Journal of Applied Statistics*. Principais estudos são em modelos econométricos, setor elétrico, incerteza econômica, preços, R *software* e *business cycle*.

Anna Carolina Barros
Engenheira pelo Centro Federal de Educação Tecnológica Celso Suckow da Fonseca (CEFET/RJ) e mestre em Modelagem Matemática da Informação pela Escola de Matemática Aplicada da Informação (FGV EMAp). Atuou como pesquisadora no Núcleo de Métodos Estatísticos e Computacionais (FGV IBRE), onde desenvolveu projetos nas áreas: *Data Minning*, *Webscraping*, Incerteza Econômica e *Web Apps* com a linguagem R. Atualmente é cientista de dados em uma rede varejista de moda.

Daiane Marcolino de Mattos
Mestranda em Engenharia Elétrica (Métodos de Apoio à Decisão) pela PUC-Rio e graduada em Ciências Estatísticas pela Escola Nacional de Ciências Estatísticas (Ence/IBGE). Atualmente trabalha como pesquisadora no Núcleo de Métodos Estatísticos e Computacionais (NMEC) no Instituto Brasileiro de Economia (FGV IBRE) com foco na melhoria do ajuste sazonal das séries de Sondagens do IBGE e na extração da tendência da inflação; utiliza o *software* R como principal programa estatístico nas tarefas diárias desde as análises até a apresentação dos resultados.

Ingrid Christyne Luquett de Oliveira
Mestre e graduada em Estatística pela Universidade Federal do Rio de Janeiro (UFRJ). Atualmente trabalhando na Coordenação de Métodos e Qualidade (Comeq) do Instituto Brasileiro de Geografia e Estatística (IBGE) com foco no estudo de métodos destinados à criação de novas pesquisas ou reformulação de pesquisas vigentes, utilizando o R como principal ferramenta computacional. Principais estudos em modelagem de séries temporais, estatística espacial e inferência bayesiana.

Victor Eduardo Leite de Almeida Duca
Graduou-se em estatística pela Universidade Federal Fluminense (UFF). Mestre em Engenharia Elétrica (Métodos de Apoio à Decisão) pela PUC-Rio. Atualmente é aluno de doutorado em Estatística na Universidade Federal do Rio de Janeiro (UFRJ). Trabalhou como professor substituto no Departamento de Estatística da Universidade Federal Fluminense (UFF). Tem experiência na área de probabilidade e estatística atuando principalmente em séries temporais e simulação.

Apresentação

Ao longo dos últimos 10 anos tenho dedicado boa parte dos meus estudos a séries temporais: a) tratei sobre o tema na minha dissertação de mestrado e na minha tese de doutorado; b) prestei consultoria sobre o assunto em importantes empresas como Light S.A., Operador Nacional do Sistema Elétrico (ONS), Coca-Cola S.A. e Duratex S.A.; e c) contribuí para a geração de importantes resultados em projetos de pesquisa e desenvolvimento desenvolvidos para empresas do setor elétrico brasileiro.

Atualmente, além de ministrar a disciplina de Econometria de Séries Temporais e ser revisor de importantes *journals* como *Journal of Applied Statistics* e *Energy*, coordeno o curso de Big Data e Data Science (FGV IDE) e o Núcleo de Métodos Estatísticos e Computacionais (FGV IBRE) e, basicamente, nosso trabalho envolve séries temporais, *big data* e *data science*.

A experiência adquirida, em empresas e academicamente, ao longo desses anos, mostrou-me a importância e a necessidade de se trabalhar com *softwares* robustos e flexíveis, mas, sobretudo, livres. Tendo tais premissas como princípio, há quatro anos resolvemos adotar o R como nossa ferramenta de trabalho. E, com muita convicção, acredito que tomamos a decisão correta.

O R, além de ser robusto, flexível, livre, trabalhar muito bem com grandes bases de dados e oferecer excelentes pacotes de séries temporais, surpreendeu-nos positivamente em atividades como *webscraping*, *datamining* e, mais recentemente, com o Shiny (desenvolvido pela RStudio Inc) e todas as suas possibilidades na criação de páginas na web, por exemplo. Aliás, recomendo a visita à minha página na web [https://pedrocostaferreira.github.io], cuja seção inicial foi toda desenvolvida em Shiny.

É nesse contexto que este livro se insere. Ele é a junção de diversos trabalhos que desenvolvemos nos últimos anos no NMEC (FGV IBRE) e de minhas aulas de séries temporais. O livro está muito interessante e, sem dúvida, reflete a competência e a dedicação da equipe do NMEC (FGV IBRE).

O livro está organizado da seguinte forma: na parte I, **Introdução ao R, estatística descritiva + gráficos,** fazemos uma breve introdução do *software* R e abordamos tópicos como a instalação do *software*, a criação de funções e conceitos básicos de estatística. Além disso, ensinamos como criar importantes gráficos, como *boxplot* e gráfico de dispersão. Por fim, ao final desta parte introdutória, apresentamos alguns exercícios com respostas no Github (github.com/pedrocostaferreira/timeseries) que ajudarão a fixar os conceitos aprendidos nesses capítulos.

A próxima seção, intitulada **Análise de Séries Temporais: Modelos Univariados** engloba os capítulos 2 ao 5. No capítulo 2 [**Modelos de suavização exponencial**] o leitor aprenderá os modelos de suavização exponencial simples, de Holt e de Holt-Winters. Para cada modelo será discutida a sua construção seguida de exemplos ilustrativos. No capítulo 3 [**Processos não estacionários**] abordamos o problema da não estacionariedade, quando as propriedades estatísticas não são invariantes por translações no tempo. Começamos o capítulo mostrando as principais fontes de não estacionariedade. Em seguida, apresentamos o método adequado para tratar de cada uma. São apresentados testes de raiz unitária, além de testes para quebras estruturais, a fim de verificar a necessidade de diferenciação da série.

O capítulo 4 [**Modelos SARIMA**] é dedicado à apresentação do modelo SARIMA. Para tal, fez-se uso da série temporal de vendas de passagens aéreas, mais conhecida como *Airline*. Trata-se de uma série temporal mensal que registra o total de passageiros internacionais (em milhares) da linha aérea (Pan Am) no período de janeiro de 1949 a dezembro de 1960, nos EUA. Ao longo desse capítulo, discutiremos as características dessa série e os passos para modelá-la utilizando o *software* R. Ao ler esse capítulo, pretende-se que o leitor esteja apto a modelar uma série temporal "não complexa", seguindo a proposta de Box & Jenkins, utilizando o *software* R.

Finalizando a parte II, o capítulo 5 [**Ajuste sazonal**] tem como objetivo analisar a sazonalidade presente em séries temporais. Aborda-se como identificar tal componente e removê-la para que as análises a respeito da trajetória da série temporal sejam feitas adequadamente. O método utilizado para extrair a componente sazonal, isto é, dessazonalisar, é o X-13ARIMA-SEATS desenvolvido pelo U.S. Census Bureau. Este é um programa mundialmente conhecido. Você vai aprender a utilizá-lo no R e a avaliar a qualidade de um ajuste sazonal a partir das ferramentas que o mesmo dispõe.

A parte III, **Análise de Séries Temporais: Modelos Multivariados**, aborda os principais modelos de séries temporais que levam em conta outras variáveis para explicar a variável de interesse.

O capítulo 6 [**Box & Jenkins com função de transferência**] apresenta como acrescentar outras variáveis aos modelos desenvolvidos por Box & Jenkins. A metodologia é conhecida como Box & Jenkins com Função de Transferência e as variáveis inseridas, geralmente, possuem relação causal com a variável resposta, o que pode aperfeiçoar a capacidade preditiva do modelo. Apresentamos o método originalmente desenvolvido para definir a defasagem das variáveis auxiliares que serão inseridas no modelo e como diagnosticar o modelo final.

O capítulo 7 [**Regressão dinâmica**] explora a aplicação do modelo clássico de regressão em variáveis observadas no tempo, abordando as implicações sobre seus pressupostos. Discutimos, em particular, a presença de correlação serial nos resíduos e apresentamos maneiras de contorná-la, tanto pela inclusão de estrutura autorregressiva nos erros, quanto pelo uso de modelos autorregressivos com defasagens distribuídas (ADL). Discutimos os problemas associados a regressões espúrias, expondo o modelo de correção de erro como possível solução.

Neste capítulo 8 [**Modelo vetorial autorregressivo**], apresentamos os modelos VAR e VECM. Começamos com a definição do modelo e as limitações que levaram à sua criação. Em seguida, tratamos de sua estabilidade, que traça um paralelo com o problema de não estacionariedade para modelos univariados. Uma vez estimado, apresentamos algumas ferramentas de análise estrutural e de previsão. Em seguida, abordamos os modelos estruturais e a cointegração no contexto multivariado, que leva à metodologia de Johansen para inferência da quantidade e estimação dos vetores de cointegração.

Esperamos que aproveitem e gostem do conteúdo apresentado no livro e que ao final dessa viagem pelo "Mundo das Séries de Tempo" vocês saibam os passos e os cuidados necessários para uma boa modelagem e previsão.

Muito obrigado,
Pedro Guilherme Costa Ferreira

Sumário

Parte I Introdução ao R, Estatística Descritiva + Gráficos	1
1 Introdução ao R	**3**
1.1 Introdução: o que é o R e o RStudio?	3
1.1.1 A linguagem R	3
1.1.2 O RStudio	4
1.1.3 Bases de dados	4
1.2 Primeiros passos com R e RStudio	5
1.2.1 Instalação do R	5
1.2.2 Scripts	8
1.3 Primeiros passos com o R	10
1.3.1 Operações matemáticas	10
1.3.2 Operações lógicas	10
1.3.3 Objetos	11
1.3.4 Classes de objetos	12
1.4 Vetores	14
1.4.1 Exercícios	16
1.5 Data frames	17
1.5.1 Exercícios	21
1.6 Matriz	22
1.7 Listas	24
1.7.1 Exercícios	27
1.8 Trabalhando com diretórios e arquivos externos	27
1.8.1 Leitura de arquivos externos	28
1.8.2 Exportação de arquivos	30
1.9 Estruturas de condição e repetição	33
1.9.1 Estruturas de condição	33
1.9.2 Estruturas de repetição	35
1.10 Funções	39
1.10.1 Exercícios	40
1.11 A função which	41
1.12 Funções apply	42
1.13 Criando gráficos com o R	44

1.13.1 Histograma 46
1.13.2 Boxplot 51
1.13.3 Gráfico de pontos ou gráfico de dispersão 53
1.13.4 Gráfico de setores ou de pizza 55
1.13.5 Gráfico de barras 57
1.13.7 Adicionando elementos ao gráfico 61
1.13.8 Múltiplos gráficos 66
1.14 Exercícios 68
   1.14.1 Base train.csv 68
   1.14.2 Base Human Development Index (HDI).csv 68
   1.14.3 Base dados_anp2.csv 69
   1.14.4 Base_ipea.csv 69

Parte II Análises de Séries Temporais: Modelos Univariados 73

2 Modelos de suavização exponencial 75
2.1 Introdução 75
2.2 Suavização exponencial simples (SES) 81
2.3 Suavização exponencial de Holt (SEH) 84
2.4 Suavização exponencial sazonal de Holt-Winters 88
   2.4.1 O modelo aditivo 88
   2.4.2 O modelo multiplicativo 89
2.5 Considerações finais 93

3 Processos não estacionários 95
3.1 Introdução 95
3.2 Tipos de não estacionariedade 97
3.3 Diferenciação e remoção de tendência 101
3.4 Testes formais 106
   3.4.1 Augmented Dickey-Fuller (ADF) 106
   3.4.2 KPSS 108
   3.4.3 Phillips-Perron 109
   3.4.4 Dickey Fuller-GLS (ERS) 109
   3.4.5 Zivot-Andrews 110
3.5 Quebras estruturais 111
   3.5.1 Principais testes para quebras estruturais 111
3.6 Exemplo 116
3.7 Considerações finais 120

4 Modelos SARIMA 121
4.1 Introdução 121
4.2 Preliminares 122
4.3 Análise exploratória da série temporal de vendas de passagens aéreas 123

4.3.1 Leitura da ST no R	123
4.3.2 Uma análise um pouco mais profunda da sazonalidade	125
4.3.3 Decomposição da ST	125
4.4 Conhecendo a ST antes de iniciar a modelagem BJ	127
4.4.1 Testando a estacionariedade da parte não sazonal	127
4.4.2 Avaliando a estacionariedade da parte sazonal	132
4.5 Modelando a ST	134
4.5.1 Identificação	135
4.5.2 Estimação	137
4.5.3 Diagnóstico	138
4.5.4 Previsão	142
4.6 Exportando as previsões	143
4.7 Considerações finais	143
5 Ajuste sazonal	**145**
5.1 Introdução	145
5.2 Breve resumo sobre o X-13ARIMA-SEATS	146
5.3 Instalação dos pacotes necessários	147
5.4 Algoritmo de ajuste sazonal	147
5.5 Aplicação no Índice de Produção Industrial	149
5.5.1 Análise gráfica	150
5.5.2 Execução do X-13ARIMA-SEATS no modo automático	151
5.5.3 Avaliação do ajuste automático	153
5.5.4 Correção do ajuste automático	158
5.6 Considerações finais	163
Parte III Análises de Séries Temporais: Modelos Multivariados	**165**
6 Box & Jenkins com função de transferência	**167**
6.1 Introdução	167
6.2 Definição	167
6.3 Dados e pacotes necessários	168
6.4 Metodologia	169
6.4.1 Função de correlação cruzada entre Y e X	170
6.4.2 Identificar r, s e b	173
6.4.3 Estimação do modelo com função de transferência	174
6.4.4 Verificar se o modelo é adequado	176
6.5 Considerações finais	178
7 Regressão dinâmica	**179**
7.1 Introdução	179
7.2 Modelo clássico de regressão linear	180
7.3 Correlação serial	181

7.3.1 Testes de correlação serial	182
7.3.2 Correção da correlação serial	184
7.3.3 Exemplo com dados artificiais	186
7.4 Modelos autorregressivos com defasagens distribuídas	189
7.5 Modelo de correção de erro	191
7.6 Aplicação à expectativa de inflação dos consumidores	193
7.7 Considerações finais	200
8 Modelo vetorial autorregressivo	**201**
8.1 Introdução	201
8.2 O Modelo VAR	202
8.2.1 Definição	202
8.2.2 Estabilidade e estacionariedade	204
8.3 Estimação, análise e previsão	207
8.3.1 Estimação	207
8.3.2 Diagnóstico	209
8.3.3 Função impulso-resposta	211
8.3.4 Decomposição de variância	214
8.3.5 Previsões	216
8.3.6 Causalidade de Granger	217
8.4 VAR estrutural (SVAR)	218
8.4.1 Definição	218
8.4.2 Exemplo	220
8.5 Não estacionariedade e cointegração	221
8.5.1 Engle-Granger	222
8.5.2 VECM	223
8.5.3 Método de Johansen	224
8.5.4 VEC estrutural (SVEC)	228
8.5.5 Exemplo	230
8.6 Investimento e confiança industrial	235
8.7 Considerações finais	241
Referências Bibliográficas	**243**

Parte I

Introdução ao R, Estatística Descritiva + Gráficos

Introdução ao R

1

Introdução ao R

Anna Carolina Barros
Daiane Marcolino de Mattos
Pedro Guilherme Costa Ferreira

1.1 Introdução: o que é o R e o RStudio?

1.1.1 A linguagem R

O R não é apenas uma linguagem de programação, é também um ambiente integrado de desenvolvimento. É software livre que foi desenvolvido em Bell Laboratories (antiga AT & T, agora Lucent Technologies) por John Chambers e seus colegas (team2017).

De acordo com seus criadores, o R é um *software* para manipulação de dados, cálculo e exibição gráfica, e esse ambiente inclui:

- Instalação eficaz de tratamento e armazenamento de dados;
- Conjunto de operadores para cálculos em numéricos, em vetores e matrizes;
- Grande coleção coerente e integrada de ferramentas intermediárias para análise de dados;
- Instalações gráficas para análise de dados e exibição na tela ou em console;
- Linguagem de programação bem desenvolvida, simples e eficaz que inclui condicionais, loops, funções recursivas definidas pelo usuário e instalações de entrada e saída.

Além disso, o R conta com uma ampla comunidade acadêmica que oferece suporte e ajuda aos usuários (CRAN) além de oferecer uma extensão às funções usuais do R, com os pacotes.

Isso faz do R um projeto "aberto", o que significa ser continuamente melhorado, atualizado e expandido pela comunidade global de desenvolvedor e seus usuários incrivelmente apaixonados (Bowles, 2015).

1.1.2 O RStudio

O RStudio é um ambiente de desenvolvimento integrado (IDE) para R. Nele estão inclusos ferramentas que facilitam o uso da linguagem R, como um console e uma janela que suporta a execução do código direto, e instrumentos que auxiliam na análise histórica do script e debugação de possíveis erros.

O RStudio está disponível em open source e edições comerciais e é executado no desktop (Windows, Mac e Linux) ou em um navegador conectado ao RStudio Server ou ao RStudio Server Pro (Debian / Ubuntu, RedHat / CentOS e SUSE Linux).

1.1.3 Bases de dados

Neste primeiro módulo (Introdução: O que é o R e RStudio?) faremos uso de alguns arquivos externos:

- `populacao.txt`, `populacao.csv` e `populacao.xlsx`: são todos a mesma base, porém em formatos diferentes. Trata-se de dados simulados de uma amostra de pessoas de cinco regiões diferentes. Com informações sobre idade, gênero e região.
- `iris`: (incluída no R) refere-se a informações sobre o comprimento e a largura de pétalas e sépalas (em centímetros) de 50 flores.
- `dados_anp2.csv`: com o objetivo de evitar possíveis irregularidades, desde 2 de maio de 2004, a ANP publica o Levantamento de Preços e de Margens de Comercialização de Combustíveis, contemplando a ampliação do universo de municípios pesquisados, abrangendo todos os estados brasileiros. A divulgação da pesquisa encontra-se no site http://www.anp.gov.br/preco/. Os combustíveis incluídos nessa pesquisa são: gasolina, etanol, diesel, GNV, diesel S10. Essa base contém dados dos preços de venda e compra desses combustíveis no ano de 2016. Esses dados foram capturados usando a técnica de wescraping com R.
- `train.csv`: essa base foi extraída do desafio da rede https://www.kaggle. com que promove competições globais para cientistas de dados. O desafio do *Titanic* é o mais usado e o mais indicado para iniciantes em ciência de

dados, trata-se de uma competição para prever se um passageiro sobreviveu ou não no navio. A base em questão fornece as informações:
- survival: status se sobreviveu ou não;
- pclass: em qual classe pertencia;
- name: nome do passageiro;
- sex: genero do passageiro;
- age: idade;
- sibsp: número de esposos e\ou irmãos à bordo;
- parch: número de pais\filhos à bordo;
- ticket: número da passagem;
- fare: tarifa;
- cabin: número da cabine;
- embarked: porta em que embarcou.
- Human development index (HDI).csv: base com a evolução do Índice de Desenvolvimento Humano (IDH) nos anos de 2013 e 2014.
- base_ipea.csv: durante os meses de maio e junho de 2013, o Instituto de Pesquisa Econômica Aplicada (Ipea, 2015) realizou a pesquisa intitulada de "Tolerância social à violência contra a mulher". A pesquisa foi feita por amostragem, ou seja, foi selecionada uma parte da população do Brasil. A amostra é composta por 3.810 indivíduos de ambos os sexos. E abrange os municípios metropolitanos e não metropolitanos das cinco regiões (Norte, Nordeste, Centro-Oeste, Sudeste e Sul). Na pesquisa, frases foram lidas para os entrevistados, que em seguida deveriam dizer se concordavam total ou parcialmente, ou se discordavam total ou parcialmente ou se nem concordavam nem discordavam (neutralidade).

1.2 Primeiros passos com R e RStudio

1.2.1 Instalação do R

Neste livro faremos uso da versão 3.3.2 do R, para instalá-lo siga os passos:
1. Vá no site https://cran.r-project.org.
2. Faça *download* do arquivo.
3. Clique em executar.

Neste livro além do R faremos uso do RStudio, para instalá-lo basta:
1. Vá no site https://www.rstudio.com/home.
2. Clique em *download*.
3. Escolha o free.

4. Faça o *download* do arquivo.
5. Clique em executar.

Conhecendo o RStudio

Ao abrir o RStudio será aberta uma tela grande com quatro outras telas:

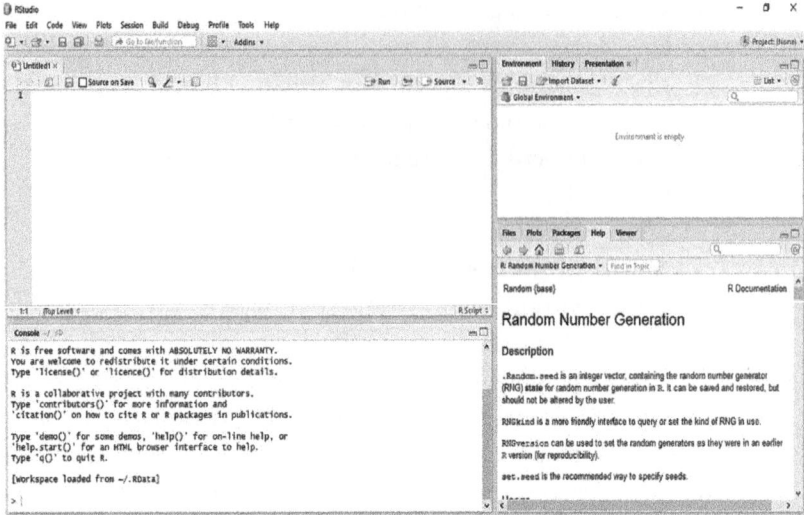

Figura 1.1: Tela inicial.

1. A primeira tela é destinada à escrita dos seus scripts, onde ficarão armazenados os seus códigos.

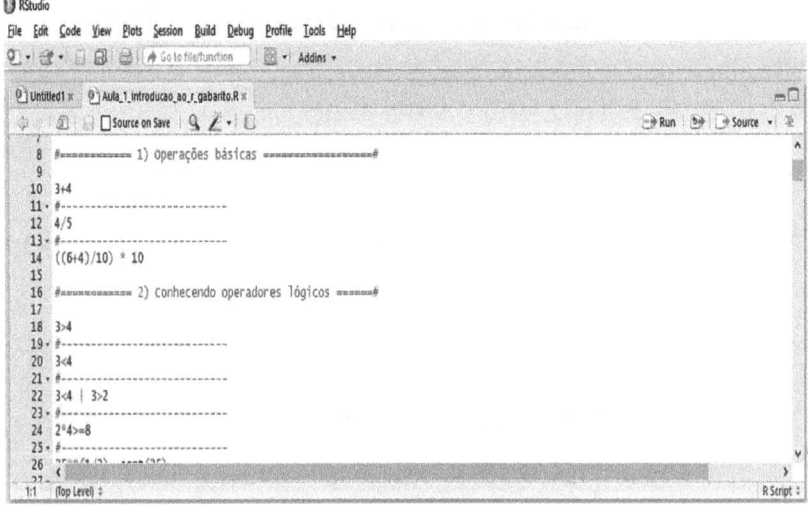

Figura 1.2: Primeira tela.

2. A segunda tela é onde são compilados os códigos escritos na primeira tela. Você também pode digitar os comandos no console, mas não serão armazenados.

Figura 1.3: Segunda tela - Console.

3. A terceira tela, destina-se principalmente a armazenar os objetos criados nos scripts.

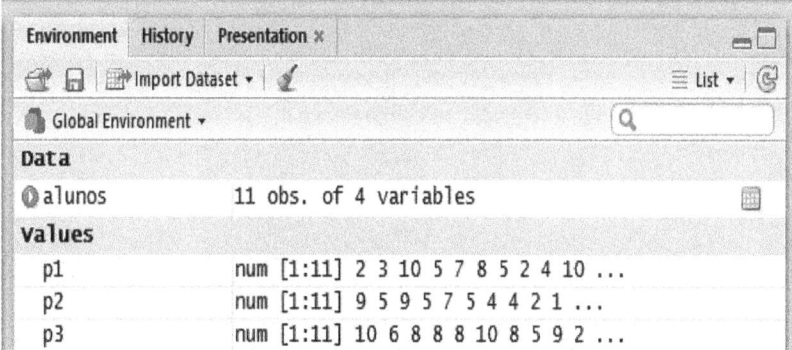

Figura 1.4: Terceira tela.

4. A quarta tela tem quatro diferentes objetivos. O primeiro é mostrar os plots (gráficos) que serão feitos em um script. O segundo objetivo é mostrar os arquivos dentro de um diretório. O terceiro objetivo está relacionado aos pacotes presentes no *software*. O quarto objetivo é responder os questionamentos de qualquer objeto fazendo uso da função help() – figura 1.5.

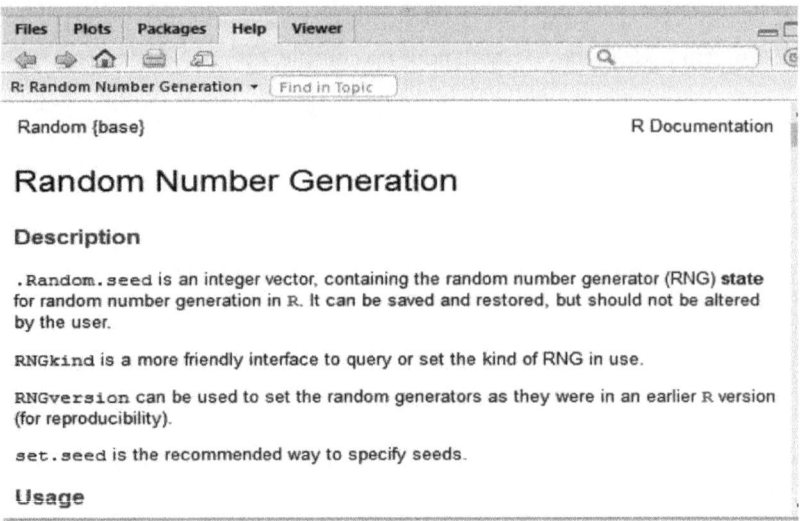

Figura 1.5: Quarta tela.

1.2.2 Scripts

Scripts são arquivos em texto onde são armazenados os seus comandos em R, os scripts são escritos na primeira tela do **RStudio**. Para criar um novo script basta seguir o caminho File > New File > RScript:

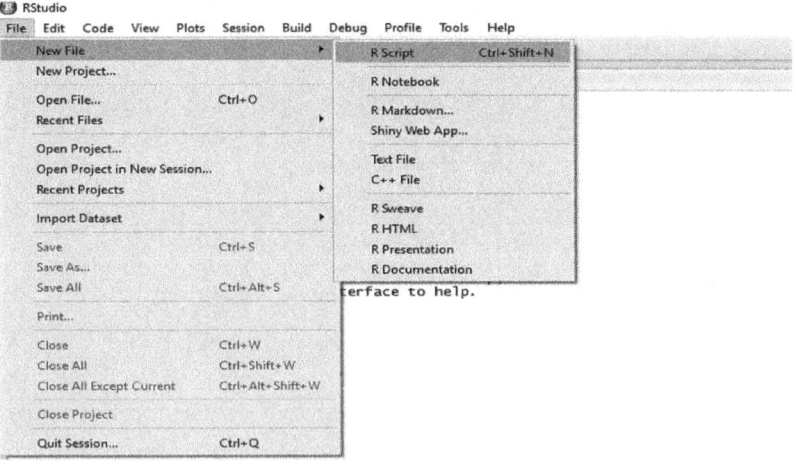

Figura 1.6: Criar script.

Salvando um script existente

Para salvar um script escrito, basta seguir o caminho: `File > Save As:`

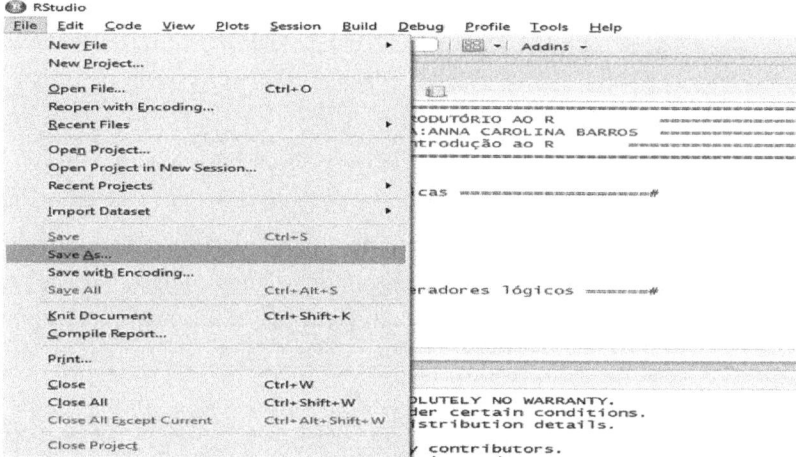

Figura 1.7: Salvar Script.

Executando um Script

Para fazer com que o R entenda que você está executando uma linha de comando, existem duas maneiras. A primeira é fortemente desencorajada, que é colocar o cursor ao final da linha ou selecionar as linhas que deseja executar e clicar no botão:

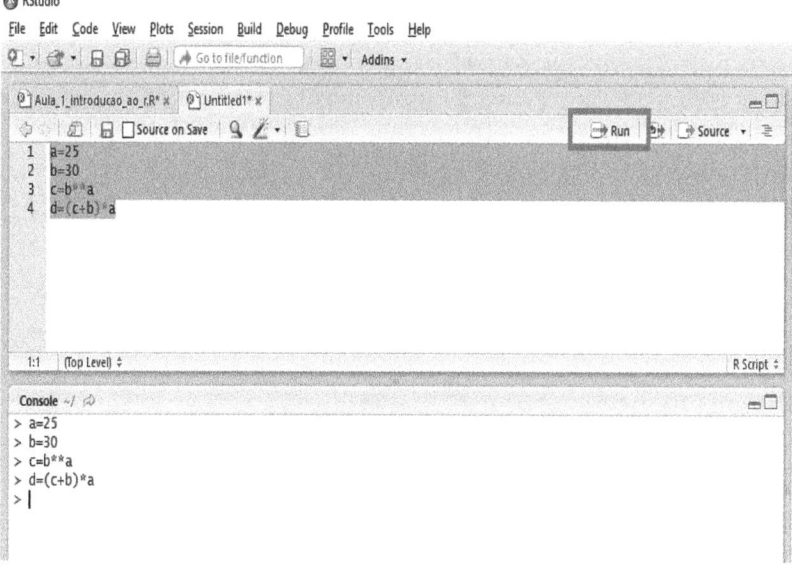

Figura 1.8: Executar Script.

9

Outra forma de facilitar a execução dos comandos do R, é utilizar os seguintes comandos:

CTRL + R ou CTRL + ENTER

1.3 Primeiros passos com o R

1.3.1 Operações matemáticas

Operações matemáticas, como o próprio nome já diz, são ações que resultam em um número. Na tabela 1.1 são apresentados alguns códigos básicos no R:

Operação	Código em R
Soma	+
Subtração	-
Multiplicação	*
Divisão	/
Potência	a**b
Raiz quadrada	sqrt()
Módulo (resto)	%%
Quociente da divisão	%/%
Logaritmo	log(x,base)
Combinação	choose(x,n)
Fatorial	factorial(x)

Tabela 1.1: Operações matemáticas.

Exemplo: Qual é o resultado de $\sqrt[2]{25}$?
> *sqrt(25)*

[1] 5

Exemplo: Qual é o resto da divisão de $\frac{5}{2}$?
> *5%%2*

[1] 1

1.3.2 Operações lógicas

São operações que testam se uma situação é verdadeira ou falsa, os principais operadores são:

Operação	Código em R
Negação	!
Contém	%in%
Maior	>
Menor	<
Igual	==
Diferença	!=

Tabela 1.2: Operadores lógicos.

Exemplo: Tome $a = 25$ e $b = 45$ analise se a é maior:
```
> a=25
> b=45
> a>b
```
[1] FALSE

Os operadores lógicos acima analisam se uma situação é verdadeira ou falsa de maneira pontual. Existem operadores lógicos que analisam de maneira mais ampla se uma situação é verdadeira ou não:

- Operador **E** - retorna verdadeiro se toda a expressão for verdadeira. No R fazemos uso do operador & ou &&.
- Operador **OU** - retorna verdadeiro se ao menos uma das partes da expressão for verdadeira. No R fazemos uso do operador | ou ||.
- Operador **OU Exclusivo** - retorna verdadeiro somente se uma das partes for verdadeira. No R para ou exclusivo fazemos uso do `xor()`.

Exemplo: Analise se $25^2 = \sqrt{625}$ e se *Bigdata* = *bigData*:
```
> 25**2==sqrt(625) & "Bigdata" == "bigData"
```
[1] FALSE

Exemplo: Analise se $25^2 = \sqrt{625}$ e se *Bigdata* = *BigData*:
```
> 25**2==sqrt(625) | "Bigdata" == "BigData"
```
[1] TRUE

1.3.3 Objetos

Os objetos são destinados a guardar temporariamente os valores calculados. Para atribuir um valor a um objeto basta digitar o comando <- ou =.

OBS.: No R você pode criar objetos e visualizá-los de duas maneiras distintas. A primeira é inserindo parênteses antes do objeto e após o objeto atribuído.

> (a=3)

[1] 3

A segunda forma é chamar o objeto pelo nome atribuído:
> a=3
> a

[1] 3

1.3.4 Classes de objetos

Numeric

Como o próprio nome indica, são objetos em que são atribuídos números.
Exemplo: Tome $a = 2$ e $b = 5$ faça $c = a+b$:
> a=2
> b=5
> c=a+b
> c

[1] 7

Exemplo: Tome $a = 15$ e $b = 25$ faça $c = a + b$ e $d = (\sqrt[3]{c})$:
> a=15
> b=25
> (c=a+b)

[1] 40

> d=c^(1/3)
> d

[1] 3.419952

>

Character

São palavras, textos, letras, entre outros. Para atribuir a um objeto tipo *character* é necessário colocar o valor entre aspas duplas ou aspas simples.
Exemplo: Tome $nome_1 = Big$ e $nome_2 = Data$:
> nome1="big"
> nome1

[1] "big"

> nome2='data'
> nome2

[1] "data"

Exemplo: Faça *nomecompleto* = *nome₁* + *nome₂*:

Para resolver essa questão é necessário fazer uso da função paste(), essa função é usada para concatenar dois ou mais objetos *character*.

> nomecompleto=paste(nome1,nome2)
> nomecompleto

[1] "big data"
Caso não seja útil o espaço entre as palavras, basta usar a função paste0():
> nomecompleto=paste0(nome1,nome2)
> nomecompleto

[1] "big data"

Date

Dados tipo *date* podem ser importados de diversos tipos em especial *character*. É muito útil transformar *characteres* em datas, principalmente quando só arquivos são importados de fontes externas.

Exemplo: Transforme 06/02/2017 em data:
> data="06/02/2017"
> formatodata=as.Date(x = data,format="%d/%m/%Y")
> formatodata

[1] "2017-02-06"
No exemplo acima foi feito o uso da função Date(), que tem como *inputs*:

- x: Objeto a ser transformado
- format: como está dividido o texto a ser transformado em data (no exemplo acima estava dividido por "/"):
  - %d= representa o dia;
  - %m= representa o mês;
  - %Y= representa o ano.

Logical

É uma classe de objeto que pode receber como valor as situações TRUE (verdadeira) ou FALSE (falso).

Conhecendo a classe de objetos

Para saber qual é a classe de um objeto basta usar a função class() ou str():

Exemplo: Tome $a = 3$, descubra a classe de a.

> *a=3*
> *str(a)*

num 3

Exemplo: Tome $a = 3$, descubra a classe de a.

> *a=3*
> *class(a)*

[1] "numeric"

1.4 Vetores

Vetores são objetos que armazenam unidimensionalmente várias variáveis da mesma classe. Imagine que você é um diretor de uma empresa que vende um determinado produto em todos os estados brasileiros. Assim, se você quisesse ter o conjunto de preços por estado de cada produto você deveria criar 27 objetos numéricos diferentes.

$$preco1 = 1.5$$
$$preco2 = 2.5$$
$$preco3 = 4.5$$
$$\vdots$$
$$preco27 = 5.5$$

Para evitar esse trabalho desnecessário pode-se usar um vetor que listará todos os preços:

$$precos=[1.5, 2.5, 4.5, ..., 5.5]$$

No R para criar um vetor basta usar a função c():

Exemplo: Crie um vetor chamado nomes que contenha:

Anna
Paula
Roberta
Ingrid
Fernanda
João

```
> nomes=c("Anna","Paula","Roberta","Ingrid","Fernanda","João")
> nomes
```

[1] "Anna"   "Paula"   "Roberta"   "Ingrid"   "Fernanda"   "João"

Indexação de vetores

É comum trabalhar com um ou mais elementos específicos de um vetor. Para acessá-los é necessário conhecer a indexação:

$$elemento_i = V[i]$$

Onde: *i* é a posição do elemento solicitado e *V* é o vetor em questão.

O R segue essa mesma lógica, basta digitar nome_vetor[posição desejada].

Exemplo: Tome o vetor *v*=[1,10,15,5,30,2], qual é o primeiro elemento do vetor?

```
> v=c(1,10,15,5,30,2)
> v[1]
[1] 1
```

Caso queira mais de uma posição digite nome_vetor[posicao_inicial: posicao_final].

Exemplo: Ainda com o vetor *v*=[1,10,15,5,30,2], quais são os três primeiros elementos do vetor?

```
> v[1:3]
[1] 1 10 15
```

Tamanho do vetor

Para saber o tamanho de um vetor, basta usar a função length():

Exemplo: Qual é o tamanho do vetor *v*=[1,10,15,5,30,2]?

```
> v=c(1,10,15,5,30,2)
> length(v)
[1] 6
```

Concatenando vetores

Agora vamos supor que você é um professor e no primeiro dia de aula tem a lista com o nome dos alunos:

Anna	Vanessa
Pedro	Paula
Carlos	Italo
Bruno	

Mas no segundo dia surgiram mais 5 alunos:

Jorge
Davi
Mariana
Carolina
Alice

Como colocar os novos nomes na antiga lista? No R para concatenar vetores basta usar a função c(primeiro_objeto,segundo_objeto,...).

Exemplo: Concatene as listas com os nomes dos alunos:
> *nomes1<-c("Anna","Pedro","Carlos","Bruno","Vanessa","Paula","Italo")*
> *nomes2<-c("Jorge","Davi","Mariana","Carolina","Alice")*
> *nomes_completo<-c(nomes1,nomes2)*
> *nomes_completo*

[1] "Anna"   "Pedro" "Carlos" "Bruno" "Vanessa" "Paula"
[7] "Italo" "Jorge" "Davi"   "Mariana" "Carolina" "Alice"

- Funções úteis

Função	Saída
mean()	Médias dos valores em um vetor
max()	Retorna o valor máximo
min ()	Retorna o valor mínimo
sum()	Retorna a soma dos elementos
unique()	Remoção de duplicatas

Tabela 1.3: Funções úteis para vetor.

1.4.1 Exercícios

1. Crie um vetor V=[105,106,150,135,120,147]:
(a) Concatene com o vetor $v2$=[105,250,300,175,157,147,134].
(b) Remova as duplicatas.
(c) Qual é o terceiro elemento?
(d) Qual é o tamanho do vetor?

(e) Qual é a média dos valores?
(f) Qual é o maior elemento?

1.5 Data frames

No mundo real as informações não estão contidas em uma única dimensão (vetor), na maioria dos casos é necessário mais informações. Por exemplo, no caso da lista de alunos pode ser importante as datas das aulas para saber o nível de presença, o nome da matéria, entre outras informações.

Neste tipo de cenário o adequado é o uso de tabelas. No R as tabelas são chamadas de data frame, e são os objetos mais usados na linguagem.

No R, para criar um data frame basta usar a função data.frame().

Exemplo: Vamos supor que você é dono de uma loja e tenha 5 tipos de produtos diferentes, com diferentes preços:

Produto	Preço
Produto A	R$ 5,00
Produto B	R$ 15,00
Produto C	R$ 4,00
Produto D	R$ 6,00
Produto E	R$ 8,00

Tabela 1.4: Tabela preço.

Exemplo: Crie esta tabela no R:

```
> Produto<-c("Produto A","Produto B","Produto C", "Produto D", "Produto E")
> Preco<-c(5,15,4,6,8)
> tabela_preco_produto<-data.frame(Produto,Preco)
> tabela_preco_produto
    Produto Preco
1 Produto A     5
2 Produto B    15
3 Produto C     4
4 Produto D     6
5 Produto E     8
```

Indexação de data frames

A indexação dos valores de um data frame é parecida com a indexação dos vetores, sendo que com duas dimensões:

$$elemento_{i,j} = df[i,j]$$

Onde:
- *df* é o data frame criado;
- *i* é a posição da linha onde está o objeto desejado;
- *j* é a posição da coluna do objeto desejado.

No R basta digitar `data_frame[posição linha, posição coluna]`.

Exemplo: Acesse o preço do **Produto D** na tabela produtos:
```
> tabela_preco_produto[4,2]
[1] 6
```

Exemplo: Acesse os preços do **Produto D** e do **Produto E** na tabela produtos:
```
> tabela_preco_produto[4:5,2]
[1] 6 8
```

Acessando uma coluna de um frame

Além da indexação tradicional pelo número da coluna, existem outras duas formas muito úteis para acessar uma coluna de um data frame.

A primeira é `data_frame$nome_coluna`:

Exemplo: Acesse a coluna produtos na `tabela_produto`:
```
> tabela_preco_produto$Produto
[1] Produto A   Produto B Produto C  Produto D  Produto E
Levels:    Produto B Produto A Produto C Produto D Produto E
```

A segunda forma é usando colchetes, `data_frame[,"nome_coluna"]`

Exemplo: Acesse a coluna produtos na `tabela_produto`:
```
> tabela_preco_produto[,"Produto"]
[1] Produto A   Produto B Produto C  Produto D  Produto E
Levels:    Produto B Produto A Produto C Produto D Produto E
```

Criando uma nova coluna em um data frame

A criação de uma nova coluna em um data frame é parecida com o acesso a colunas. A primeira forma de criar uma nova coluna é `data_frame$nome_nova_coluna`.

Exemplo: Crie uma coluna quantidade, na tabela preços, que receba os valores: *quantidade<-c(50,100,120,150,200)*

```
> tabela_preco_produto$quantidade<-c(50,100,120,150,200)
> tabela_preco_produto
    Produto Preco quantidade
1 Produto A     5         50
2 Produto B    15        100
3 Produto C     4        120
4 Produto D     6        150
5 Produto E     8        200
```

A segunda forma de criar uma nova coluna é `data_frame[,"nome_nova_coluna"]`.

Exemplo: Crie uma coluna na tabela preços com os custos de cada produto: *custos<-c(2,12,3,5,6)*

```
> tabela_preco_produto[,"Custos"]<-c(2,12,3,5,6)
> tabela_preco_produto
    Produto Preco quantidade Custos
1 Produto A     5         50      2
2 Produto B    15        100     12
3 Produto C     4        120      3
4 Produto D     6        150      5
5 Produto E     8        200      6
```

Conhecendo seu data frame

É aconselhável conhecer o data frame com o qual se está trabalhando. Até o momento trabalhamos com uma tabela pequena, a tabela preços, a qual era composta por 5 linhas (observações) e 4 colunas (variáveis). No mundo real tabelas como esta são exceção, neste sentido não é possível visualizar e extrair informações analogamente olhando a olho nu o data frame como feito na tabela preços.

O R oferece algumas funções que auxiliam a entender seu data frame. Para isso, vamos usar outra base de dados a `iris` (vide seção 2).

A primeira função é a `str()` que ajuda a conhecer a classe de cada coluna (variável) no data frame.

```
> base_flores<-iris
> str(iris)
'data.frame':    150 obs. of  5 variables:
 $ Sepal.Length: num  5.1 4.9 4.7 4.6 5 5.4 4.6 5 4.4 4.9 ...
 $ Sepal.Width : num  3.5 3 3.2 3.1 3.6 3.9 3.4 3.4 2.9 3.1 ...
 $ Petal.Length: num  1.4 1.4 1.3 1.5 1.4 1.7 1.4 1.5 1.4 1.5 ...
 $ Petal.Width : num  0.2 0.2 0.2 0.2 0.2 0.4 0.3 0.2 0.2 0.1 ...
 $ Species     : Factor w/ 3 levels "setosa","versicolor",..: 1 1 1 1 1 1 1 1 1 1 ...
```

A primeira saída dessa função é o número de observações (linhas) e o número de variáveis (colunas), depois as informações sobre cada coluna que, exceto pela última, são todas numéricas.

A segunda função é a head() que retorna as seis primeiras observações de seu data frame:

```
> head(base_flores)
```

	Sepal.Length	Sepal.Width	Petal.Length	Petal.Width	Species
1	5.1	3.5	1.4	0.2	setosa
2	4.9	3.0	1.4	0.2	setosa
3	4.7	3.2	1.3	0.2	setosa
4	4.6	3.1	1.5	0.2	setosa
5	5.0	3.6	1.4	0.2	setosa
6	5.4	3.9	1.7	0.4	setosa

A terceira função é a summary() que faz um "resumo" e de todos os dados dentro de um data frame:

```
> summary(base_flores)
```

Sepal.Length	Sepal.Width	Petal.Length	Petal.Width
Min. :4.300	Min. :2.000	Min. :1.000	Min. :0.100
1st Qu.:5.100	1st Qu.:2.800	1st Qu.:1.600	1st Qu.:0.300
Median :5.800	Median :3.000	Median :4.350	Median :1.300
Mean :5.843	Mean :3.057	Mean :3.758	Mean :1.199
3rd Qu.:6.400	3rd Qu.:3.300	3rd Qu.:5.100	3rd Qu.:1.800
Max. :7.900	Max. :4.400	Max. :6.900	Max. :2.500

```
      Species
setosa    :50
versicolor:50
virginica :50
```

Perceba que para as colunas numéricas a função summary calculou as estatísticas descritivas e para as colunas de texto foram contabilizadas as quantidades.

A quarta função é a names() que retorna os nomes das colunas de um data frame.

```
> names(base_flores)
[1] "Sepal.Length" "Sepal.Width"    "Petal.Length" "Petal.Width"
"Species"
```

Funções úteis

Algumas funções úteis:

Função	Saída
nrow()	Número de linhas (observações) em um data frame
ncol()	Número de colunas (variáveis) em um data frame
dim()	Retorna a dimensão do data frame (Número de linhas e número de colunas)
unique()	Remoção de duplicatas
tail()	Retorna as 6 últimas observações em um data frame
cbind()	Concatena dois data frames pelas colunas
rbind()	Concatena dois data frames pelas linhas

1.5.1 Exercícios

Crie um data frame, chamado de 'tabela_pessoas' e responda as questões:

Nome	Gênero	Região	Idade
Paulo	1	Região 2	36
Anna	2	Região 3	32
Pedro	1	Região 3	30
Viviane	2	Região 2	32
Ricardo	1	Região 3	31
Diego	1	Região 5	29
Marcos	1	Região 2	35
Renata	2	Região 5	33
Victor	1	Região 5	25
Bruno	1	Região 1	27
Juliana	2	Região 1	27
Adriana	2	Região 1	19
Juliana	2	Região 2	31
Beatriz	2	Região 1	22
Vanessa	2	Região 2	36
Ingrid	1	Região 3	34
Mariana	2	Região 3	33

Tabela 1.5: Tabela pessoas.

1. Quantas observações tem a tabela?
2. Quais são as médias das idades?
3. Quais são as classes de cada uma das colunas?
4. Faça um resumo da tabela.

1.6 Matriz

Uma outra maneira de armazenar os dados bidimensionalmente é a matriz. Matriz é o objeto do R destinada a armazenar dados bidimensionalmente, sendo que todos os dados devem ser do mesmo tipo, diferente do data frame que permite diferentes tipos de dados em diferentes colunas. Outra diferença entre matriz e data frame é que matriz é mais leve e por isso é largamente mais usada em operações matemáticas complexas com grande número de dados.

Para criar uma matriz basta usar a função matrix() que tem como argumentos:

```
matrix(data,nrow,ncol,byrow,dimnames)
```

- data: o vetor com os elementos que irão compor a matriz;
- nrow: número de linhas;
- ncol: número de colunas;
- byrow: variável booleana, o *default* é FALSE, que decide se a organização da matriz será por linha ou coluna;
- dimnames: variável *character*, *default* é NA, caso seja informado valor, estes serão os nomes de linhas e colunas.

Exemplo: Crie a matriz A no R:

$$A = \begin{bmatrix} 0 & 3 & 0 \\ 1 & 4 & 5 \\ 0 & 7 & 0 \end{bmatrix}$$

```
> A<-matrix(c(0,7,0,1,4,5,0,7,0),ncol=3,nrow = 3,byrow = TRUE)
> A
     [,1] [,2] [,3]
[1,]   0    7    0
[2,]   1    4    5
[3,]   0    7    0
```

Exemplo: Crie a matriz B, que é nula no R:

$$B = \begin{bmatrix} 0 & 0 & 0 & 0 \\ 0 & 0 & 0 & 0 \\ 0 & 0 & 0 & 0 \\ 0 & 0 & 0 & 0 \end{bmatrix}$$

```
> B<-matrix(rep(0,16),ncol=4,nrow = 4)
> B
     [,1] [,2] [,3] [,4]
[1,]    0    0    0    0
[2,]    0    0    0    0
[3,]    0    0    0    0
[4,]    0    0    0    0
```

Note que, para a criação da matriz nula, foi usada a função rep(valor,numero_repetições) que retorna um vetor com um valor repetido.

A indexação de matriz é igual à indexação do data frame:

$$elemento_{i,j} = M[i,j]$$

onde:
- M é a matriz;
- i é a posição da linha onde está o objeto desejado;
- j é a posição da coluna do objeto desejado.

Exemplo: Qual é o valor na primeira linha e segunda coluna da matriz A?

```
> A[1,2]
[1] 7
>
```

Para alterar valores em uma matriz basta informar qual posição deseja que seja alterada.

Exemplo: Pegue a matriz B e faça:
- a primeira linha deve receber os valores do vetor $v1 = [5,7,6,8]$
- a terceira coluna deve receber os valores do vetor $v2 = [10,11,9,16]$

```
> B
     [,1] [,2] [,3] [,4]
[1,]    0    0    0    0
[2,]    0    0    0    0
[3,]    0    0    0    0
[4,]    0    0    0    0
```

```
> #Alterando a primeira linha
> B[1,]<-c(5,7,6,8)
> #Alterando a terceira coluna
> B[,3]<-c(4,3,2,16)
> B
     [,1] [,2] [,3] [,4]
[1,]    5    7    4    8
[2,]    0    0    3    0
[3,]    0    0    2    0
[4,]    0    0   16    0
```

Caso queira alterar a dimensão (número de linhas e colunas) de uma matriz basta usar a função matrix() novamente:

Exemplo: Troque as dimensões da matriz B para duas linhas e oito colunas.

```
> matrix(B,ncol=8)
     [,1] [,2] [,3] [,4] [,5] [,6] [,7] [,8]
[1,]    5    0    7    0    4    2    8    0
[2,]    0    0    0    0    3   16    0    0
```

1.7 Listas

Listas podem ser consideradas uma espécie de container que armazena diferentes tipos de objetos em diferentes dimensões, não importando a sua classe. Para criar uma lista basta usar a função list().

Exemplo: Crie uma lista com os parâmetros:

- Nome do Curso: Curso de Formação Executiva em Big Data e Data Science
- Turma: 3
- Aula: Introdução ao R

```
> minha_lista<-list("Curso de Formação Executiva em Big Data e Data Science",3, "Introdução ao R")
[[1]]
[1] "Curso de Formação Executiva em Big Data e Data Science"

[[2]]
[1] 3

[[3]]
[1] "Introdução ao R"
```

A lista minha_lista foi criada de maneira correta, porém os seus elementos não possuem nomes (chaves). Vamos recriá-la com seus respectivos nomes:
> *minha_lista2<-list(nome_curso="Curso de Formação Executiva em Big Data e Data Science",*
+ *turma=3, Aula="Introdução ao R")*
> *minha_lista2*

$nome_curso
[1] "Curso de Formação Executiva em Big Data e Data Science"

$turma
[1] 3

$Aula
[1] "Introdução ao R"

Acessando os elementos em uma lista

Existem duas formas distintas de acessar os elementos em uma lista. A primeira é por meio do uso de nome_lista[[posição desejada]].

Exemplo: Acesse o terceiro elemento da lista com as informações do curso.
> *minha_lista2[[3]]*
[1] "Introdução ao R"

A segunda forma é por meio do uso de nome_lista$nome_objeto.

Exemplo: Em minha_lista, acesse o objeto com o nome do curso:
> *minha_lista2$nome_curso*
[1] "Curso de Formação Executiva em Big Data e Data Science"

Adicionando objetos em uma lista

Para adicionar objetos a uma lista basta chamar o nome de sua lista com o conector $ e nome do objeto a ser criado: nome_lista$nome_elemento.

Exemplo: Em minha_lista2, crie um objeto que receba a lista com nomes e outro objeto que receba as idades:

- nomes: Anna, Marco, Fernando, Juliana, Diego, Rafael;
- idades: 29, 31, 22, 20, 27, 28.

```
> minha_lista2$alunos<-c("Anna", "Marco", "Fernando", "Juliana",
"Diego","Rafael")
> minha_lista2$idades<-c(29, 31, 22, 20, 27, 28)
> minha_lista2
```

$nome_curso
[1] "Curso de Formação Executiva em Big Data e Data Science"

$turma
[1] 3

$Aula
[1] "Introdução ao R"

$alunos
[1] "Anna"   "Marco"   "Fernando" "Juliana" "Diego"   "Rafael"

$idades
[1] 29 31 22 20 27 28

Conhecendo a sua lista

De maneira análoga ao data frame, também é possível conhecer e analisar as listas, sem ler a olho nu elemento a elemento.

A primeira função é o str() que retorna a classe do objeto (que é uma lista) e a classe de elementos.

Exemplo: Aplique a função str() em minha_lista2.

```
> str(minha_lista2)
List of 5
 $ nome_curso: chr "Curso de Formação Executiva em Big Data e Data Science"
 $ turma     : num 3
 $ Aula      : chr "Introdução ao R"
 $ alunos    : chr [1:6] "Anna" "Marco" "Fernando" "Juliana" ...
 $ idades    : num [1:6] 29 31 22 20 27 28
```

A segunda função é summary() que retorna um resumo da lista e de seus objetos:

Exemplo: Aplique a função summary() em minha_lista2.

```
> summary(minha_lista2$idades)
   Min. 1st Qu.  Median    Mean 3rd Qu.    Max.
  20.00   23.25   27.50   26.17   28.75   31.00
```

1.7.1 Exercícios

Tome os vetores: *nomes=[Anna,Paula,Roberta,Ingrid,Fernanda,Joao]*; *pesos=[52,65,70,58,48,70]* e *alturas=[1.54,1.76,1.65,1.60,1.68,1.70]*. Crie uma lista com esses vetores chamada `lista_pessoas`. Depois crie um quarto objeto chamado IMC de acordo com a equação e responda as questões:

$$IMC = \frac{Peso}{(Altura)^2}$$

1. Qual é o primeiro elemento da lista?
2. Quais são as classes dos objetos na lista?
3. Qual é o maior IMC?

1.8 Trabalhando com diretórios e arquivos externos

Para saber em qual diretório (pasta) o seu script em R está apontando, basta fazer uso da função `getwd()`.

> *getwd()*

[1] "C:/Users/ac_ba/Dropbox/livro_ST_Anna"

Também é muito útil saber quais arquivos estão contidos no diretório. Para isso o **R** e **RStudio** apresentam as duas soluções. A primeira é por meio da seta no canto superior do console, conforme a figura abaixo, em que os arquivos aparecerão na tela dos *files*:

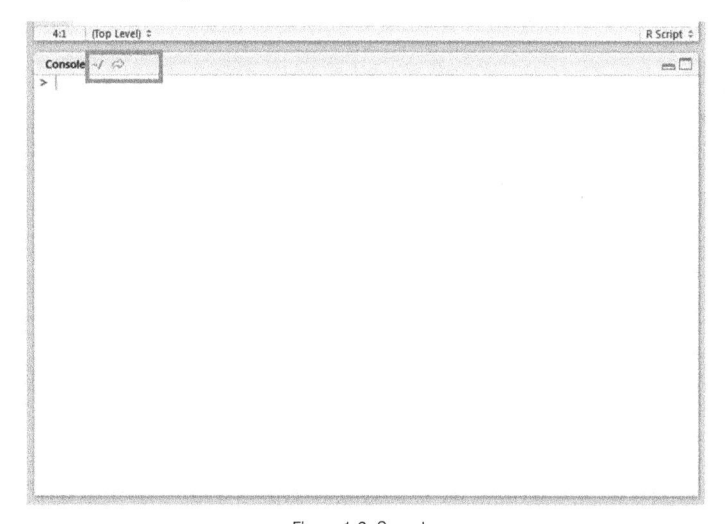

Figura 1.9: Console.

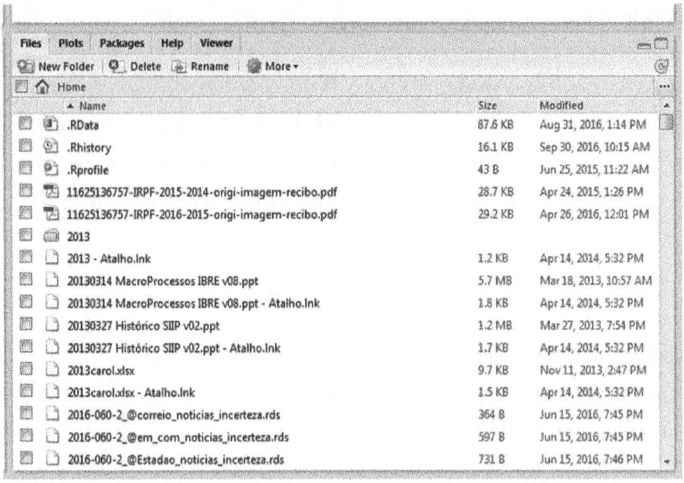

Figura 1.10: Files.

A outra maneira de visualizar seus arquivos (e a mais recomendada!) é por meio da função `list.files()`.

Em muitos casos, não trabalhamos com arquivos somente em um diretório, é preciso alterá-lo. Para alterar um diretório de trabalho basta usar a função `setwd()`.

Atenção!! Em ambiente Windows \ não é reconhecido e deverá ser trocado por \\ ou /.

Exemplo: Altere seu diretório de trabalho para a pasta Dropbox:
> *setwd("C:\\Users\\ac_ba\\Dropbox")*

1.8.1 Leitura de arquivos externos

Nem todos os objetos que queremos usar no R estão dentro do *software*. Assim, é indispensável a leitura de arquivos externos. O R oferece uma gama de funções e pacotes para a leitura de tais arquivos nos formatos, .txt, .csv, entre outros. Estas funções leem os arquivos externos e os transformam automaticamente em *data frames*.

A primeira função é a `read.table()`, que é considerada a raiz, muitas funções são derivadas desta.

```
read.table(file,header,sep,dec)
```

- `file`: nome do arquivo\ caminho e nome do arquivo;
- `header`: determina se o arquivo tem cabeçalho ou não, *default* TRUE; no caso de FALSE, a função cria nomes para as colunas;

- sep: separador da coluna (*default* tab);
- dec: separador decimal (*default* ponto).

Exemplo: Leia o arquivo populacao.txt:
```
>pessoas<-read.table(file="populacao.txt",header = TRUE,sep = "\t", dec=".")
> head(pessoas)
        Nome Sexo   Região Idade
1    ABEL MATTOS    1 Região 2   36
2 ADAILTON CARDOSO  1 Região 3   32
3 ADALBERTO NEUSA   1 Região 3   30
4 ADALBERTO THOME   1 Região 2   32
5 ADALTINO HICKMANN 1 Região 3   31
6    ADELMO CRIPA   1 Região 5   29
```

A função read.table() não é tão eficiente, por isso existem variações desta função. A primeira é a read.csv(), que possui parâmetros parecidos com a anterior:

```
read.csv(file,header,sep,dec)
```

- file: nome do arquivo / caminho e nome do arquivo;
- header: determina se o arquivo tem cabeçalho ou nao, *default* TRUE; no caso de FALSE a função cria nomes para as colunas;
- sep: separador da coluna (*default* ",");
- dec: separador decimal (*default* ponto).

Exemplo: Leia o arquivo populacao.csv:
```
> pessoas_csv<-read.csv(file="populacao.csv")
> head(pessoas_csv)
        Nome Sexo   Região Idade
1    ABEL MATTOS    1 Região 2   36
2 ADAILTON CARDOSO  1 Região 3   32
3 ADALBERTO NEUSA   1 Região 3   30
4 ADALBERTO THOME   1 Região 2   32
5 ADALTINO HICKMANN 1 Região 3   31
6    ADELMO CRIPA   1 Região 5   29
```

O padrão que a função read.csv() lê é o arquivo.csv padrão americano em que o separador é o ",". No Brasil o padrão é o separador ";" e dec ",". Por isso, existe a função read.csv2(), que tem como parâmetros:

```
read.csv2(file,header,sep,dec)
```

- file: nome do arquivo / caminho e nome do arquivo;
- header: determina se o arquivo tem cabeçalho ou não, *default* TRUE; no caso de FALSE a função cria nomes para as colunas;
- sep: separador da coluna (*default* ';');
- dec: separador decimal (*default* vírgula).

Exemplo: Leia o arquivo dados_anp2.csv. Quais são os nomes das colunas?

```
> combustivel<-read.csv2(file="dados_anp2.csv")
> names(combustivel)
 [1] "RAZAO_SOCIAL"        "ENDERECO"       "BAIRRO"
 [4] "BANDEIRA"            "PRECO_VENDA"    "PRECO_COMPRA"
 [7] "MODALIDADE_DE_COMPRA" "FORNECEDOR"    "DATA_COLETA"
[10] "CIDADE"              "UF"             "COMBUSTIVEL"
```

1.8.2 Exportação de arquivos

Por vezes os usuários do R desejam utilizar seus resultados em outros *softwares*. Neste sentido, ele permite a exportação dos resultados para outras extensões no formato .txt, .csv, entre outros.

A exportação de arquivos ocorre de maneira análoga ao que é feito na leitura de dados, a primeira função é a write.table() e existem outras derivadas desta.

```
write.table(x,file,quotes,row.names,append,sep,dec)
```

- x: nome do data frame a ser salvo;
- file: diretório + nome do arquivo a ser salvo;
- quotes: booleano, decide se as colunas, *characteres* ou fatores serão salvos com aspas duplas;
- row.names: booleano, TRUE ou FALSE, significa se o arquivo salvo terá ou não nome nas linhas;
- col.names: booleano, TRUE ou FALSE, significa se o arquivo salvo terá ou não; nome nas colunas;
- append: booleano, TRUE ou FALSE, decide se a tabela será anexada a um arquivo já existente ou não;
- sep: *character*, informa qual será o separador das colunas;
- dec: *character*, decide qual será o separador número decimal.

Exemplo: Tome a tabela abaixo com nomes e idades, exporte ela para o formato .txt, com o nome idades.txt.

Nomes	Idades
Marco	36
Carol	29
João	28
Caio	8
Vinicius	10

Tabela 1.6: Idades.

```
> Nomes<-c("Marco","Carol","João","Caio","Vinicius")
> Idades=c(36,29,28,8,10)
> frame_idades<-data.frame(Nomes,Idades)
> write.table(frame_idades,"idades.txt")
```

A função write.table() também não é muito indicada dado que não apresenta um bom desempenho. Assim, existem outras funções que são variações da função write.table().

A primeira função é a write.csv() que apresenta os mesmos parâmetros que a write.table(), sendo que considera como *default* o sep="," e o dec=".".

```
write.csv(x,file,quotes,row.names)
```

Exemplo: Faça o mesmo que foi feito no exemplo anterior sendo que no formato .csv.

```
> Nomes<-c("Marco","Carol","João","Caio","Vinicius")
> Idades=c(36,29,28,8,10)
> frame_idades<-data.frame(Nomes,Idades)
> write.csv(frame_idades,"idades.csv")
```

A segunda função é a write.csv2(), voltada para arquivos .csv brasileiros, que apresenta os mesmos parâmetros que a write.table(), sendo que considera como *default* o sep=";" e o dec=".".

```
write.csv2(x,file,row.names)
```

Exemplo: Faça o mesmo que foi feito no exemplo anterior sendo que no formato .csv brasileiro.

```
> Nomes<-c("Marco","Carol","João","Caio","Vinicius")
> Idades=c(36,29,28,8,10)
> frame_idades<-data.frame(Nomes,Idades)
> write.csv2(frame_idades,"idades.csv")
```

Leitura de arquivos usando pacotes externos

Existem alguns arquivos em que as funções padrão do R não conseguem ler ou exportar. Para isso é necessário fazer uso de pacotes. Para usá-los é necessário fazer a instalação dos mesmos com a função:

```
install.packages("nome do pacote")
```

Vamos instalar o pacote **xlsx** para leitura ou exportação de arquivos no formato .xslx.

> `install.packages("xlsx")`

Leitura de arquivos no formato .xlsx

Para ler arquivos no formato .xlsx, é necessário carregar o pacote **xlsx** usando o comando `library()`. Em seguida, usa-se a função `read.xlsx`:

```
read.xlsx(file,header,sheetName,colIndex...)
```

- `file`: endereço + nome do arquivo a ser lido com extensão;
- `header`: booleano, TRUE ou FALSE. Determina se o arquivo vai ter cabeçalho ou não. O *default* é TRUE;
- `sheetIndex`: índice da aba a ser lida;
- `SheetName`: nome da aba a ser lida (*default*=NULL);
- `rowIndex`: índices das linhas a serem lidas (*default*=NULL);
- `colIndex`: índices das colunas que devem ser lidas (*default* NULL).

Exemplo: Leia o arquivo populacao.xlsx:

```
> library(xlsx)
> populacao<-read.xlsx("populacao.xlsx",sheetIndex = 1)
> head(populacao)
             Nome Sexo   Região Idade
1     ABEL MATTOS    1 Região 2    36
2 ADAILTON CARDOSO    1 Região 3    32
3  ADALBERTO NEUSA    1 Região 3    30
4  ADALBERTO THOME    1 Região 2    32
5 ADALTINO HICKMANN    1 Região 3    31
6     ADELMO CRIPA    1 Região 5    29
```

Exportação de arquivos no formato .xlsx

Para exportar arquivos no formato .xlsx também é necessário o pacote **xlsx**. A função utilizada para a exportação deste tipo de arquivo é a `write.xlsx()`:

```
write.xlsx(x,file,heade,sheetName,row.names...)
```

- x: data frame a ser salvo no formato.xlsx;
- file: nome do arquivo;
- sheetName: nome da aba do arquivo a ser salvo;
- sheetIndex: índice aba do arquivo a ser salvo;
- row.names: booleano, TRUE ou FALSE, significa se o arquivo salvo terá ou não nome nas linhas;
- col.names: booleano, TRUE ou FALSE, significa se o arquivo salvo terá ou não nome nas colunas.

Exemplo: Crie um arquivo chamado funcionarios.xlsx com os dados:

Nomes	Salário
Anna	R$ 3000,00
Bruno	R$ 5000,00
Fernando	R$ 2500,00
Viviane	R$ 1000,00
Bernardo	R$ 500,00

Tabela 1.7: Tabela salários.

```
> Nome<-c("Anna","Bruno","Fernando","Viviane","Bernardo")
> Salario<-c(3000,5000,2500,1000,500)
> df_salarios<-data.frame(Nome,Salario)
> write.xlsx(df_salarios,"funcionarios.xlsx",sheetName ="Salario",
row.names = FALSE)
```

1.9 Estruturas de condição e repetição

1.9.1 Estruturas de condição

Fazemos uso de estruturas de condição quando em um código queremos executar um procedimento caso uma condição seja atendida.

Estrutura if

Executa uma ação caso uma condição seja atendida, nada acontece caso contrário.

```
if (condição){
ação
}
```

Exemplo: Tome $a = 31$ e $b = 30$. Analise se a é menor que b.

```
> a=31
> b=30
> if(a<b){
+    cat("a é menor que b")
+ }
```

Estrutura if e else

Caso uma condição seja atendida o código executa uma condição, caso não seja, executa outra.

```
if (condição){
ação 1
} else {
ação2
}
```

Exemplo: Tome $a = 31$ e $b = 30$. Analise qual dos dois objetos é o maior.

```
> a=31
> b=30
> if(a<b){
+    cat("a é menor que b")
+ }else{
+    cat("a é maior que b")
+ }
a é maior que b
```

Exemplo: E se $a = $ b?
```
> a=30
> b=30
> if(a<b){
+    cat("a é menor que b")
+ }else if(b<a){
```

```
+   cat("b é menor que a")
+ } else{
+   cat("São iguais")
+ }
```

Estrutura ifelse

O R apresenta uma versão mais compacta da estrutura `if` e `else` que é a função `ifelse()` que tem como parâmetros:

- teste lógico
- condição se verdadeira
- condição se falso

Exemplo: Tome a = 31 e b = 30, analise qual dos dois objetos é o maior.

```
> a=31
> b=30
> ifelse(a>b,"a é maior","b é maior")
[1] "a é maior"
```

1.9.2 Estruturas de repetição

Imagine que você tem um código em R e precisa que uma mesma sequência de tarefas seja executadas repetidamente diante de algum parâmetro, que pode ser convergência de um número, executar tarefas em um determinado objeto, entre outras opções. Um exemplo claro é quando você tem uma tabela com seus produtos e preços e você deseja dobrar todos os preços.

Produto	Preço	Novo preço
Produto A	R$ 5,00	
Produto B	R$ 15,00	
Produto C	R$ 4,00	
Produto D	R$ 6,00	
Produto E	R$ 8,00	

Tabela 1.8: Preço produto.

Com o que foi aprendido até agora, você repetiria 5 vezes a ação de dobrar os preços até acabar a tabela. Improdutivo, não? Para isso existem as estruturas de repetição, que servem para executar repetidamente uma série de ações.

Estrutura while

O while é uma estrutura de repetição que executa uma ação n vezes enquanto uma determinada condição for atendida. Esta estrutura é largamente usada para convergências. A estrutura básica do while é:

```
while(condição){
ação
}
```

Exemplo: Tome a = 10. Faça uma estrutura imprimir o valor de a e que seja iterado em uma unidade enquanto $a<20$:

```
> a=10
> while(a<20){
+   print(a)
+   a<-a+1
+ }
[1] 10
[1] 11
[1] 12
[1] 13
[1] 14
[1] 15
[1] 16
[1] 17
[1] 18
[1] 19
```

Exemplo: Vamos retomar o exemplo do ínicio da seção (tabela 1.8) em que você é o dono de uma loja e deseja dobrar o preço de todos os seus produtos:

```
> Produto<-c("Produto A"," Produto B","Produto C", "Produto D", "Produto E")
> Preco<-c(5,15,4,6,8)
> preco_novo<-NA
> tabela_preco_produto<-data.frame(Produto,Preco,preco_novo)
> produtos<-1
> while(produtos<=5){
+   tabela_preco_produto[produtos,"preco_novo"]<-2* tabela_preco_produto[produtos,"Preco"]
+   produtos<-produtos+1
+ }
```

```
> tabela_preco_produto
  Produto Preco preco_novo
1 Produto A   5      10
2 Produto B  15      30
3 Produto C   4       8
4 Produto D   6      12
5 Produto E   8      16
```

Estrutura for

Para resolvermos o problema da loja de atualizar os preços tivemos que seguir os passos:

1. Atribuir um valor inicial a uma espécie de contador (produtos);
2. Testar a condição;
3. Executar as ações;
4. Atualizar a variável contador.

Um pouco trabalhoso, não? E este tipo de situação ilustra uma larga parcela do uso de estruturas de repetição. Assim para este tipo de situação é recomendado a estrutura `for`.

O `for` é uma estrutura que já atualiza o valor da variável contadora com limites préviamente informados. No R, são considerados como limites um objeto (em geral vetores), o qual a estrutura `for` vai pecorrer seus elementos.

```
for (i in objeto){
ação
}
```

Exemplo: Tome o vetor v = [16,18,59,35,27,37,38], faça uma estrutura que imprima os valores do vetor:

```
> v=c(16,18,59,35,27,37,38)
> for (i in 1:length(v)){
+   print(v[i])
+ }
[1] 16
[1] 18
[1] 59
[1] 35
[1] 27
[1] 37
[1] 38
```

Exemplo: Vamos retomar o exemplo da tabela 1.8 e refazê-lo com for.

```
> Produto<-c("Produto  A"," Produto  B","Produto  C",  "Produto
D","Produto E")
> Preco<-c(5,15,4,6,8)
> preco_novo<-NA
> tabela_preco_produto<-data.frame(Produto,Preco,preco_novo)
> for(i in 1:nrow(tabela_preco_produto)){
+         tabela_preco_produto[i,"preco_novo"]<-2*tabela_preco_produto[i,"Preco"]
+ }
> tabela_preco_produto
    Produto Preco preco_novo
1 Produto A     5         10
2 Produto B    15         30
3 Produto C     4          8
4 Produto D     6         12
5 Produto E     8         16
```

Exemplo: Vamos considerar que você é o diretor de uma escola. Nesta escola um aluno é aprovado se obtiver um rendimento maior ou igual a 70%. Esse rendimento é medido pela média aritmética das três provas p1, p2 e p3 respectivamente. Caso o aluno tenha média menor ou igual a 5 ele está em recuperação, caso seja inferior a 5 este aluno é reprovado. Classifique o status de cada aluno.

Aluno	P1	P2	P3
Anna	2	9	10
Paulo	3	5	6
Pedro	10	9	8
Serafin	5	5	8
Marco	7	7	8
Karina	8	5	10
Giuliana	5	4	8
Diego	2	4	5
Natalia	4	2	9
Ingrid	10	1	2
Daiane	8	8	9

Tabela 1.9: Nota dos alunos.

```
> alunos<-c("Anna","Paulo","Pedro","Serafin","Marco","Karina",
"Giuliana", "Diego","Natalia","Ingrid","Daiane")
```

```
> p1<-c(2,3,10,5,7,8,5,2,4,10,8)
> p2<-c(9,5,9,5,7,5,4,4,2,1,8)
> p3<-c(10,6,8,8,8,10,8,5,9,2,9)
> alunos<-data.frame(alunos,p1,p2,p3)
> alunos$media<-(alunos$p1+alunos$p2+alunos$p3)/3
> alunos$status<-NA
> for (i in 1:nrow(alunos)){
+   if (alunos[i,"media"]>=7){
+     alunos[i,"status"]<-"Aprovado"
+   } else if(alunos[i,"media"]<7 & alunos[i,"media"]>=5){
+     alunos[i,"status"]<-"Recuperação"
+   } else{
+     alunos[i,"status"]<-"Reprovado"
+   }
+ }
> alunos
     alunos p1 p2 p3    media      status
1      Anna  2  9 10 7.000000    Aprovado
2     Paulo  3  5  6 4.666667   Reprovado
3     Pedro 10  9  8 9.000000    Aprovado
4    Serafin 5  5  8 6.000000 Recuperação
5     Marco  7  7  8 7.333333    Aprovado
6    Karina  8  5 10 7.666667    Aprovado
7  Giuliana  5  4  8 5.666667 Recuperação
8     Diego  2  4  5 3.666667   Reprovado
9   Natalia  4  2  9 5.000000 Recuperação
10   Ingrid 10  1  2 4.333333   Reprovado
11   Daiane  8  8  9 8.333333    Aprovado
```

1.10 Funções

Funções são linhas de comando previamente escritas que são chamadas pelo seu nome seguido de parênteses e são muito úteis para não termos que repetir inúmeras vezes alguns comandos. Até o momento usamos várias funções do R, mas ele também permite que você construa a sua própria função chamando o comando function(), que tem como estrutura básica:

```
function(input1,input2,...){
output<-comandos
return(output)
}
```

- input: são os parâmetros que entrarão na função e serão usados;
- output: é o que será retornado pela função;
- return(): função que libera o *output*.

Exemplo: Construa uma função que retornará a média de dois números:
> media<-function(a,b){
+   m<-(a+b)/2
+   return(m)
+ }
> media(3,5)

[1] 4

OK!! Uma função, um resultado! Mas e se quisermos que uma função retorne mais de um resultado? Faremos uso do que foi aprendido: as listas.

Exemplo: Tome duas variáveis *a* e *b*, crie uma função que retorne a soma, a média e a multiplicação entre esses dois números.
> calcula_tudo<-function(a,b){
+   media<-(a+b)/2
+   soma<-a+b
+   multiplicacao<-a*b
+   return(list(soma=soma,media=media,multiplicacao=multiplicacao))
+ }
> calcula_tudo(4,10)

$soma
[1] 14

$media
[1] 7

$multiplicacao
[1] 40

1.10.1 Exercícios

Crie uma função que calcule a área e o perímetro de um triângulo retângulo, com as entradas:
- Cateto1;
- Cateto2.

O *output* será uma lista com o primeiro objeto sendo a área e o segundo sendo o perímetro.

1.11 A função which

A função which() é uma função muito útil no R. Caso o objeto que pretende-se analisar atenda a uma determinada condição, a função consegue fazer uma análise em um único comando. A saída dessa função são os índices dos objetos que atendem à condição solicitada.

Exemplo: Tome o vetor v=[15,20,35,38,24,50]. Analise se os elementos são múltiplos de 5.

```
> v=c(15,20,35,38,24,50)
> which(v %%5==0)

[1] 1 2 3 6
```

Como o *output* da função são índices, podemos aplicá-los para fazer filtros nos objetos.

Exemplo: Repita o exemplo acima e crie um vetor $v2$ que receba os valores de $v1$ que sejam múltiplos de 5.

```
> v=c(15,20,35,38,24,50)
> v2=v[which(v %%5==0)]
```

A função which() também é facilmente aplicável a data frame.

Exemplo: Tome a tabela com idades a seguir, retorne quem é a pessoa mais velha.

Nomes	Idades
Claudia	30
Paulo	28
Fernando	45
Gisele	36
Anna	27
Pedro	18
João	21
Matheus	25

Tabela 1.10: Idades.

```
> nomes<-c("Claudia","Paulo","Fernando","Gisele","Anna","Pedro",
"João","Matheus")
> idades<-c(30,28,45,36,27,18,21,25)
> frame_pessoas<-data.frame(nomes,idades)
> maior_idade<-max(idades)
> pessoa_mais_velha<-frame_pessoas[which(frame-pessoas$idades==
maior_idade),]
> pessoa_mais_velha
    nomes   idades
3 Fernando    45
```

1.12 Funções apply

Como mencionado na função which, o R, que é uma linguagem vetorizável, não trabalha bem com loops. A família de funções apply, contorna esse problema e economiza o número de linhas de código. Essas funções agem em uma lista, vetor ou matriz, aplicando uma função em varios elementos ao mesmo tempo.

Função apply
A função apply é uma função que trabalha com elementos bidimensionais (matrizes ou data frames) com o mesmo tipo de dado, e retorna uma agregação por linha ou coluna.

```
apply(x,MARGIN,FUN,...)
```

- x: é a matriz em que será aplicada a função;
- MARGIN: é variável que define se a função será aplicada às linhas ou colunas. Caso MARGIN= 1 será aplicado às linhas, caso MARGIN=2, será aplicado às colunas e caso MARGIN=c será aplicado a ambos;
- FUN: é a função a ser aplicada no objeto.

Exemplo: Tome a matriz D e calcule a média dos elementos em cada coluna.

$$D = \begin{bmatrix} 10 & 18 & 18 & 50 \\ 25 & 19 & 23 & 45 \\ 90 & 27 & 28 & 40 \\ 11 & 45 & 25 & 35 \end{bmatrix}$$

```
> D=matrix(c(10,18,18,50,25,19,23,45,90,27,28,40,11,45,25,35),
+          nrow = 4,ncol = 4,byrow = TRUE)
> D
     [,1] [,2] [,3] [,4]
[1,]   10   18   18   50
[2,]   25   19   23   45
[3,]   90   27   28   40
[4,]   11   45   25   35

> medias=apply(D,2,mean)
> medias
[1] 34.00 27.25 23.50 42.50
```

Também é possível fazer uso de uma função aplicada por você mesmo na função apply.

Exemplo: Tome a matriz D e faça todos os elementos diminuírem uma unidade:

```
> apply(D,1, function(x) x-1)
     [,1] [,2] [,3] [,4]
[1,]    9   24   89   10
[2,]   17   18   26   44
[3,]   17   22   27   24
[4,]   49   44   39   34
```

Função lapply

Note que a função apply, só pode ser aplicada à matriz ou a um data frame. E se quisermos aplicar uma função a todos os elementos de um vetor ou lista?

A função lapply de maneira análoga à função apply aplica uma função a todos os elementos de um vetor, lista ou data frame.

```
lapply(x,FUN,...)
```

Exemplo: Tome o vetor v=[5,9,7,10,4], faça uma estrutura que faça cada elemento ser elevado ao quadrado.

```
> v=c(5,9,7,10,4)
> lapply(v,function(v) v^2)
[[1]]
[1] 25
```

[[2]]
[1] 81

[[3]]
[1] 49

[[4]]
[1] 100

[[5]]
[1] 16

Note que o resultado da função lapply foi uma lista. Caso queira transformar esse resultado em um vetor deverá ser chamada a função unlist() que tranforma a lista em um vetor.
> *unlist(lapply(v,function(v) v^2))*
[1] 25 81 49 100 16

Função Sapply

A função lapply aumentou o leque de objetos a serem usados na família apply, porém o seu resultado é uma lista, o que pode dificultar cálculos futuros, o que obriga a fazer uso da função unlist() para transformar os resultados em um vetor.

A função sapply tem os mesmos parâmetros de entrada e saída da função lapply, a diferença é que seu resultado é um vetor.

```
sapply(x,FUN,...)
```

Exemplo: Tome o vetor v=[5,9,7,10,4], faça uma estrutura que multiplique cada elemento que faça cada elemento ser elevado ao quadrado com a função sapply.
> *sapply(v,function(v)v^2)*
[1] 25 81 49 100 16

1.13 Criando gráficos com o R

Muitas vezes um gráfico bem-feito torna mais fácil entender o comportamento de um conjunto de dados. Nesta seção serão vistos os principais gráficos utilizados para descrever dados. São eles: histograma, boxplot, gráfico de dispersão ou de pontos, gráfico de pizza e gráfico de barras (figura 1.11).

No R, existem alguns pacotes que permitem a criação de gráficos bem elaborados com diversas opções de edição. Aqui, utilizaremos o pacote

Introdução ao R

graphics (R Core Team, 2015a) que foi instalado junto com o próprio R, ou seja, não é necessário nenhum outro pacote para executar a criação dos gráficos nessa seção.
Cada gráfico que faremos possui sua própria função no R. Porém, há alguns argumentos que são comuns em cada uma das funções. São eles:

- main: título do gráfico;
- xlab: texto do eixo x;
- ylab: texto do eixo y;
- col: cor do gráfico.

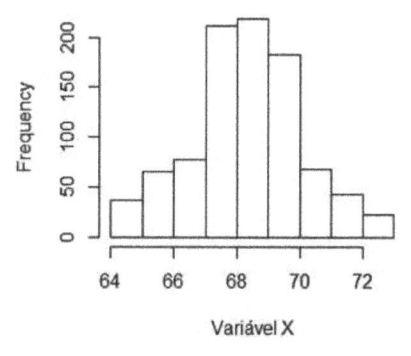

(a) Exemplo de histograma

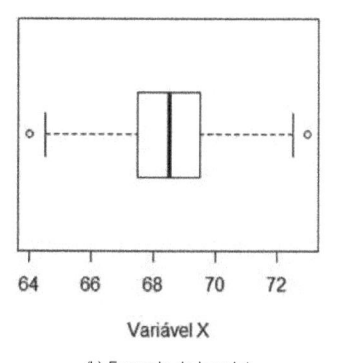

(b) Exemplo de boxplot

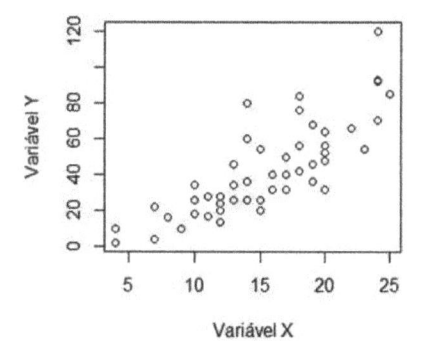

(c) Exemplo de gráfico de dispersão

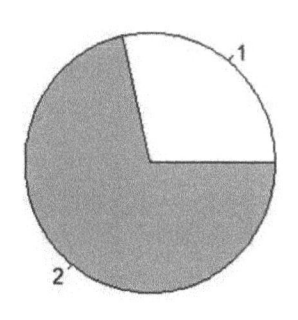

(d) Exemplo de gráfico de pizza

45

(e) Exemplo de gráfico de dispersão
Figura 1.11: Exemplos de gráficos no R.

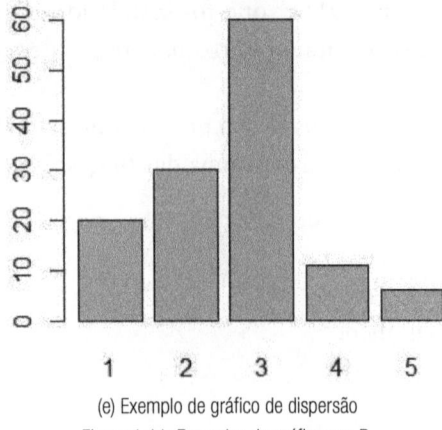

Com esses quatro argumentos você cria um gráfico com as necessárias informações para o entendimento. A seguir, veremos detalhadamente as funções que criam os tipos de gráficos apresentados anteriormente.

1.13.1 Histograma

O histograma é a representação gráfica de uma distribuição de frequências. É útil para visualizar como os dados se comportam, os valores mais e menos frequentes. O histograma pode mostrar a proporção dos dados ao invés da frequência absoluta em cada classe.

No R, utilizamos a função `hist()` para esboçar um histograma. Os argumentos mais utilizados nesta função são:

- `x`: vetor de dados (necessário);
- `main`: título do gráfico;
- `xlab`: texto do eixo x;
- `ylab`: texto do eixo y;
- `xlim`: limite do eixo x;
- `ylim`: limite do eixo y;
- `col`: cor do preenchimento do histograma;
- `border`: cor da linha/borda do histograma.

Exemplo: Utilizaremos uma base de dados chamada `galton` para fazer o histograma. Esta base contém 928 medidas de altura de pais e de seus respectivos filhos. A altura dos pais foi calculada como uma média entre as alturas da mãe e do pai. Há, na base, pais que possuem mais de um filho, portanto existem alturas de pais repetidas. A unidade de medida é dada em polegadas, portanto, para um melhor entendimento, converteremos para centímetros. Para ler a base é necessário instalar o pacote **UsingR** (Verzani, 2015).

```
> # lendo a base
> install.packages("UsingR")
> require(UsingR)
> head(galton)
```

	child	parent
1	61.7	70.5
2	61.7	68.5
3	61.7	65.5
4	61.7	64.5
5	61.7	64.0
6	62.2	67.5

```
> # Convertendo de polegadas para centímetros (1 polegada é
aproximadamente 2,54 cm)
> galton <- 2.54 * galton
> head(galton)
```

	child	parent
1	156.718	179.07
2	156.718	173.99
3	156.718	166.37
4	156.718	163.83
5	156.718	162.56
6	157.988	171.45

Esboçaremos um histograma para a altura dos filhos.

```
> # esboçando o histograma
> hist(galton$child, main = "", xlab = "Altura (cm)",ylab=
"Frequência",ylim=c(0,200))
```

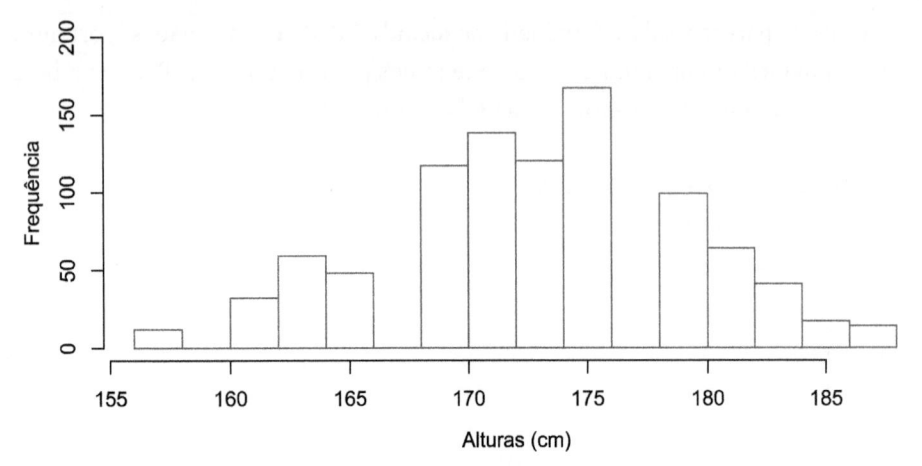

Figura 1.12: Histograma das alturas dos filhos (base `galton`).

Podemos ver através do gráfico que as maiores frequências estão por volta de 170 cm e 175 cm de altura. Caso queira acrescentar alguma cor ao gráfico, utilize os argumentos col e border. Nas referências desse documento é possível encontrar uma lista de cores que podem ser usadas.

```
> # esboçando o histograma
> hist(galton$child, main = "", xlab = "Alturas (cm)", ylab=
"Frequência",ylim=c(0,200),
col = "lightgray", border = "steelblue")
```

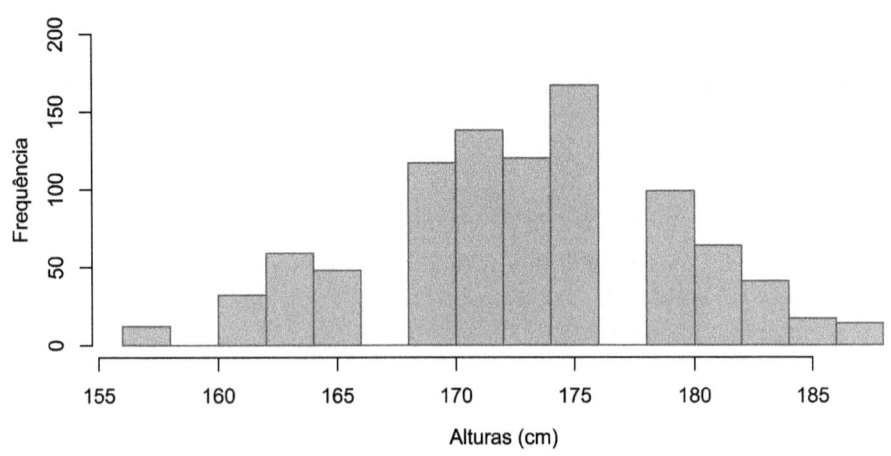

Figura 1.13: Histograma das alturas dos filhos com cor (base `galton`).

Agora, vamos a outro exemplo. Esboçaremos um histograma para a Renda Total Mensal do Domicílio (coluna 31) da POF.

```
> # criando o gráfico
> dados<-read.csv("POF_capitais.csv")
> hist(dados[, 31], main = "",xlab = "Renda Total Mensal do
Domicílio", ylab="Frequência", col = "lightsteelblue3")
```

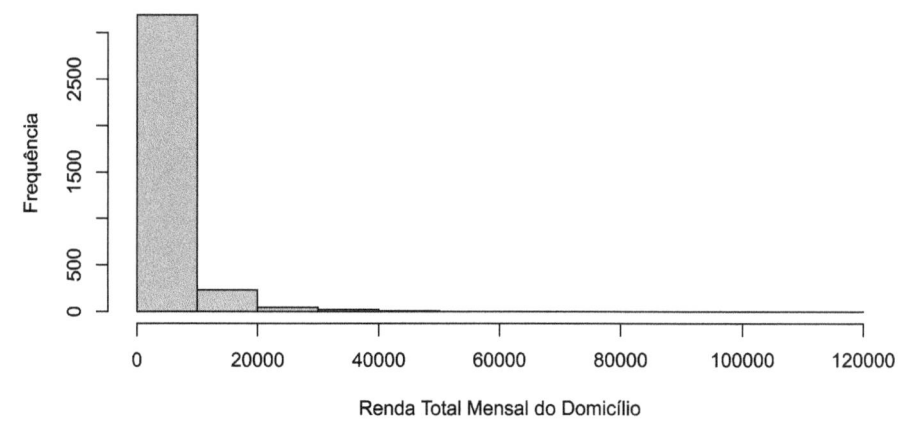

Renda Total Mensal do Domicílio
Figura 1.14: Histograma da renda dos domicílios (POF).

Pelo histograma concluímos que pouco mais do que 3.000 domicílios possuem renda entre 0 e 10 mil reais, lembrando que temos 3.504 domicílios na amostra, e que uma minoria (menos de 500 domicílios) possui renda superior a 10 mil reais.

Para ver uma melhor distribuição daqueles que possuem renda inferior a 10 mil reais, podemos filtrar os dados e fazer outro histograma só para eles. Para isso, usamos a função subset().

```
subset(x, condicao de x)
```

A condição, nesse caso, será os x menor do que dez mil reais:
```
> # filtrando os dados
> menorq10 <- subset(dados[, 31], dados[, 31] < 10000)
```

Após guardar os dados na condição que escolhemos, podemos fazer o histograma.
```
> # criando o gráfico
> hist(menorq10, main = "", xlab = "Renda Total Mensal do
Domicílio em R$", ylab="Frequência", col = "lightskyblue")
```

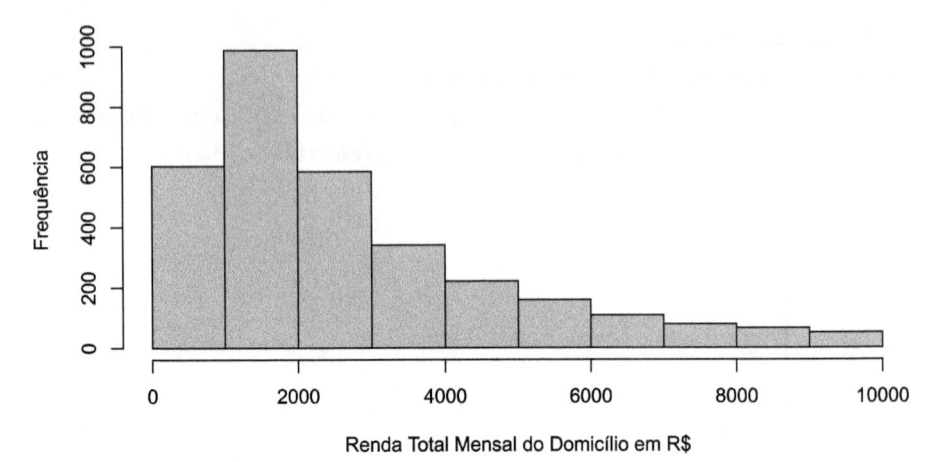

Figura 1.15: Histograma da renda dos domicílios para domicílios com renda inferior a 10 mil reais (POF).

Agora, está mais fácil visualizar o comportamento da maioria dos domicílios. Percebe-se que há uma grande concentração entre zero e três mil reais, que representam aproximadamente 2.200 domicílios. A partir de 2 mil reais, o número de domicílios começa a decrescer.

É assim que vemos que a distribuição dos dados é assimétrica, pois há uma concentração maior em um lado e a cauda do gráfico se encontra em outro. Podemos calcular o coeficiente de assimetria para essa distribuição, para quantificar o quão assimétrica é a distribuição dos dados.

Classificação do coeficiente de assimetria:

	0,15		1	
Simétrica		Assimétrica moderada		Assimétrica Forte

É necessária a instalação do pacote **cmoments** (Komsta & Novomestky, 2015) para calcular o coeficiente.

```
> # instalando e carregando o pacote moments
> install.packages("moments")
> require(moments)
> # calcular assimetria com a fórmula
> skewness(menorq10)
```

[1] 1.355681

O coeficiente de assimetria igual 1,355 diz que a distribuição é assimétrica forte. Essa distribuição é assimétrica à direita, já que a cauda está à direita. Gráficos de renda geralmente são classificados assim. Também é possível ver assimetrias através de boxplots.

Introdução ao R

1.13.2 Boxplot

O boxplot é um gráfico construído com base no resumo de cinco números: limite inferior (LI), 1º quartil (Q1), mediana (Q2), 3º quartil (Q3) e limite superior (LS). O gráfico tem um formato de caixa cuja largura é representada pelos 1º e 3º quartis. Portanto, 50% das observações estão concentradas dentro da caixa. Os limites inferior e superior são representados por linhas fora da caixa.

O boxplot é muito útil para descobrir se há *outliers* no conjunto de dados, ou seja, valores afastados da maioria das observações. Esses valores aparecem, no gráfico, fora dos limites inferior e superior.

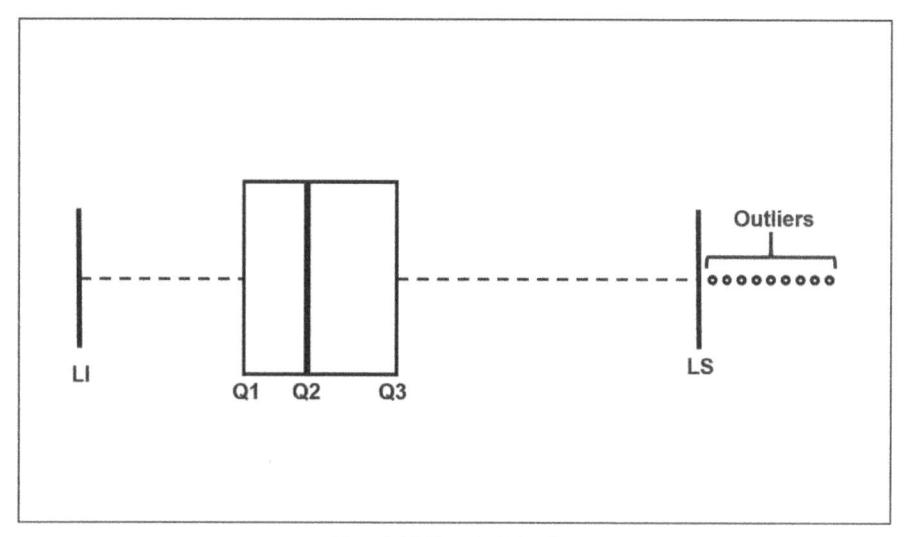

Figura 1.16: Exemplo de boxplot.

- `x`: vetor de dados (necessário);
- `main`: título do gráfico;
- `xlab`: texto do eixo x;
- `ylab`: texto do eixo y;
- `col`: cor do preenchimento da caixa;
- `border`: cor da linha/borda da caixa;
- `horizontal`: se TRUE, a caixa aparece no formato horizontal, se FALSE (*default*), aparece no formato vertical.

Exemplo: Ainda com a base `galton`, façamos um boxplot para a altura dos pais (coluna 2).

```
> boxplot(galton$parent, main = "", ylab = "Altura (cm)", col = "seagreen3")
```

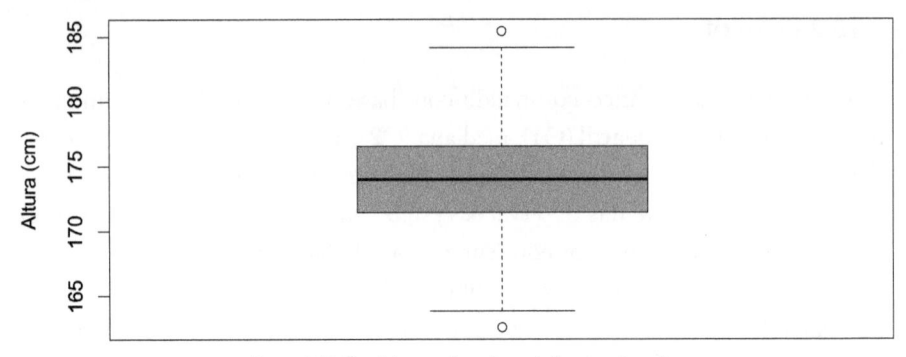

Figura 1.17: Boxplot para altura dos pais (base `galton`).

O gráfico indicou dois valores *outliers* e os dados se distribuem de forma simétrica.

Criaremos um boxplot para a renda dos domicílios que possuem renda inferior a dez mil reais (objeto criado anteriormente).

```
> #criando o boxplot
> boxplot(menorq10, horizontal = T, col = "gold",
         xlab = "Renda Total Mensal do Domicílio",
         main = "")
```

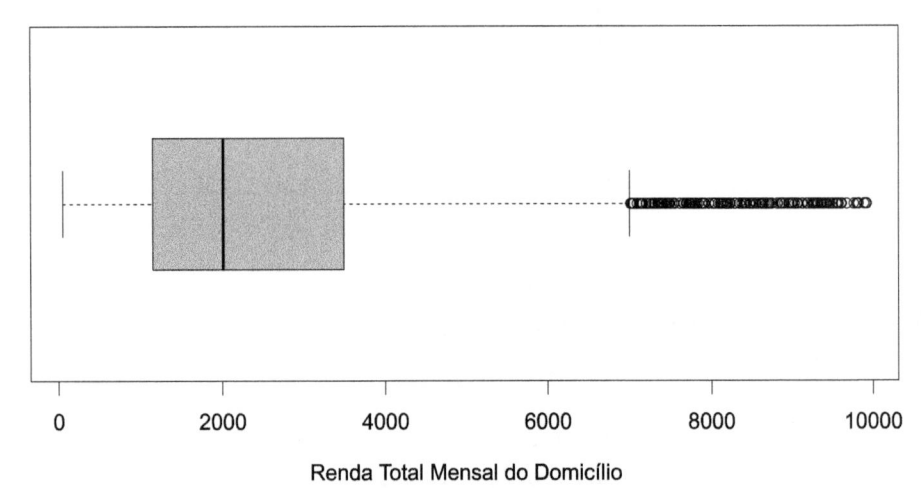

Figura 1.18: Boxplot para renda total do domicílio (POF).

Repare que existem muitos dados acima do limite superior. Esses são considerados *outliers* ou valores atípicos, valores distantes da maioria dos dados. Através do boxplot também é possível ver a assimetria da distribuição dos dados, assim como foi visto no histograma.

1.13.3 Gráfico de pontos ou gráfico de dispersão

Gráficos de pontos são úteis quando se tem dados pareados (x,y) e se quer descobrir se há alguma relação entre eles. No R, utilizamos a função plot() para esboçar esse tipo de gráfico. Os principais argumentos desta função estão a seguir.

- x: vetor de dados (necessário);
- y: vetor de dados;
- main: título do gráfico;
- xlab: texto do eixo x;
- ylab: texto do eixo y;
- col: cor dos pontos;
- pch: formato dos pontos;
- xlim: limites do eixo x;
- ylim: limites do eixo y;
- type: tipo de linha que liga os pontos (*default*: sem linha);
- lty: formato da linha que liga os pontos;
- lwd: espessura dos pontos.

Exemplo: Utilizaremos outra base de dados do pacote **UsingR**: kid.weights. Essa base representa uma amostra sobre 250 crianças. Contém a idade, o peso, a altura e o sexo da criança. Façamos um gráfico de pontos para verificar se há relação entre o peso (coluna 2) e a altura (coluna 3) das crianças.

```
> # base a ser utilizada
> head(kid.weights)
  age weight height gender
1  58     38     38      M
2 103     87     43      M
3  87     50     48      M
4 138     98     61      M
5  82     47     47      F
6  52     30     24      F

> # criando o gráfico
> plot(kid.weights$weight, kid.weights$height, main = "",xlab =
"Peso", ylab = "Altura")
```

Figura 1.19: Gráfico de dispersão entre peso e altura das crianças (base kid.wights).

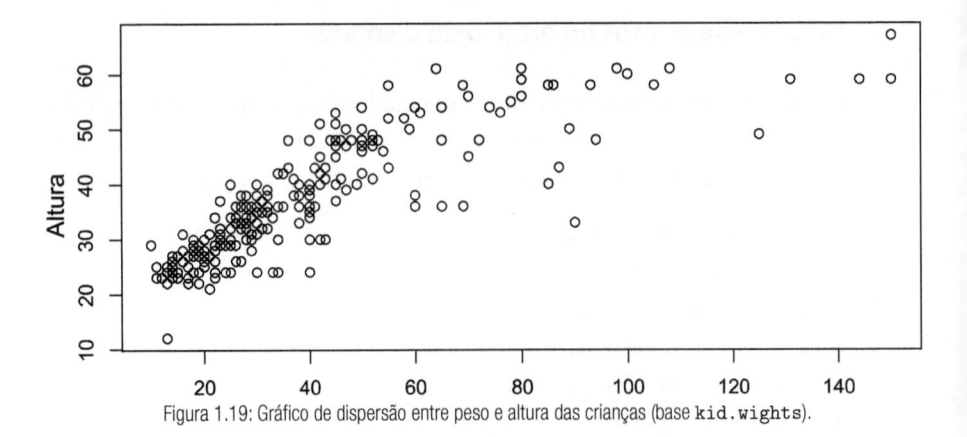

Podemos observar que há uma relação positiva entre o peso e a altura das crianças (quanto maior uma, maior a outra).

Utilizaremos os dados da POF para esboçar um gráfico de pontos que mostra se há alguma relação entre a quantidade de banheiros (coluna 20) e cômodos (coluna 16) em um domicílio.

```
> # criando o gráfico
> plot(dados[, 16], dados[, 20], main = "", pch = 19,
    col = "dodgerblue3", xlab = "Quantidade de Cômodos no Domicílio",
    ylab = "Quantidade de Banheiros no Domicílio")
```

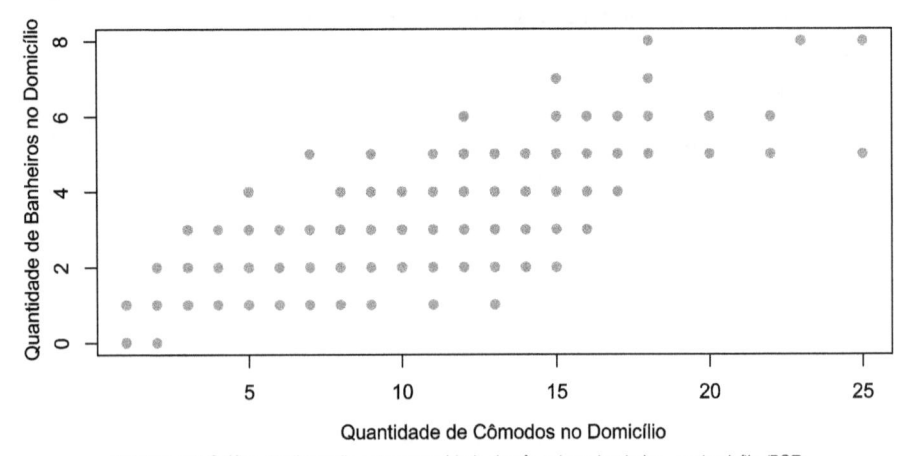

Figura 1.20: Gráfico de dispersão entre quantidade de cômodos e banheiros no domicílio (POF).

Parece haver alguma relação positiva entre a quantidade de cômodos e de banheiros no domicílio: à medida que o número de cômodos cresce, o número de banheiros aumenta. Testes estatísticos podem testar essa hipótese.

Introdução ao R

1.13.4 Gráfico de setores ou de pizza

O gráfico de setores, mais conhecido como gráfico de pizza, é bastante usado para representar categorias de uma variável de acordo com suas proporções. Não é indicado quando se tem muitas categorias, nesse caso, é preferível utilizar um gráfico de barras.

No R, utiliza-se a função pie() para criar um gráfico de pizza. Os principais argumentos da função são:

- x: vetor com as frequências ou proporções de cada fatia;
- main: título do gráfico;
- labels: vetor de texto para cada fatia;
- col: vetor de cores para cada fatia

Um gráfico com diversas categorias necessita de uma legenda para o entendimento do leitor. Para criar uma legenda no R, utiliza-se a função legend(). Os principais argumentos dessa função são mostrados a seguir.

- legend: vetor de texto para cada fatia;
- x: posição da legenda: "bottomright", "bottom", "bottomleft", "left", "topleft", "top", "topright", "right" e "center";
- fill: vetor de cores de cada fatia;
- cex: tamanho da legenda.

Exemplo: Ainda utilizando a base kid.weights criaremos um gráfico de pizza que mostre a proporção de meninos e meninas na amostra (coluna 4).

```
> # tabela de Frequência das categorias
> prop <- table(kid.weights[, 4])
> prop

  F   M
129 121

> # esboçando o gráfico
> pie(prop, main = "",  labels = c("51.6%", "48.4%"),
    col = c("palevioletred2", "dodgerblue3"))
> # adicionando a legenda
> legend(x = "topright", bty = "n", cex = 0.8,
       legend = c("Feminino", "Masculino"),
       fill = c("palevioletred2", "dodgerblue3"))
```

51.6%

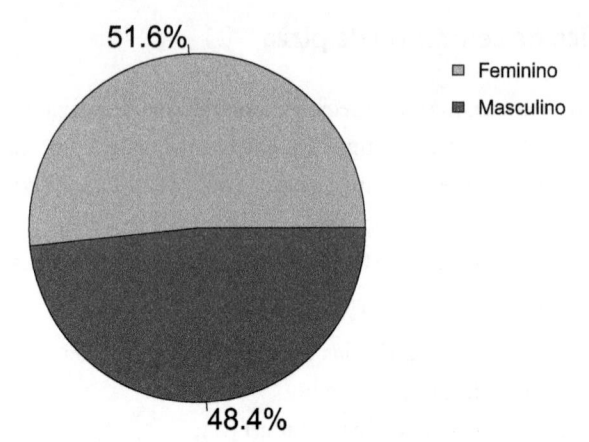

□ Feminino
■ Masculino

48.4%

Figura 1.21: Gráfico de pizza para composição por sexo (base kid.weights).

Vemos (figura 1.21) que a amostra é composta de um pouco mais de meninas que de meninos.

Exemplo: Agora, utilizando a POF, esboçaremos um gráfico de pizza que representa as proporções dos tipos de domicílios da amostra: casa, apartamento ou cômodo (cortiço).

```
> # tabela de frequência das categorias
> setores <- table(dados[, 12])
> # cálculo da porcentagem de cada categoria
> valores <- signif(setores/sum(setores)*100, 3)
> # construção do gráfico
> pie(setores, labels = paste(valores, "%", sep=""),
col = c("steelblue1","olivedrab3","orange"),main = "")
> # criando a legenda
> texto <- c("Casa", "Apartamento", "Cômodo")
> legend(x = "topright", legend = texto,
         fill = c("steelblue1","olivedrab3","orange"), cex =   0.65)
```

Introdução ao R

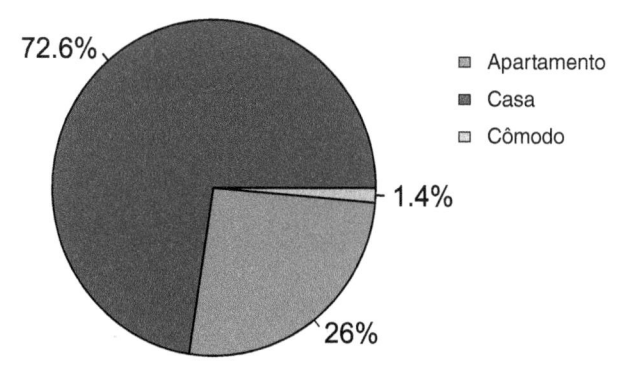

Figura 1.22: Gráfico de pizza para tipo de domicílio (POF).

Podemos ver (figura 1.22) que a maioria dos domicílios são do tipo casa e apenas 1,4% dos domicílios são do tipo cômodo ou cortiço.

1.13.5 Gráfico de barras

Um gráfico de barras mostra as frequências de diversas categorias de dados. É bastante útil para observar as diferenças entre as categorias.

No R, utiliza-se a função `barplot()` para esboçar um gráfico de barras. Os principais argumentos estão apresentados a seguir.

- `x`: vetor de dados com a frequência de cada categoria;
- `names`: vetor de texto para o nome de cada categoria / barra;
- `main`: título do gráfico;
- `col`: um vetor de cores para cada categoria.

Exemplo: Utilizaremos outra base de dados do pacote **UsingR**: `grades`. Essa base representa uma amostra sobre notas de 122 alunos na classe atual e anterior na escala A-F. Façamos um gráfico de barras para as notas atuais (coluna 2) para verificar a frequência de cada nota nessa amostra.

```
> # dados a serem utilizados
> grades
> tabela1 <- table(grades[, 1])
> tabela2 <- table(grades[, 2])
> # criando o gráfico
> barplot(tabela1, main = "",
+         col = topo.colors(9))
> barplot(tabela2, main = "",
+         col = topo.colors(9))
```

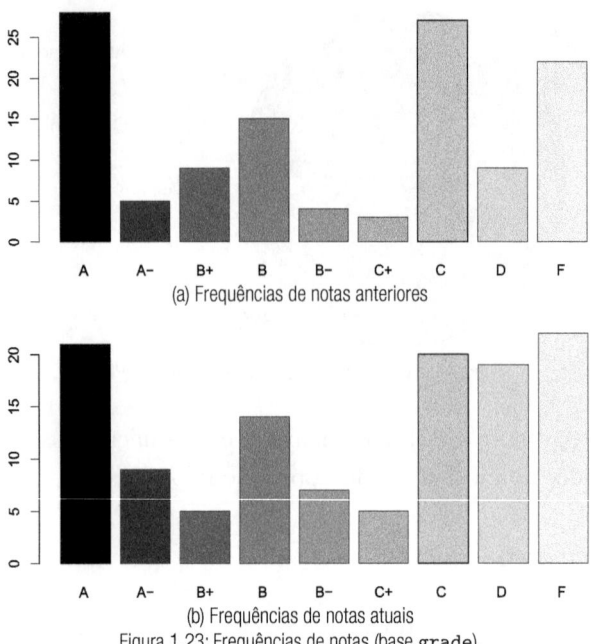

(a) Frequências de notas anteriores

(b) Frequências de notas atuais
Figura 1.23: Frequências de notas (base grade).

Exemplo: Vejamos outro exemplo. Esboçaremos um gráfico de barras para os dados da POF para a renda média por Unidade de Federação. Precisamos calcular a renda média por UF antes de esboçar o gráfico.

```
> # calculando a renda média por UF
> renda <- tapply(dados[,31], dados[,2], mean)
> #criando o gráfico
> barplot(renda, names = c("BA", "MG", "RJ", "SP", "RS", "DF"),
        ylim = c(0, 5000), main = "",
        col = gray.colors(6))
```

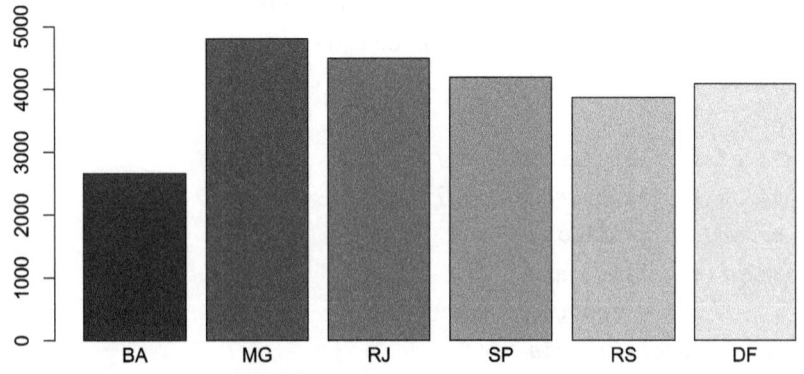

Figura 1.24: Gráfico de barras para renda média por UF (POF).

Introdução ao R

Por esse gráfico (figura 1.24) podemos comparar a renda média em cada estado contido na amostra. Na Bahia, por exemplo, a renda média domiciliar não ultrapassa R$ 3.000,00. Enquanto em Minas Gerais, a renda média se aproxima dos 5 mil reais.

Pode ser feito também um gráfico de barras múltiplas. É ótimo para comparar diversas variáveis diferentes. Veja o exemplo a seguir. Façamos um gráfico de barras que mostre os tipos de domicílios de acordo com as unidades de federação. Nesse caso, foram inseridos os seguintes argumentos na função barplot:

- beside: use TRUE para colocar as barras lado a lado ou FALSE para colocar as barras uma em cima da outra;
- legend.text: para adicionar a legenda ao gráfico.

```
> # tabela de dados que mescla UF com os tipos de domicílios
> tabela <- table(dados[, 2], dados[, 12])
> # criando o gráfico
> barplot(tabela, names = c("Casa", "Apartamento", "Cômodo"),
+         main = "", beside = T,
+         col = terrain.colors(6),
+         legend.text = c("BA ", "MG", "RJ", "SP", "RS", "DF"))
```

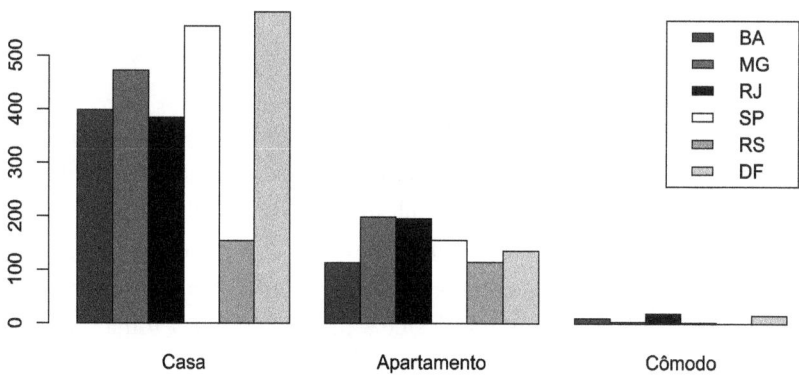

Figura 1.25: Gráfico de barras para tipos de domicílio por UF (POF).

Na figura 1.25, comparamos três categorias de tipo de domicílio de acordo com cada UF. Observando Rio de Janeiro (cor preta) e São Paulo (cor branca), percebe-se que SP é superior em número de casas em relação ao Rio. Mas em relação a apartamentos, SP é inferior.

59

1.13.6 Outros gráficos

Há ainda, outros gráficos que permitem descrever os dados. Abaixo será mostrado um breve resumo sobre eles.

Ramo-e-folhas

O diagrama de ramo-e-folhas é uma boa maneira de organizar os dados a fim de obter uma apresentação que facilite a visualização de informações. Recomenda-se que seja utilizado para quantidades pequenas de dados, pois em grandes quantidades é possível a perda de informações.

No R, utiliza-se a função stem() para fazê-lo. Faremos o diagrama para a variável Renda Total Mensal do Domicílio (coluna 31).

```
> stem(dados[, 31])

 The decimal point is 4 digit(s) to the right of the |
  0 | 0000000000000000000000000000000000000000000000000000000+3096
  1 | 000000000000000000000000000000000000001111111111111111111111+165
  2 | 000001111111222223333334444444555555555556888899
  3 | 0122333333445556667888
  4 | 345567
  5 | 3
  6 | 29
  7 | 6
  8 | 8
  9 |
 10 |
 11 | 7
```

À esquerda de | está o ramo e à direita estão as folhas. O R nos informa que o ponto decimal está quatro dígitos à direita de |. Isso significa que os algarismos à direita de | representam a casa dos milésimos em um número. Porém, como os valores da renda são altos e a quantidade de dados é grande, perdem-se informações. Assim, o R trunca os números. Por exemplo, a maior observação que é 117219.2, é representada por 11|7 que é 117000, já que a folha 7 representa a casa dos milésimos.

Distribuição empírica

Um gráfico de distribuição empírica é útil para determinar a proporção de valores que estão abaixo de um número particular. Para construir esse gráfico, é necessário ordenar os dados. Utilizaremos a função plot() já vista anteriormente.

Exemplo: Esboçaremos este gráfico para a variável Renda Total Mensal do Domicílio (coluna 31).

```
> # número de observações e vetor de proporções
> n <- length(dados[, 31])
```

```
> y <- (1:n)/n
> # ordenando a renda
> renda <- sort(dados[, 31])
> # esboçando o gráfico
> plot(renda, y, type = "S", xlab ="Renda Total Mensal do Domicílio",
+      ylab = "Probabilidade",
+      main = "")
```

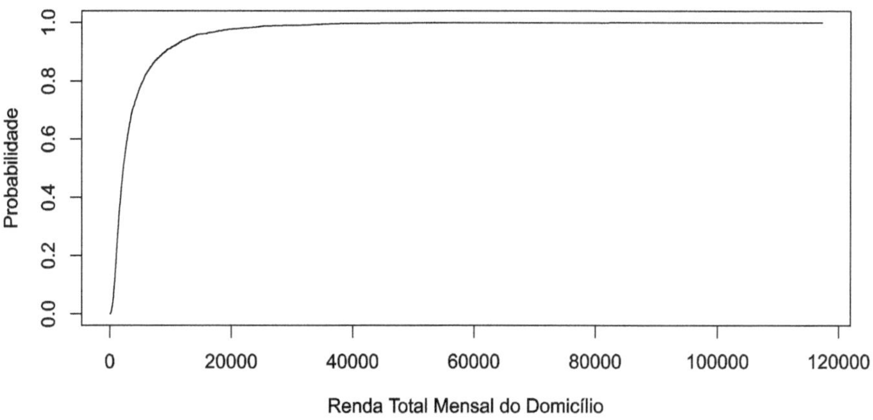

Figura 1.26: Distribuição Empírica da Renda dos Domicílios (POF).

Se fosse traçada uma reta para a renda R$ 10.000,00 na figura 1.26, veríamos que aproximadamente 90% dos dados estariam abaixo dela. Essa é a ideia de um gráfico de distribuição empírica que pode ser vista na figura 1.27.

1.13.7 Adicionando elementos ao gráfico

Podemos adicionar pontos, linhas, curvas, textos e etc. ao gráfico para facilitar a visualização de algumas informações. Veremos a seguir como adicionar esses elementos.

Adicionando linhas

No R, para adicionar linhas a um gráfico pronto, utiliza-se a função `abline()`. Os principais argumentos dessa função são:

- v: valores para linhas verticais;
- h: valores para linhas horizontais;
- col: vetor de cores para as linhas;
- lty: tipo de linha;
- lwd: espessura da linha.

Como exemplo, adicionaremos linhas horizontais e verticais ao gráfico anterior (figura 1.26) que facilitem a visualização da proporção de domicílios com renda inferior a cinco e dez mil reais.

```
> # adicionando 2 linhas verticais e tracejadas
> abline(v = c(5000, 10000), col = c("tomato", "blue"), lty = 2)
> # adicionando 2 linhas horizontais e pontilhadas
> abline(h = c(0.8, 0.9), col = "darkgray", lty = 3)
```

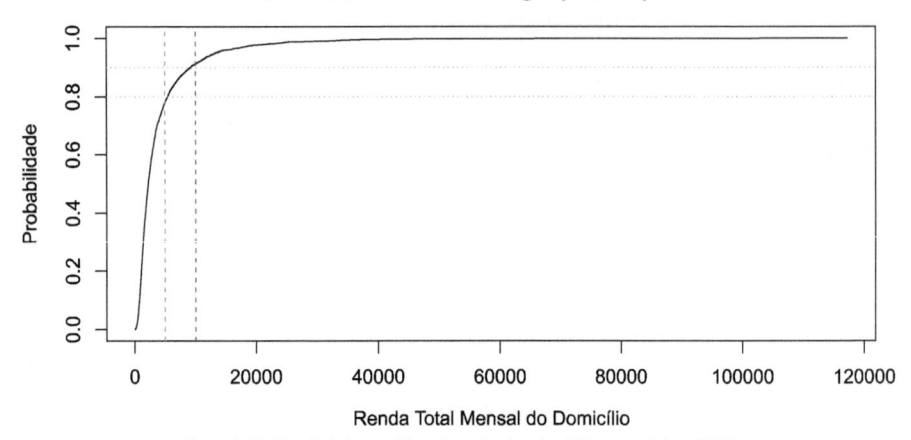

Figura 1.27: Distribuição empírica da renda dos domicílios com linhas (POF).

As linhas tracejadas representam, respectivamente, renda igual a cinco e dez mil reais. Repare que a proporção de domicílios com renda inferior a cinco mil reais é 80%.

Adicionando pontos

No R, para adicionar pontos a um gráfico pronto, utiliza-se a função points(). Os principais argumentos dessa função são:

- x,y: coordenadas (x,y) para posição do ponto;
- col: cor do ponto;
- pch: tipo do ponto.

Exemplo: Adicionaremos os pontos 5 e 10 mil ao gráfico de distribuição empírica.

```
> # adicionando 2 pontos ao gráfico
> points(5000, 0.8, col = "tomato", pch = 19)
> points(10000, 0.9, col = "blue", pch = 19)
```

Introdução ao R

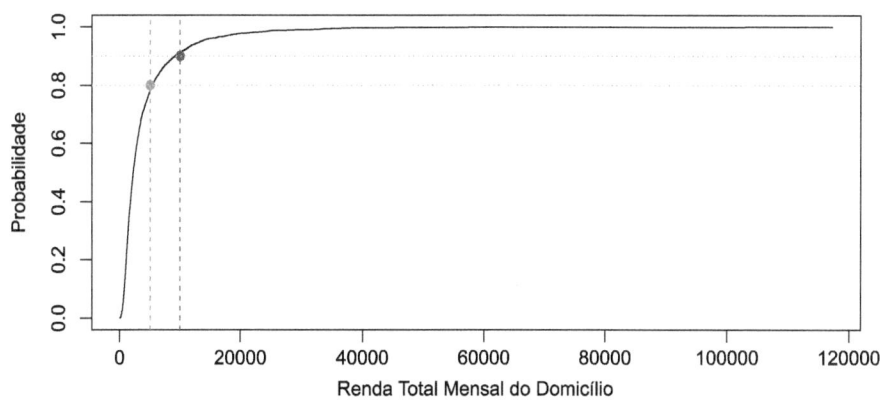

Figura 1.28: Distribuição empírica da renda dos domicílios com pontos (POF).

Adicionando textos

No R, para adicionar textos a um gráfico pronto, utiliza-se a função text(). Os principais argumentos dessa função são:

- x,y: coordenadas (x,y) para posição do texto;
- labels: texto a ser escrito;
- pos: (*default*: NULL (centro)). Opções: 1 (abaixo), 2 (à esquerda), 3 (acima) e 4 (à direita);
- cex: tamanho do texto;
- col: cor do texto.

Exemplo: Adicionaremos ao gráfico anterior os textos 5 mil e 10 mil.
```
> # adicionando 2 textos ao gráfico
> text(5000, 0.8, labels = "5 mil", col = "tomato", pos = 2)
> text(10000, 0.9, labels = "10 mil", col = "blue", pos = 4)
```

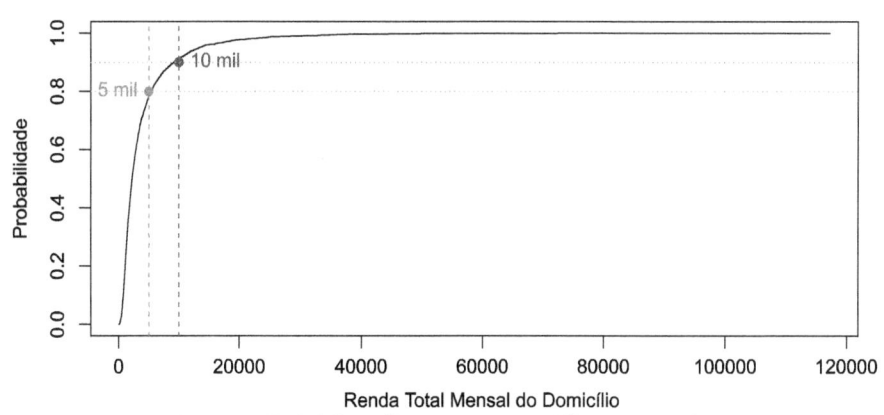

Figura 1.29: Distribuição empírica da renda dos domicílios com texto (POF).

63

Adicionando títulos

Há uma função no R que permite adicionar títulos a um gráfico de outra maneira. Esta função permite alterar o tipo e a cor da fonte tanto dos eixos quanto do título principal. Assim, você pode criar um gráfico sem títulos e adicioná-los depois. Utilizamos a função title(). Os principais argumentos da função title() são:

- main: título principal;
- font.main: tipo de fonte do título principal;
- col.main: cor da fonte do título principal;
- cex.main: tamanho do título principal;
- xlab: texto do eixo x;
- ylab: texto do eixo y;
- font.lab: tipo de fonte do texto dos eixos x e y;
- col.lab: cor da fonte do texto dos eixos x e y;
- cex.lab: tamanho do texto dos eixos x e y.

Exemplo: Suponha o gráfico apresentado a seguir na figura 1.30 sem título e sem texto nos eixos.

```
> # gráfico sem título
> plot(1:10, 1:10, xlab = "", ylab = "", pch = 19)
```

Figura 1.30: Gráfico sem título.

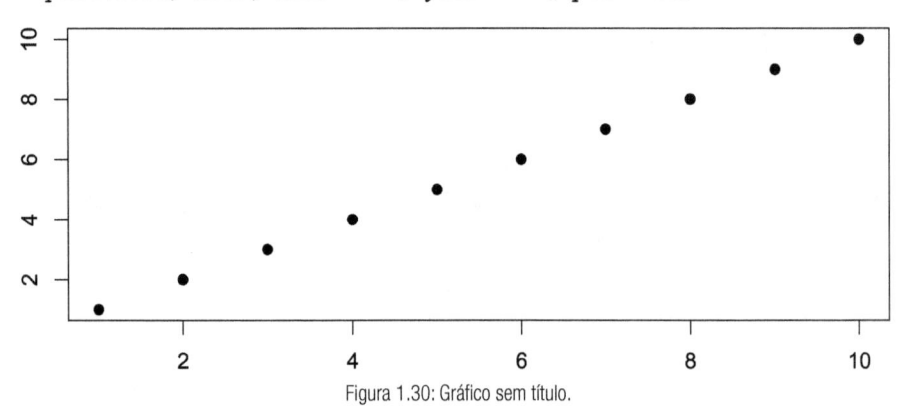

```
> # Adicionando título ao gráfico
> title(main = "título do gráfico", font.main = 8, col.main = "blue",
    xlab = "eixo x", ylab = "eixo y", font.lab = 10, col.lab = "red")
```

Título do gráfico

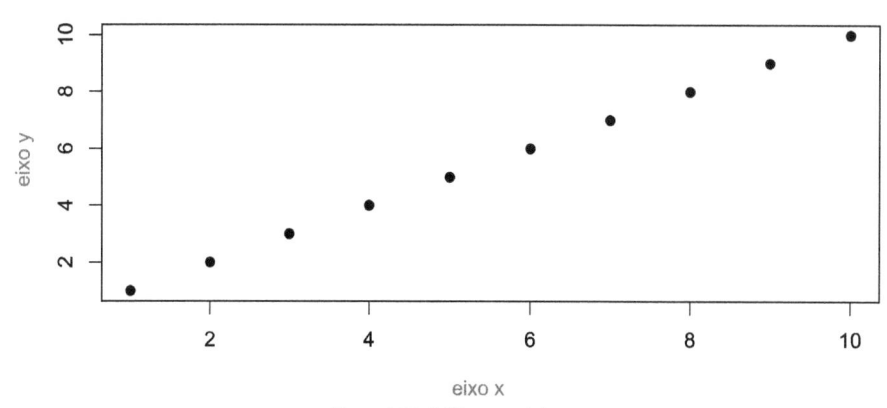

Figura 1.31: Gráfico com título.

Esboçando retas

A função lines() permite adicionar retas a um gráfico pronto. Parecida com a função points() vista anteriormente, a função lines() traça retas entre os pontos informados. Os principais argumentos da função lines() são:

- x,y: coordenadas (x,y) para os pontos;
- type: tipo de linha que liga os pontos (*default*: "l").

Exemplo: Utilizando um gráfico já esboçado, adicionaremos uma reta nele.
> # gráfico
> plot(0:10, 0:10, pch = 19, main = "gráfico")
> # Adicionando 6 pontos que serão ligados por uma linha
> lines(c(0, 2, 4, 6, 8, 10), c(1, 4, 2, 8, 9, 4), type = "o")

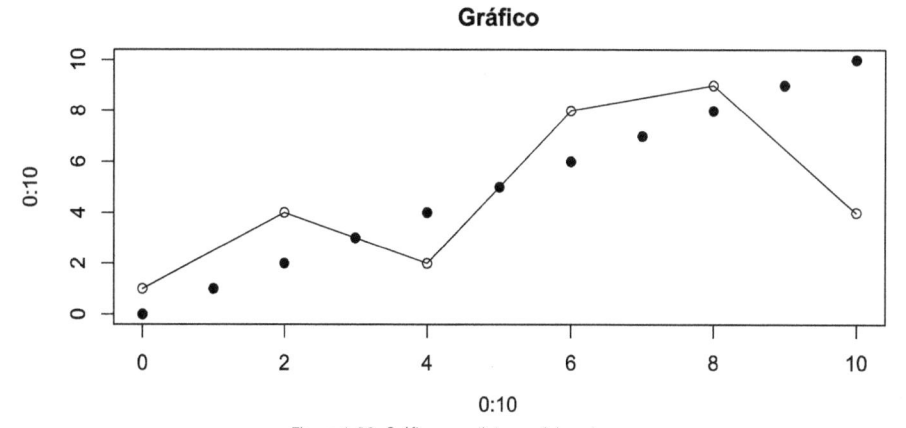

Figura 1.32: Gráfico com linhas adicionadas.

Esboçando curvas ou expressões

O R permite o esboço de expressões através da função curve(). Os principais argumentos da função curve() são:

- expr: expressão a ser desenhada;
- from: valor inicial;
- to: valor final;
- add: se TRUE esboça a expressão em um gráfico já existente;

Exemplo: Utilizando um gráfico já esboçado, adicionaremos nele uma expressão de uma função quadrática.

```
> # gráfico
> plot(0:10, 0:10, pch = 19, main = "gráfico")
> # Adicionando a expressão x^2 ao gráfico
> curve(x^2, from = 0 , to = 10 , add = T, col = "blue")
```

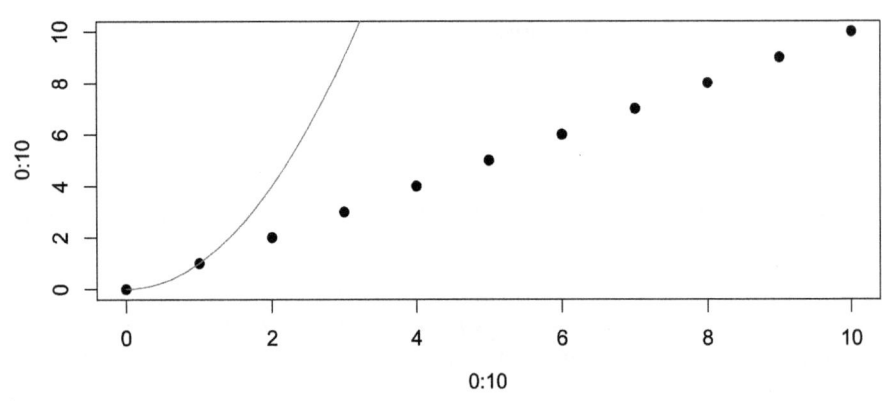

Figura 1.33: Gráfico com curvas adicionadas.

1.13.8 Múltiplos gráficos

No R, é possível esboçar diversos gráficos em uma janela ao mesmo tempo. Para isso, use a função par(). Essa função apresenta diversos argumentos, mas vamos nos limitar a apenas um: mfrow.

```
par(mfrow = c(número de linhas, número de colunas)
```

Exemplo: Esboçaremos quatro gráficos (já feitos nas seções anteriores) em uma só janela.

```
> # Exibe 4 gráficos na tela: 2 linhas e 2 colunas
> par(mfrow=c(2,2))
```

```
> # gráfico 1 - Histograma
> hist(galton$child, main = "Distribuição das alturas dos filhos",
  xlab = "Alturas (cm)", col = "lightgray", border = "steelblue")
> # gráfico 2 - Boxplot
> boxplot(galton$parent, main = "Boxplot para a altura dos pais",
          ylab = "Altura (cm)", col = "seagreen3")
> # gráfico 3 - Pizza
> prop <- table(kid.weights[, 4])
> pie(prop, main = "Composição por sexo",   labels = c("51.6%",
  "48.4%"), col = c("palevioletred2", "dodgerblue3"))
> # gráfico 4 - Barras
> renda <- tapply(dados[,31], dados[,2], mean)
> barplot(renda, names = c("BA", "MG", "RJ", "SP", "RS", "DF"),
          ylim = c(0, 5000), main = "Renda Média por UF",
          col = gray.colors(6))
```

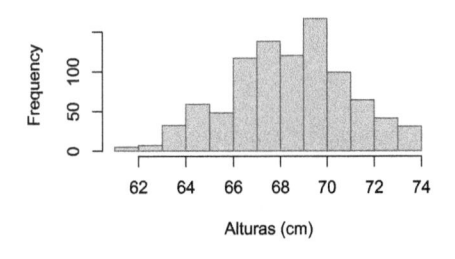

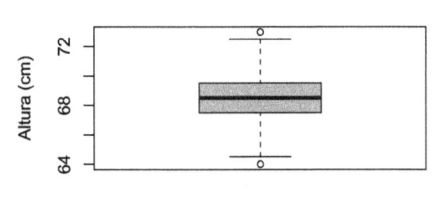

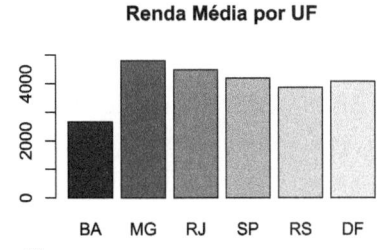

Figura 1.34: Múltiplos gráficos.

O preenchimento dos gráficos na tela é por linha. Observe que quanto maior o número de gráficos, pior pode ficar a visualização dos mesmos.

1.14 Exercícios

1.14.1 Base train.csv

Leia o arquivo train.csv com os dados de alguns passageiros do acidente do Titanic como informado na seção 2 e responda as questões:

1. Quantas variáveis e observações possui o arquivo?
2. Quais são as classes das variáveis?
3. Qual é a média dos preços dos tickets?
4. Faça um filtro na tabela e crie dois outros data frames: um para o gênero masculino e outro para o gênero feminino.
5. Crie duas listas: uma para informações do data frame do gênero feminino e outra para o gênero masculino. Cada lista deve ser composta por:
   - número total de passageiros
   - número de sobreviventes
   - numero de passageiros na primeira classe
   - preço médio preço do ticket
   - numero de parentes

Com base nas listas criadas, responda:

6. Qual gênero teve o maior número de pessoas embarcadas?
7. Qual gênero sobreviveu mais?
8. Qual gênero teve a maior média do número de parentes?

1.14.2 Base Human Development Index (HDI).csv

Leia a base Human development index (HDI).csv com os dados da evolução do IDH (Índice de Desenvolvimento Humano) dos países e responda os questionamentos.

1. Crie uma função que classifique os países (em uma coluna extra na tabela) em 2014 de acordo com a tabela:

Valor IDH	Classificação
IDH ≤ 0.534	Baixo
0.534 < IDH ≤ 0.710	Médio
0.710 < IDH ≤ 0.796	Alto
IDH > 0.796	Muito Alto

Tabela 1.11: Classificação IDH.

2. Qual país cresceu mais em relação a 2013?
3. Qual país caiu mais em relação a 2013?
4. Quantos estão com classificação baixa?
5. Qual é a posição do Brasil?

1.14.3 Base dados_anp2.csv

Crie uma variável chamada anp que receba a leitura de dados `dados_anp2.csv`.

- Dica 1: na leitura use o argumento stringsAsFactors = FALSE
- Dica 2: transforme a coluna PRECO_COMPRA em númerica, com a função as.numeric()
- Dica 3: faça os valores nulos de PRECO_COMPRA receberem NA.

1. Faça o summary para entender a sua base.
2. Quantos preços foram coletados?
3. Qual é o posto com menor preço de venda?
4. Crie a tabela dados_etanol, que é um filtro do data frame `anp`. Sumarize dados_etanol por UF e média dos preços de venda do etanol.
5. Qual é o estado com a menor média de preços de venda do etanol?
6. Exporte para o mesmo arquivo em excel os data frames:
   - anp
   - dados_etanol

1.14.4 Base_ipea.csv

É importante o leitor saber que a base de dados possui observações faltantes (NA). Assim, em algumas funções será necessária a inclusão do argumento na.rm = TRUE.

1. Defina o seu diretório de trabalho para o local onde se encontra a base de dados.
2. Importe a base de dados `base_ipea.csv` para o R.
3. A base é composta por quantas linhas e colunas?
4. Calcule a frequência de pessoas em cada região do Brasil.
5. Qual é a região mais frequente (moda)?
6. Qual é a idade da pessoa mais nova nessa amostra? E da mais velha?
7. Calcule a média, a mediana e a moda para a variável idade. A partir disso, o que você pode dizer sobre a distribuição dessa variável (assimétrica positiva, assimétrica negativa ou simétrica)?

8. Classifique as idades de acordo com as faixas etárias a seguir. (Crie uma nova coluna no *data frame* para essa classificação.) A amostra é composta de mais jovens, adultos ou idosos?

Idade (x)	Faixa Etária
$x \leq 29$	Jovens
$30 \leq x \leq 59$	Adultos
$x \geq 60$	Idosos

9. Calcule a média, a mediana, o primeiro quartil, o terceiro quartil e os valores máximo e mínimo para a variável "renda total de todos os moradores, parentes e agregados no último mês". Comente os resultados.
10. Interprete o primeiro e o terceiro quartis encontrados no item anterior.
11. Crie uma função que calcule o coeficiente de variação.
12. Calcule o coeficiente de variação para a variável idade e renda. Compare os dois coeficientes de variação.
13. Calcule o desvio-padrão para a renda de acordo com cada região do Brasil. Qual é a região que possui um comportamento mais homogêneo em relação à renda?
14. Crie um histograma para a variável "renda total de todos os moradores, parentes e agregados no último mês". Defina o título do gráfico como "Histograma para a renda total do domicílio" e o texto do eixo x como "Renda total do domicílio". Baseado no gráfico, você conclui que a distribuição da variável é assimétrica positiva, assimétrica negativa ou simétrica?
15. Crie um boxplot para a variável "número de moradores no domicílio, parentes e agregados". (Não se esqueça do título do gráfico.) Baseado no gráfico, qual é o número mediano de moradores no domicílio? Há *outliers* (valores extremos)? Se sim, a partir de qual valor um domicílio é considerado com número de moradores extremos?
16. Crie um gráfico de dispersão (gráfico de pontos) para as variáveis "renda total de todos os moradores, parentes e agregados no último mês" e "renda total do chefe da família no último mês". (Não esqueça de colocar o título principal e o texto nos eixos.) É possível notar alguma relação entre essas variáveis?
17. Crie uma tabela de frequências para a variável "sexo". Faça o mesmo para a variável "religião".

18. Utilizando a tabela de frequências para a variável "sexo", crie um gráfico de pizza para essa variável. (Não se esqueça do título do gráfico.) Visualizando o gráfico, esta amostra é composta por mais homens ou mulheres?
19. Utilizando a tabela de frequências para a variável "religião", crie um gráfico de barras para essa variável. (Não se esqueça do título do gráfico.) Visualizando o gráfico, qual é a religião mais frequente na amostra?
20. Utilizando a função par(), esboce os dois últimos gráficos na mesma janela.

Parte II

Análises de Séries Temporais: Modelos Univariados

Modelos de suavização exponencial

Processos não estacionários

Modelos SARIMA

Ajuste sazonal

2

Modelos de suavização exponencial

Pedro Guilherme Costa Ferreira
Victor Eduardo Leite de Almeida Duca

2.1 Introdução

Até o momento o leitor obteve conhecimentos gerais sobre os mecanismos de funcionamento da linguagem R. Com a finalidade de aprofundar ainda mais esses conhecimentos, este capítulo tem por objetivo fazer com que o leitor tenha o primeiro contato com séries temporais e suas modelagens. Os modelos descritos aqui se delimitarão apenas para os métodos de suavização exponencial. Ademais, cabe ressaltar que nos capítulos subsequentes o leitor será apresentado a outros tipos de modelagem, além de técnicas estatísticas sofisticadas, que o capacitam para a escolha dos melhores modelos.

Antes de iniciar os estudos desses modelos, é necessário o conhecimento de alguns padrões de comportamento comumente encontrados em séries temporais:

- Tendência (T): esta componente será observada quando a série temporal seguir uma determinada direção, crescente ou decrescente, e não necessariamente linear;
- Sazonalidade (S): padrão que se repete com uma certa periodicidade dentro de um ano (exemplo: semanal, mensal etc.);
- Ciclo (C): padrão que se repete com alguma regularidade, mas sem período fixo e dentro de um período maior que 1 ano (exemplo: fenômenos climáticos com periodicidade superior a um ano).

É importante ressaltar que estas componentes não necessariamente são vistas de forma isolada, ou seja, é comum encontrar combinações das mesmas em diversos tipos de dados para séries temporais. A figura 2.1 a seguir ilustra distintos padrões existentes em dados reais.

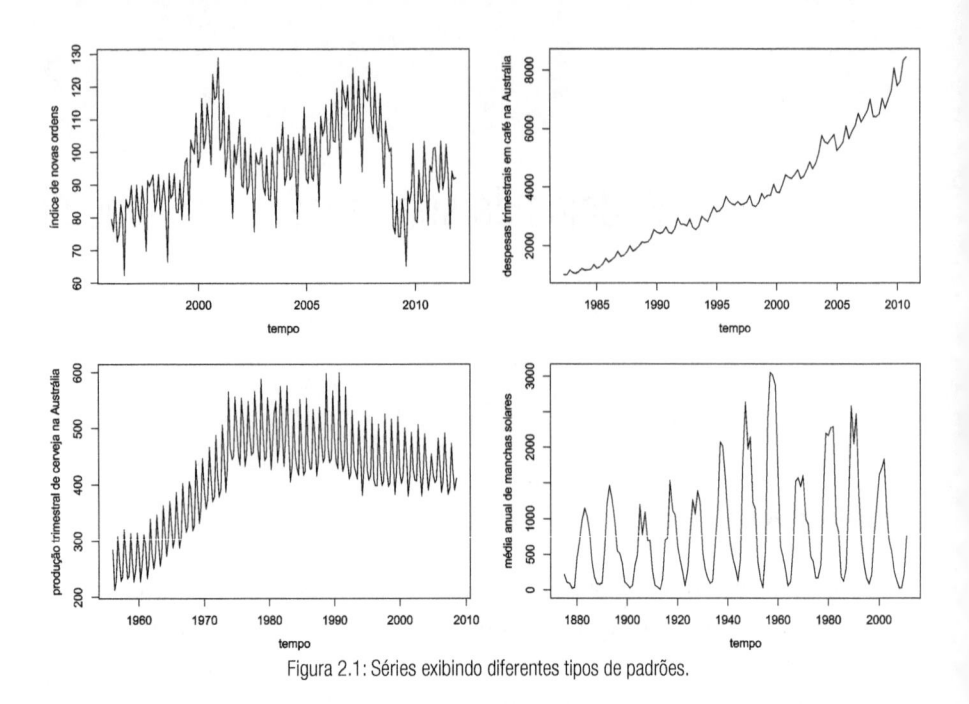

Figura 2.1: Séries exibindo diferentes tipos de padrões.

Seja Z_t uma série temporal representada pela combinação das componentes de tendência, sazonalidade e ciclo. Um modelo aditivo pode ser descrito da seguinte forma:

$$Z_t = T_t + S_t + E_t$$

Onde Z_t é o dado observado no período t, S_t é a componente sazonal no período t, T_t a componente de ciclo-tendência no período t e E_t representa a parte não capturada do modelo no período t, denominada de erro (ou resíduo).

Também é possível representar uma série temporal seguindo uma estrutura multiplicativa:

$$Z_t = T_t \times S_t \times E_t$$

Em geral, o modelo multiplicativo é apropriado quando a variação do padrão sazonal ou ao redor da componente ciclo-tendência for proporcional à magnitude dos dados, enquanto o modelo aditivo é mais apropriado quando estas componentes não forem proporcionais à magnitude dos dados.

Para ilustrar o método de obtenção das componentes T_t, S_t e E_t, considere a seguinte série temporal (figura 2.2):

```
> data(elecequip)
> plot(elecequip,xlab="Tempo",ylab="Índice de novas ordens")
```

Modelos de suavização exponencial

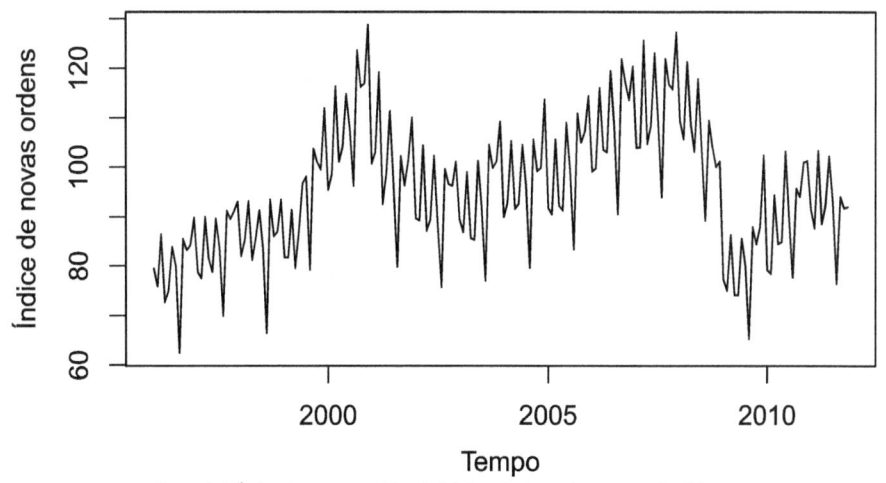

Figura 2.2: Índice de novos pedidos de fabricação de equipamentos eletrônicos.

Esta série é encontrada no pacote **fpp** (Hyndman, 2015) e representa o índice de novos pedidos de fabricação de equipamentos eletrônicos (computadores, eletrônicos e produtos ópticos) em 16 países da Europa. Note que a série apresenta padrões de sazonalidade e tendência ao longo do tempo. Para tratar cada uma destas componentes, utiliza-se a função decompose.

```
decompose(x, type = c("additive", "multiplicative"),...
```

- x: série temporal a ser decomposta.
- type: tipo de modelo a ser utilizado.

```
> decomp<-decompose(elecequip,type='additive')
> plot(decomp)
```

Decomposition of additive time series

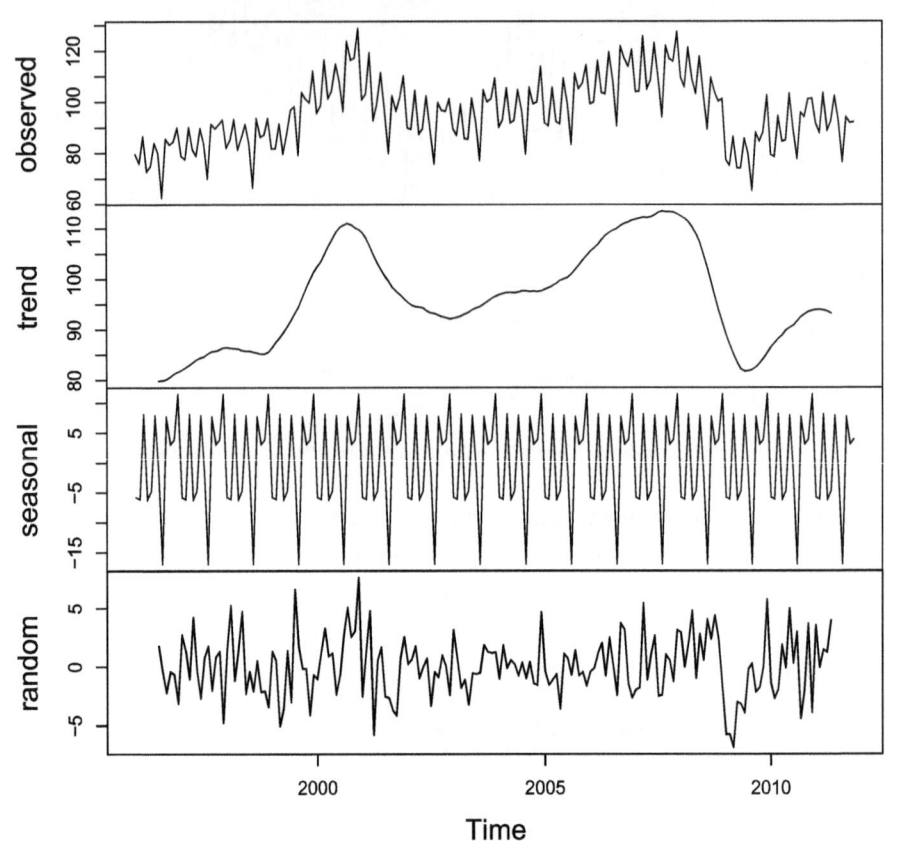

Figura 2.3: Série temporal decomposta.

A primeira janela da figura 2.3 representa a série temporal, enquanto a segunda, terceira e quarta janela representam, respectivamente, as componentes de tendência, sazonalidade e erro. Caso o leitor queira estudar apenas uma destas componentes, basta utilizar o comando decomp$trend (tendência), decomp$seasonal (sazonalidade) ou decomp$random (erro). Com estes comandos é possível, por exemplo, realizar um ajuste sazonal em séries que podem ser descritas na forma aditiva através da subtração da componente sazonal estimada com a série original, isto é:

```
> decomp<-decompose(elecequip,type='additive')
> ajuste_sazonal<-elecequip - decomp$seasonal
```

Modelos de suavização exponencial

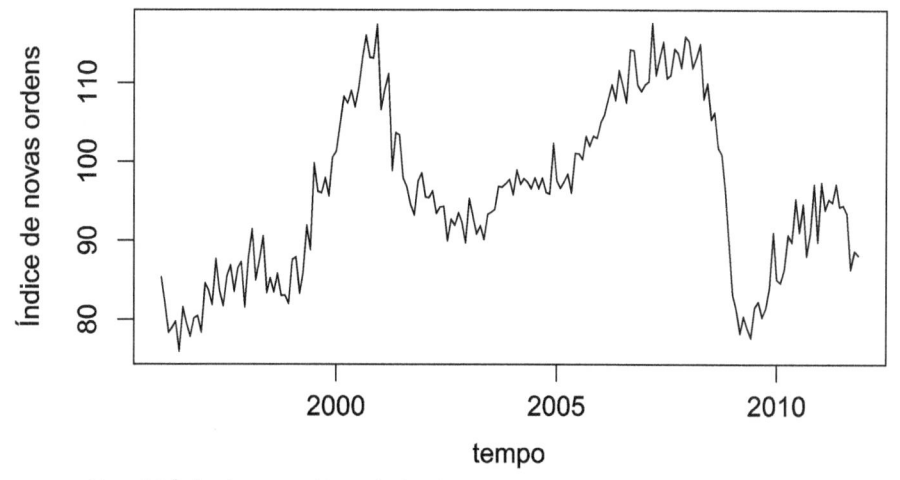

Figura 2.4: Índice de novos pedidos de fabricação de equipamentos eletrônicos com ajuste sazonal.

A figura 2.4 representa a série original ajustada sazonalmente. Esta é uma tentativa de retirar a variação sazonal, fazendo com que a série original contenha apenas as componentes de erro e tendência.

Outra ferramenta utilizada para decomposição de uma série temporal é o filtro de Hodrick-Prescott (HP), apresentado no artigo Hodrick & Prescott (1997). A proposta da metodologia é estimar a tendência de longo prazo da série, deixando restar, portanto, as flutuações cíclicas.

Como visto em Enders (2008), nesta abordagem se assume que a série temporal observada é composta por uma tendência $\{\mu_t\}$ e um elemento estacionário $y_t - \mu_t$ (flutuações cíclicas). A partir daí, aplica-se a minimização de erros quadráticos para obter os parâmetros do seguinte modelo:

$$\frac{1}{T}\sum_{t=1}^{T}(y_t - \mu_t)^2 + \frac{\lambda}{T}\sum_{t=2}^{T-1}[(\mu_{t+1} - \mu_t) - (\mu_t - \mu_{t-1})]^2 \qquad (2.1)$$

Veja que o primeiro termo da equação (2.1) representa a soma dos desvios da série original com a componente de tendência nos seus respectivos períodos t elevados ao quadrado. O segundo termo é a soma da diferença entre as componentes de tendência ao quadrado. Já λ representa uma constante arbitrária que penaliza a incorporação das flutuações na componente de tendência.

Para ilustrar a presente técnica, considere a série temporal que representa as despesas trimestrais de café em restaurantes e serviços de comida na Austrália (figura 2.5). Estes dados são encontrados no pacote **fpp**. A função `hpfilter()`, pertencente ao pacote **mFilter**, se encarregará de fazer a análise.

```
hpfilter(x,type=c("lambda","frequency"),drift=FALSE,...)
```

- x: série temporal;
- type: tipo de filtro a ser utilizado;
- drift: *drift* existente na série temporal.

```
> data(cafe)
> filtro_hp<-hpfilter(cafe,type='lambda')
> par(mfrow=c(2,1))
> plot(cafe,ylab="Despesas Trimestrais",xlab="tempo")
> lines(hpfilter(cafe,type='lambda')$trend,col='red',lwd=2)
> legend(1985,8000,c("Série Original","Tendência - Filtro HP"),
col=c('black','red'),lwd=c(1,2),bty='n')
>plot(hpfilter(cafe,type='lambda')$cycle,ylab='ComponenteCíclica',
xlab='tempo')
```

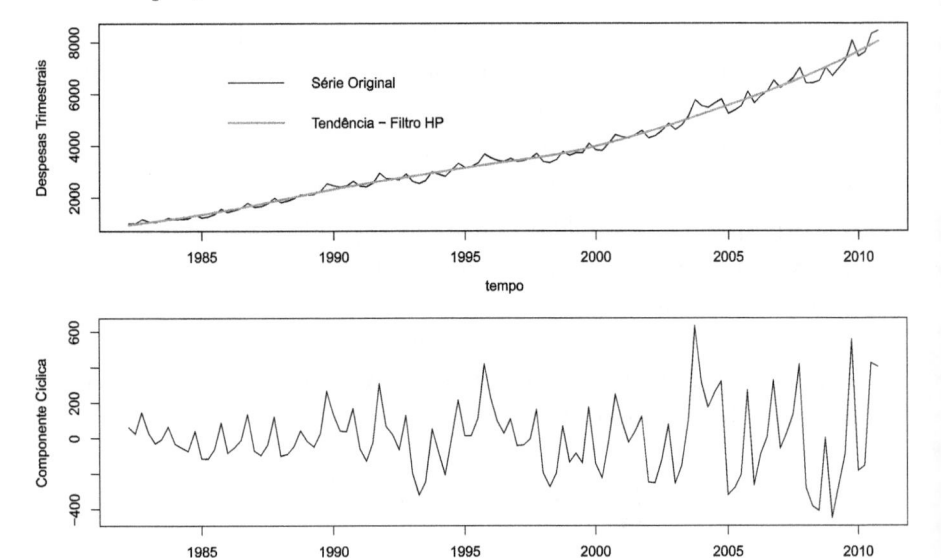

Figura 2.5: Decomposição das despesas trimestrais de café utilizando filtro HP.

Todavia, como alerta Enders (2008), é necessário precaução na aplicação do filtro, dado que, por suavizar a tendência da série, o filtro pode apresentar flutuações na parte irregular do processo que de fato não existem. Além disso, French (2001) afirma que o filtro possui resultados mais confiáveis quando aplicado a processos com ordem de integração 2 e os ruídos no processo têm distribuição aproximadamente normal. Estes assuntos serão vistos com mais detalhes nos capítulos seguintes.

2.2 Suavização exponencial simples (SES)

O método mais simples, conhecido como Suavização Exponencial Simples (SES) é adequado para previsão de séries temporais livres das componentes de tendência e sazonalidade. Muito embora seja difícil observar séries sem estas componentes, é possível utilizar este método ao identificar e remover tais efeitos, produzindo séries estacionárias.

Para entender melhor como é realizado o procedimento, considere uma série estacionária e sem a presença de sazonalidade. O método SES é descrito da seguinte forma:

$$\bar{Z}_t = \alpha Z_t + \alpha(1-\alpha)Z_{t-1} + \alpha(1-\alpha)^2 Z_{t-2} + ..., \quad \text{onde:} \quad \bar{Z}_0 = Z_1, t = 1,...,N, \quad (2.2)$$

onde α representa o parâmetro de suavização e compreende valores entre 0 e 1.

Quanto menor for o parâmetro α, mais estáveis serão as previsões, isto é, as observações passadas terão pesos maiores do que teriam no caso de α grande. Por outro lado, se α for próximo de 1, há um pequeno amortecimento e $\bar{Z}_t$ é aproximadamente igual a Z_t. A principal vantagem do método SES é dada pela sua simplicidade de implementação e por não necessitar de uma grande quantidade de informações do histórico. Para ilustrar esta situação, considere a seguinte série simulada:

```
> set.seed(1234)
> serie <- ts(runif(100,10,15),start = c(1915,1),frequency = 1)
> plot(serie)
```

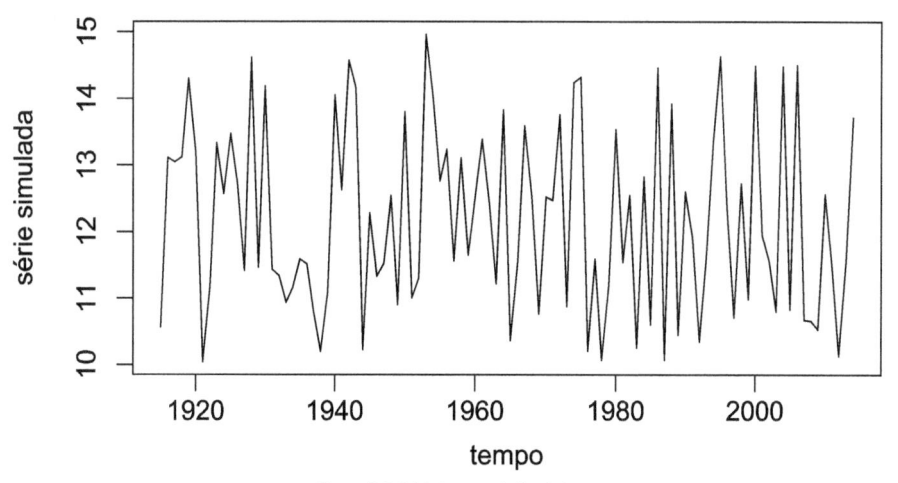

Figura 2.6: Série temporal simulada.

Note que a série temporal (figura 2.6) está em torno de um determinado nível (com média próxima de 12) e que as flutuações aleatórias da série são aproximadamente constantes. Portanto, é razoável supor uma modelagem com estrutura aditiva para este caso. Além disso, não há evidências de efeitos sazonais ou de tendência, atendendo aos requisitos para utilização do SES.

De acordo com a literatura, a previsão de observações futuras para o modelo SES consiste na última observação exponencialmente suavizada denominada por:

$$\hat{Z}_t(h) = \bar{Z}_t, \quad \forall h > 0 \tag{2.3a}$$
$$\hat{Z}_t(h) = \alpha Z_t + (1-\alpha)\hat{Z}_{t-1}(h+1), \tag{2.3b}$$

onde h representa o número de passos à frente a ser previsto.

Note que a equação (2.3b) utiliza apenas o parâmetro de suavização exponencial, sua observação mais recente e a previsão feita no passo anterior.

Uma forma de utilizar o método SES para realizar ajustes e previsões no R é através da função HoltWinters():

```
HoltWinters(x, alpha = NULL, beta = FALSE, gamma = FALSE,
seasonal = c("additive", "multiplicative"),...)
```

- x: série temporal de estudo;
- alpha: parâmetro de suavização.

É importante ressaltar que para o caso de SES, o conjunto de parâmetros "beta" e "gamma" serão especificados como "FALSE". Estes parâmetros serão vistos com mais detalhes nas próximas seções.

Voltando ao exemplo anterior, os seguintes resultados são apresentados após o uso da função HoltWinters():

```
> ajuste<-HoltWinters(serie,beta=FALSE,gamma=FALSE)
Holt-Winters exponential smoothing without trend and without seasonal component.

Call:
HoltWinters(x = serie, beta = FALSE, gamma = FALSE)

Smoothing parameters:
 alpha: 0.1016823
 beta : FALSE
 gamma: FALSE

Coefficients:
     [,1]
```

A saída da função HoltWinters() indica que o valor estimado para o parâmetro de suavização α é aproximadamente 0,10. Como este valor está próximo de zero, isto significa que informações recentes explicam pouco os movimentos da série temporal (figura 2.7). Portanto, a equação de previsão (2.3b) pode ser escrita como:

$$\hat{Z}_t(h) = 0{,}10Z_t + 0{,}90\hat{Z}_{t-1}(h+1) \qquad (2.4)$$

```
> plot(ajuste,xlab='tempo',ylab='valores observados/ajustados',
main='')
```

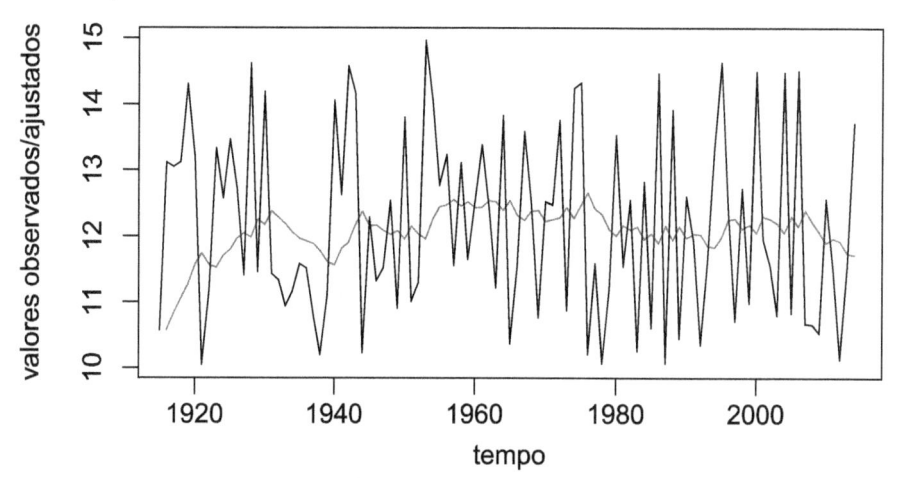

Figura 2.7: Série ajustada através do modelo SES.

As previsões para a série em questão serão obtidas através da função forecast() do pacote **forecast**.

```
forecast(object, h, level=c(80,95),...)
```

- object: um objeto de classe "HoltWinters";
- h: número de períodos a serem previstos;
- level: intervalo de confiança para a predição.

```
> ajuste_prev<-forecast(ajuste,h = 10,level=95)
```

	Point Forecast	Lo 95	Hi 95
2015	11.92001	8.965780	14.87425
2016	11.92001	8.950546	14.88948
2017	11.92001	8.935391	14.90464
2018	11.92001	8.920312	14.91972
2019	11.92001	8.905309	14.93472
2020	11.92001	8.890380	14.94965
2021	11.92001	8.875524	14.96450
2022	11.92001	8.860740	14.97929
2023	11.92001	8.846028	14.99400
2024	11.92001	8.831385	15.00864

Note que um dos argumentos da função representa o número de períodos a serem previstos. Para o presente exemplo este número foi fixado em 10. Como a série é anual, isto significa que estão sendo realizadas previsões para os próximos 10 anos. Além disso, outra saída da função refere-se ao intervalo de confiança, que neste caso considerou-se o nível de 95% de confiança. Por fim, a figura 2.8 representa a série temporal em conjunto com sua previsão:

```
> plot(ajuste_prev,main="",xlab="Tempo",ylab="Dados")
```

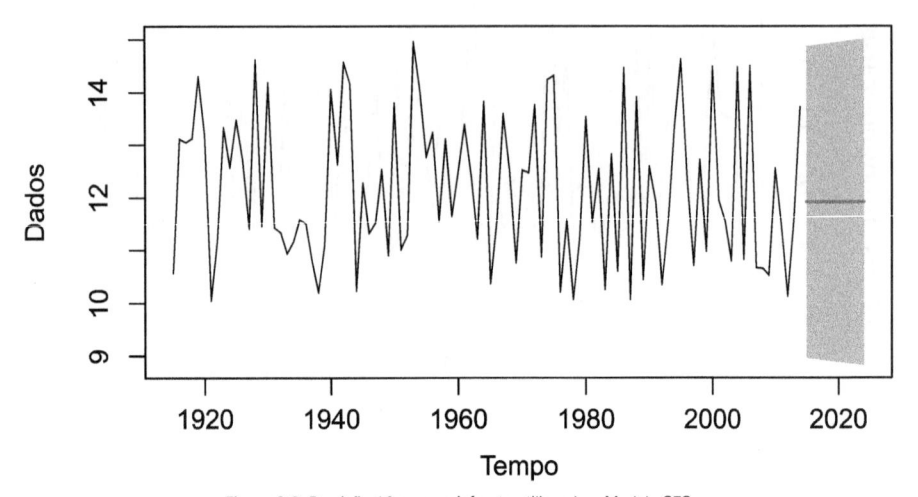

Figura 2.8: Previsão 10 passos à frente utilizando o Modelo SES.

2.3 Suavização exponencial de Holt (SEH)

O modelo visto anteriormente não é apropriado para séries que apresentam tendência linear. Uma possível aplicação do modelo SES acarretaria em previsões que subestimariam ou superestimariam continuamente os valores reais da série. Para contornar tal problema, o modelo de suavização exponencial de Holt (SEH), estendido por Holt em 1957, permite realizar previsões em séries que apresentam o efeito de tendência linear.

O modelo SEH é similar ao modelo SES, com a diferença de que existirá um novo parâmetro de suavização para trabalhar diretamente com a tendência da série. Seus valores serão estimados por:

$$L_t = \alpha Z_t + (1-\alpha)(L_{t-1} + T_{t-1}) \quad 0 \leq \alpha \leq 1; t = 2,...,N \quad (2.5)$$

$$T_t = \beta(L_t - L_{t-1}) + (1-\beta)T_{t-1} \quad 0 \leq \beta \leq 1; t = 2,...,N, \quad (2.6)$$

onde L_t estima o nível da série no tempo t, T_t estima a tendência no tempo t e α e β são, respectivamente, os parâmetros de suaviação para o nível e tendência e compreendem valores do intervalo de 0 a 1.

A previsão para Z_{t+h} é dada por:

$$\hat{Z}_h = L_t + h\hat{T}_t \quad \forall h > 0 \tag{2.7}$$

Em linhas gerais, a previsão é feita adicionando o valor encontrado na equação do nível L_t com o valor estimado para tendência multiplicado pelo número de passos à frente que se deseja prever.

Para ilustrar o presente modelo, considere a série temporal dada pelo consumo de energia elétrica (Gwh) na Região Sudeste (figura 2.9). Esta série é encontrada no Ipeadata e também está disponível em github.com/pedrocostaferreira/timeseries. A série temporal se inicia em janeiro de 1979 e tem como última observação janeiro de 2017. Neste exemplo, considerou-se como última informação o mês de dezembro de 2016, fazendo com que a série temporal seja mensal no período de 1979 a 2016. Veja que claramente a série apresenta a componente de tendência, tornando-se apta à utilização do modelo SEH.

```
> dados<-read.csv2("consumo_energia_eletrica_regiao_sudeste.csv")
> dados<-dados[-457,] # retirando janeiro de 2017
> consumo<-ts(dados[,2],start=c(1979,1),frequency=12)
> plot(consumo,xlab='tempo',ylab='Consumo de Energia Elétrica
(Gwh)',main='')
```

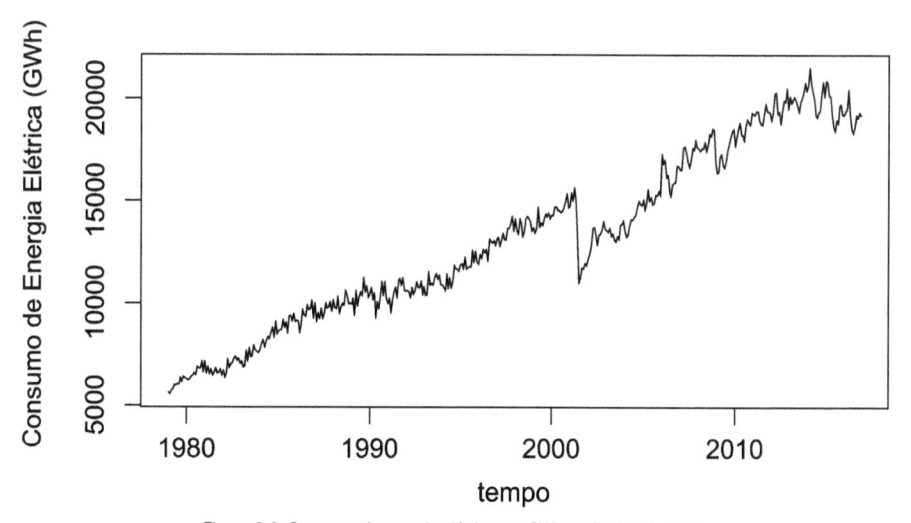

Figura 2.9: Consumo de energia elétrica em GWh na Região Sudeste.

No R, a função HoltWinters() também será utilizada para representar o modelo SEH. Neste caso, apenas o argumento "gamma" da função será descrito como "FALSE". Os argumentos "alpha" e "beta" representam, respectivamente, os parâmetros de suavização do nível e tendência.

```
> ajuste_holt<-HoltWinters(consumo,gamma=FALSE)
> ajuste_holt
Holt-Winters exponential smoothing with trend and without seasonal
component.

Call:
HoltWinters(x = consumo, gamma = FALSE)

Smoothing parameters:
 alpha: 0.7367828
 beta : 0.01110493
 gamma: FALSE

Coefficients:
      [,1]
a 19202.56505
b    17.58094
```

Note que os valores encontrados para α e β são, respectivamente, próximos de 0,74 e 0,01. Isto significa que são atribuídos pesos maiores em observações mais recentes para o nível, enquanto a tendência representa o oposto. Logo, as equações (2.5) e (2.6) são reescritas como:

$$L_t = 0.74 Z_t + (1 - 0.74)(L_{t-1} + T_{t-1}) \quad 0 \leq \alpha \leq 1; t = 2,...,N \quad (2.8)$$

$$T_t = 0.01(L_t - L_{t-1}) + (1 - 0.01)T_{t-1} \quad 0 \leq \beta \leq 1; t = 2,...,N \quad (2.9)$$

Caso o leitor queira visualizar graficamente o ajuste da série temporal pelo método SEH (figura 2.10), basta realizar o seguinte procedimento:

```
> plot(consumo,xlab='tempo',ylab='Valores Observados/Ajustados',
main='')
> lines(fitted(ajuste_holt)[,1],lwd=2,col='red')
> legend(1980,20000,c("Consumo Energia Elétrica","Ajuste SEH"),
lwd=c(1,2),col=c("black","red"),bty='n')
```

Modelos de suavização exponencial

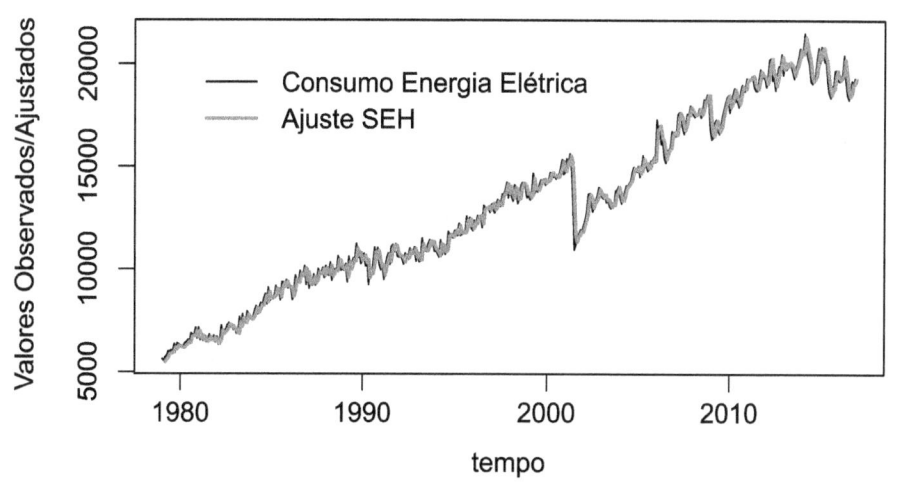

Figura 2.10: Ajuste do Consumo de energia elétrica na Região Sudeste por SEH.

A função `forecast()` também será necessária para a construção da previsão h passos à frente. Como a série é mensal, o valor atribuído ao argumento h da função `forecast()` representará o número de meses a serem previstos. Considerando que deseja-se a previsão para o ano de 2017 (figura 2.11), tem-se a seguinte situação:

```
> prev_holt<-forecast(ajuste_holt,h=12,level=95)
> prev_holt
```

```
         Point Forecast    Lo 95    Hi 95
Jan 2017      19220.15  18329.73 20110.56
Feb 2017      19237.73  18127.39 20348.06
Mar 2017      19255.31  17958.17 20552.45
Apr 2017      19272.89  17809.29 20736.49
May 2017      19290.47  17674.43 20906.51
Jun 2017      19308.05  17549.89 21066.21
Jul 2017      19325.63  17433.34 21217.92
Aug 2017      19343.21  17323.14 21363.28
Sep 2017      19360.79  17218.15 21503.44
Oct 2017      19378.37  17117.48 21639.27
Nov 2017      19395.96  17020.47 21771.45
Dec 2017      19413.54  16926.59 21900.49
```

```
>plot(prev_holt,xlab='tempo',ylab='valores observados/previstos',
main='')
```

87

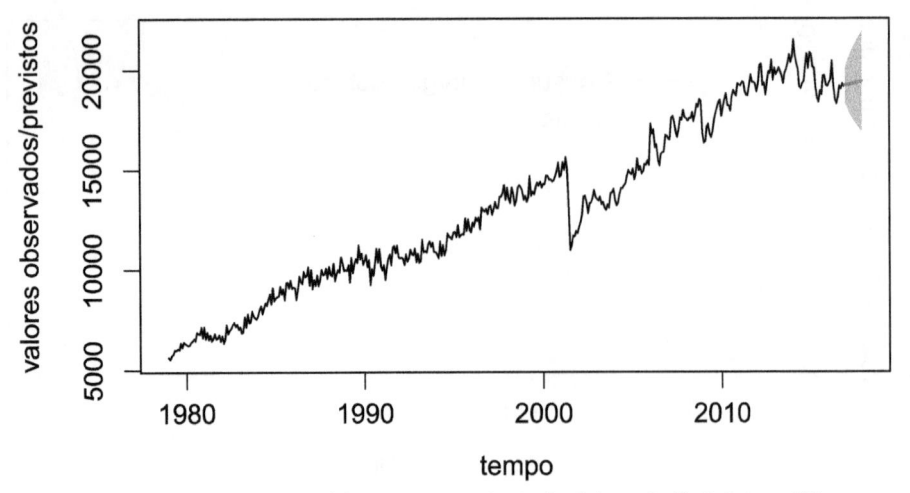

Figura 2.11: Previsão 12 passos à frente do consumo de energia elétrica na Região Sudeste por SEH.

2.4 Suavização exponencial sazonal de Holt-Winters

O modelo de Holt-Winters (HW) é o mais indicado em séries que apresentam comportamento sazonal. Este modelo é uma extensão feita por Winters em 1960 ao modelo proposto por Holt em 1957 com o intuito de capturar o efeito sazonal. O modelo segue a mesma proposta de equação vista na seção anterior, com a diferença da existência de uma equação adicional para a sazonalidade. Sua vantagem é semelhante ao método SEH, no entanto, o modelo HW é adequado para séries de comportamento mais geral, uma vez que na prática a maioria das séries encontradas apresentam a componente de sazonalidade.

Existem dois diferentes métodos de análise por HW. Os métodos se diferenciam através do modo que a sazonalidade será modelada, isto é, a sazonalidade pode receber um tratamento aditivo ou multiplicativo. Tais métodos serão vistos a seguir.

2.4.1 O modelo aditivo

Se a componente sazonal for tratada de forma aditiva, então o modelo será dado por:

$$L_t = \alpha(Z_t - S_{t-m}) + (1-\alpha)(L_{t-1} + T_{t-1}) \quad 0 \leq \alpha \leq 1; t = m+1,...,N \quad (2.10)$$

$$T_t = \beta(L_t - L_{t-1}) + (1-\beta)T_{t-1} \quad 0 \leq \beta \leq 1; t = m+1,...,N \quad (2.11)$$

$$S_t = \gamma(Z_t - L_{t-1} - T_{t-1}) + (1-\gamma)S_{t-m} \quad 0 \leq \gamma \leq 1; t = m+1,...,N \quad (2.12)$$

$$\hat{Z}_{t+h} = L_t + T_t h + S_{t+h-m}, \quad (2.13)$$

onde α, β e γ representam, respectivamente, os parâmetros de suavização para o nível, tendência e sazonalidade e estão restritos no intervalo de 0 a 1.

A equação (2.13) apresenta a formulação para o modelo de previsão h passos à frente.

2.4.2 O modelo multiplicativo

Utilizando a mesma proposta do procedimento anterior, o modelo multiplicativo é dado por:

$$L_t = \alpha \left(\frac{Z_t}{S_{t-m}}\right) + (1-\alpha)(L_{t-1} + T_{t-1}) \quad 0 \leq \alpha \leq 1; t = m+1,...,N \quad (2.14)$$

$$T_t = \beta(L_t - L_{t-1}) + (1-\beta)T_{t-1} \quad 0 \leq \beta \leq 1; t = m+1,...,N \quad (2.15)$$

$$S_t = \gamma \left(\frac{Z_t}{L_{t-1} + T_{t-1}}\right) + (1-\gamma)S_{t-m} \quad 0 \leq \gamma \leq 1; t = m+1,...,N \quad (2.16)$$

$$\hat{Z}_{t+h} = (L_t + T_t h)S_{t+h-m} \quad (2.17)$$

Note que as equações para a tendência são as mesmas em ambos os métodos. Os métodos só se diferem quando as equações apresentam componente sazonal. Neste caso, estas equações aparecem com operações de multiplicação e divisão ao invés de soma e subtração.

Para ilustrar cada uma destas situações, considere a série temporal dada pela taxa de desemprego da Região Metropolitana de São Paulo (RMSP) (1985 a 2016) (figura 2.12). Esta série está disponível no site do Ipeadata e também pode ser encontrada em github.com/pedrocostaferreira/timeseries.

```
> tx_desemprego<-read.csv2('taxa_desemprego_regiao_metropolitana_
sp.csv',sep='')
> desemprego<-tx_desemprego[,2]
> serie_desemprego<-ts(desemprego,start=c(1985,1),frequency=12)
> plot(serie_desemprego,xlab='tempo',ylab='taxa de desemprego',
main='')
```

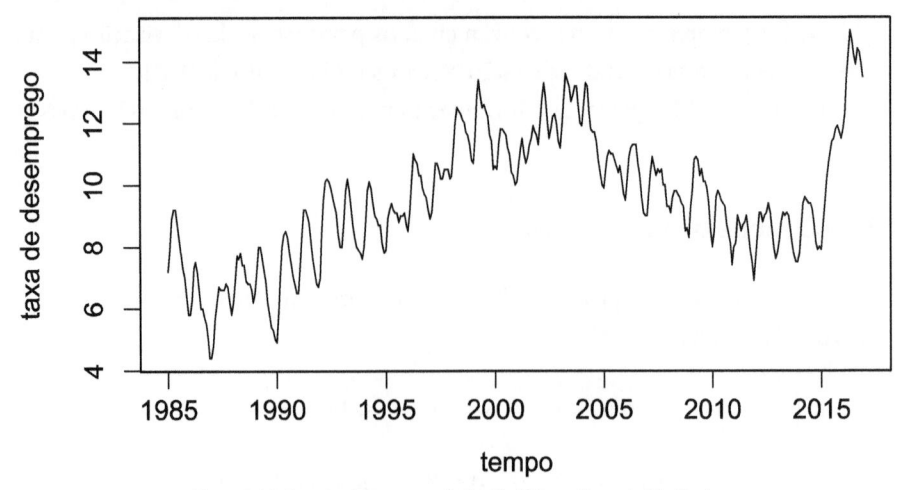

Figura 2.12: Taxa de desemprego da Região Metropolitana de São Paulo.

Veja que agora a função HoltWinters() receberá todos os argumentos para os parâmetros de suavização. Neste caso, o argumento "*gamma*" representa o parâmetro de suavização para a componente sazonal.

> ajuste_com_sazonalidade<-HoltWinters(serie_desemprego)
> ajuste_com_sazonalidade
Holt-Winters exponential smoothing with trend and additive seasonal component.

Call:
HoltWinters(x = serie_desemprego)

Smoothing parameters:
 alpha: 0.9269609
 beta : 0.04209462
 gamma: 1

Coefficients:
          [,1]
a   14.55143889
b   0.14373888
s1   -1.00658886
s2   -0.49525744
s3   0.38094968
s4   0.88835080
s5   0.95494068
s6   0.77803269

```
s7    0.58696986
s8    0.34509417
s9    0.09842427
s10  -0.30598818
s11  -0.62515846
s12  -1.05143889
```

É importante ressaltar que as especificações utilizadas na função `HoltWinters()` representam a forma aditiva do modelo de HW. A forma multiplicativa será vista mais adiante.

Note que os valores estimados para α, β e γ são, respectivamente, 0,93, 0,04 e 1. A interpretação destes parâmetros é análoga aos métodos vistos anteriormente. Como α está próximo de 1 e γ é igual a 1, as estimativas para o nível e sazonalidade têm peso maior nas observações mais recentes, o mesmo não pode ser dito para a estimativa de tendência β, uma vez que o valor encontrado está próximo de 0.

```
> plot(serie_desemprego,xlab='tempo',ylab='taxa de desemprego',
main='')
> lines(fitted(ajuste_com_sazonalidade)[,1],lwd=2,col='red')
> legend(1985,15,c("Taxa de Desemprego","Ajuste HW"),lwd=c(1,2),
col=c("black","red"),bty='n')
```

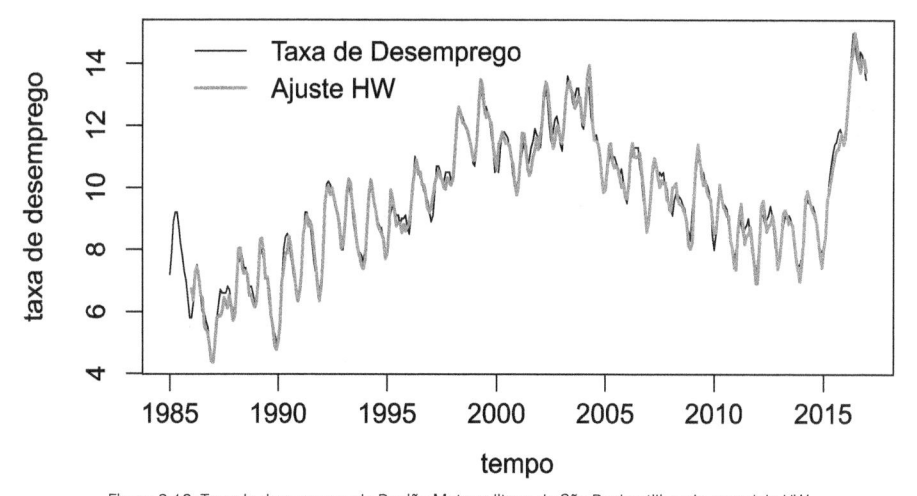

Figura 2.13: Taxa de desemprego da Região Metropolitana de São Paulo utilizando o modelo HW.

A figura 2.13 representa o gráfico da taxa de desemprego da RMSP (linha preta) em conjunto com o ajuste via HW (linha cinza). Pela figura é possível perceber que o ajuste acompanha de forma satisfatória a série de estudo.

Com a função `forecast()` pode-se obter previsões do modelo HW com os seus respectivos intervalos de confiança. Sendo assim, a figura 2.14 representa a previsão para o ano de 2017 da taxa de desemprego da RMSP.

```
> prev_hw<-forecast(ajuste_com_sazonalidade,h=12,level=95)
> plot(prev_hw,xlab='tempo',ylab='Taxa de Desemprego',main='')
```

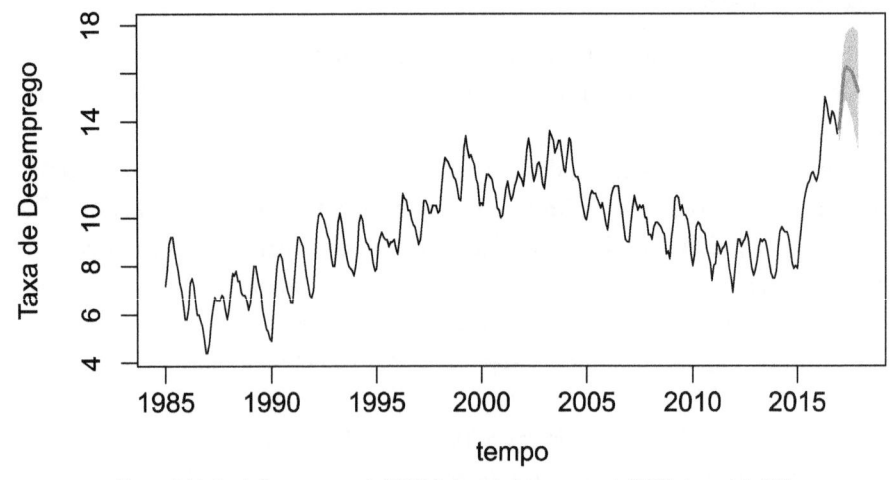

Figura 2.14: Previsão para o ano de 2017 da taxa de desemprego da RMSP via modelo HW.

Caso o leitor queira construir o modelo multiplicativo de HW, basta especificar dentro da função `HoltWinters()` o argumento `seasonal=multiplicative`. A figura 2.15 mostra a comparação de comportamento do modelo aditivo com o multiplicativo.

```
> ajuste_com_sazonalidade_mult<-HoltWinters(serie_desemprego,
seasonal="multiplicative")
> plot(serie_desemprego,xlab='tempo',ylab='taxa de desemprego',
main='',ylim=c(4,20))
> lines(fitted(ajuste_com_sazonalidade)[,1],lwd=2,col='red')
> lines(fitted(ajuste_com_sazonalidade_mult)[,1],lwd=2,col='blue')
> legend(1985,20,c("Taxa de Desemprego","Ajuste HW Aditivo",
"Ajuste HW Multiplicativo"),lwd=c(1,2),col=c("black","red",
"blue"),bty='n')
```

Modelos de suavização exponencial

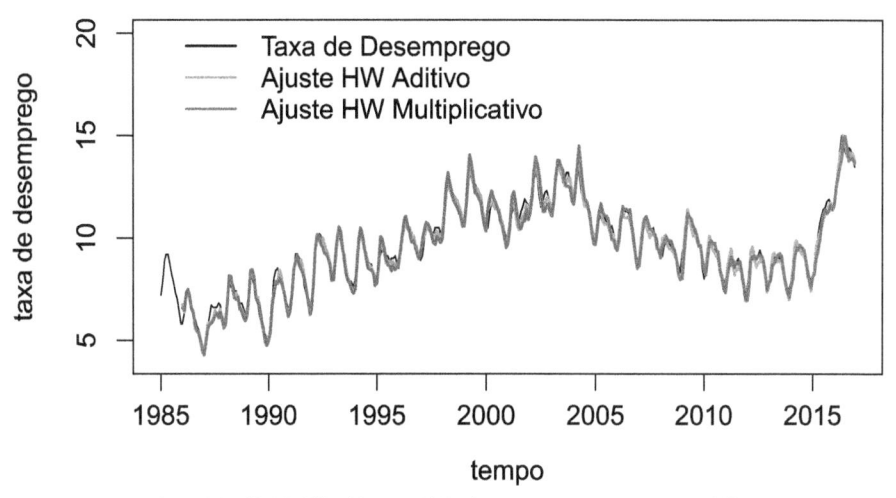

Figura 2.15: Modelo HW aditivo e multiplicativo para a taxa de desemprego RMSP.

2.5 Considerações finais

Neste capítulo foram apresentados modelos que permitem fazer ajustes e previsões em séries temporais. Inicialmente foi visto o modelo mais simples, conhecido como suavização exponencial simples. Em seguida o leitor tomou conhecimento do modelo de suavização exponencial de Holt, que é capaz de lidar com séries que apresentam tendências lineares. Por fim, foram apresentados os modelos de Holt-Winters com estruturas aditiva e multiplicativa. Tais modelos possuem como características a combinação das componentes de tendência e sazonalidade.

3

Processos não estacionários

Pedro Guilherme Costa Ferreira

3.1 Introdução

Um processo estocástico $\{y_t\}$ é estacionário - de segunda ordem - se sua média e autocovariância são constantes no tempo:

$$E(y_t) = E(y_{t-s}), \qquad (3.1a)$$

$$E[(y_t)^2] = E[(y_{t-s})^2], \qquad (3.1b)$$

$$E[(y_t - \mu)(y_{t-s} - \mu)] = E[(y_{t-j} - \mu)(y_{t-j-s} - \mu)], \qquad (3.1c)$$

$\forall\, s, j$, onde $\mu = E(y_t)$.

Na prática, isso significa que o processo não apresenta tendências aparentes, e que tanto a variação quanto o padrão desta variação são constantes ao longo do tempo. Isso sugere que é possível dizer, a partir da visualização de seu gráfico no tempo, se uma série aparenta se comportar de maneira estacionária.

Uma ferramenta que auxilia nessa etapa visual é o gráfico da função de autocorrelação (FAC) da série. Um processo não estacionário apresenta um lento decaimento de sua função de autocorrelação.[1] Essa característica pode ser observada, por exemplo, na série do Índice de Atividade Econômica do Banco Central do Brasil (BC), o IBC-BR, disponibilizada no próprio site do BC (figura 3.1).

---
[1] A prova é apresentada em Enders (2008, p. 60).

(a) Série do IBC-BR.

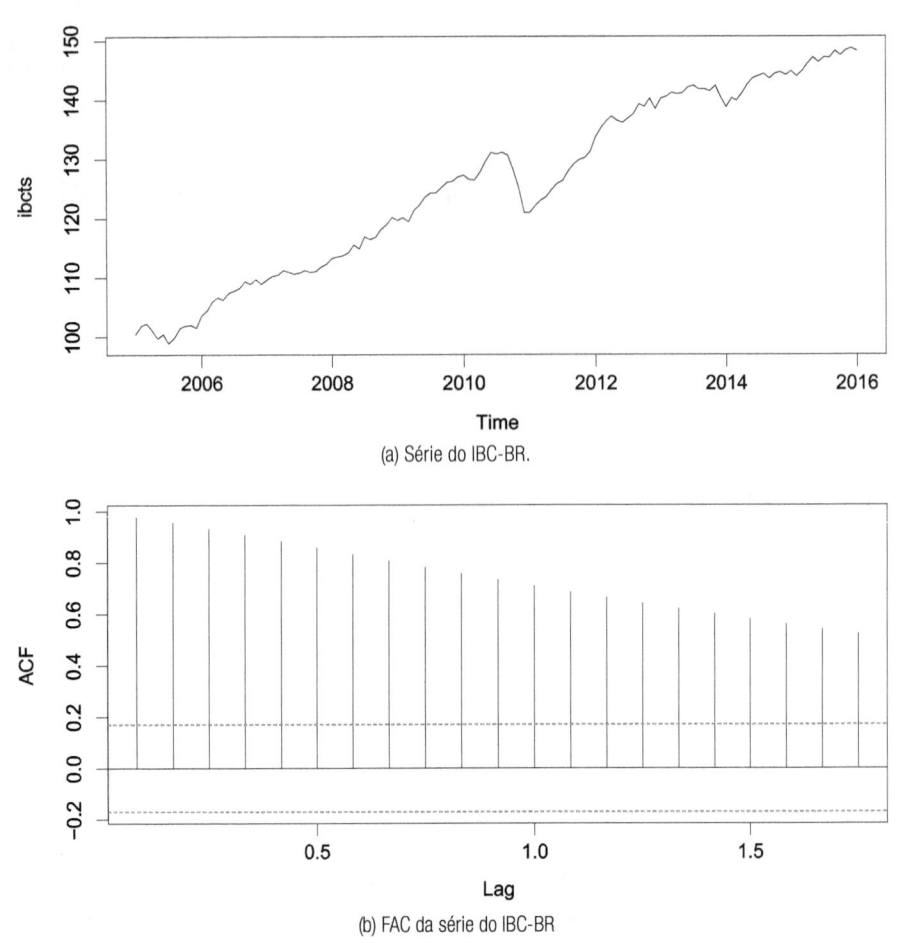

(b) FAC da série do IBC-BR

Figura 3.1: Índice de Atividade Econômica do Banco Central do Brasil.

A análise visual da FAC (figura 3.1b) sugere que a série é não estacionária, o que nos leva ao problema de inferirmos a causa e buscar uma maneira de tratar a não estacionariedade.

Tal problema torna pertinente notar que tão importante quanto definir a existência de não estacionariedade é sermos capazes de determinar sua causa. Nesse sentido, apresentaremos os testes estatísticos mais comuns disponíveis no R, que em geral implementam testes de hipóteses acerca da existência de raízes unitárias, propriedade que, grosso modo, faz com que uma série acumule choques aleatórios indefinidamente.

Não obstante, vale ressaltar que, quase em totalidade, os testes existentes assumem hipóteses e apresentam limitações que tornam a análise de estacionariedade, em alguns casos, uma tarefa menos sistemática e mais investigativa. Uma instância importante dos casos que apresentam complicações é aquela onde a série apresenta quebras estruturais, o que impede a utilização de testes tradicionais.

Vale lembrar que toda a teoria de séries temporais está amparada sobre a de equações em diferenças estocásticas, que é de fato de onde vêm as condições necessárias e suficientes que nos permitem, a partir do resultado de uma estatística, inferir se a série em questão é estacionária ou não.[2]

O conteúdo deste capítulo está baseado principalmente nos livros de Enders (2008), Cowpertwait & Metcalfe (2009) e Zeileis *et al.* (2001). Ademais, todos os códigos R e dados utilizados para produção deste capítulo, estão disponíveis em github.com/pedrocostaferreira/timeseries.

Este capítulo está organizado da seguinte maneira: na Seção 3.2 abordamos os motivos mais comuns pelo qual uma série é não estacionária; na Seção 3.3 apresentamos alternativas para tratar desses problemas; já na Seção 3.4 apresentamos testes formais para identificar raízes unitárias e na Seção 3.5 abordamos o problema das quebras estruturais.

3.2 Tipos de não estacionariedade

Ainda que estacionariedade seja uma propriedade bem definida de uma série temporal, o motivo pelo qual uma série não é estacionária é um problema mais delicado e sua inferência incorreta leva a sérios erros de modelagem e previsão.

Como visto em Enders (2008, p. 156), a presença de uma tendência (determinística ou estocástica) é o motivo mais comum pelo qual uma série temporal é não estacionária.

Todavia, antes de abordar esses dois casos, é interessante apresentar o processo de ruído branco, que é formado por uma sequência de variáveis aleatórias que apresentam média e covariâncias nulas e variância constante. Ou seja, se a sequência $\{\varepsilon_t\}$ é um ruído branco, então:

$$E(\varepsilon_t) = 0, \tag{3.2a}$$

$$E[(\varepsilon_t)^2] = \sigma^2, \tag{3.2b}$$

$$E[(\varepsilon_t - E(\varepsilon_t))(\varepsilon_{t-s} - E(\varepsilon_t))] = E[(\varepsilon_t \varepsilon_{t-s})] = 0. \tag{3.2c}$$

---

[2] Ao leitor interessado sugerimos a leitura do capítulo 1 de Enders (2008).

Nesta seção, a parte estocástica dos modelos estacionários será representada por um ruído branco, mas nada impede que utilizemos um outro processo da forma $A(L)\varepsilon_t$, onde $A(L)$ é uma função polinomial do operador de defasagem L (i.e. $Ly_t = y_{t-1}$).

Chamamos tendência estacionário um processo da seguinte forma:

$$y_t = \alpha + \beta t + \varepsilon_t, \tag{3.3}$$

onde ε_t é um ruído branco.

Um processo desse tipo é não estacionário devido à presença da tendência determinística gerada pelo termo βt. Como veremos na seção seguinte, para tornar um processo desse tipo estacionário basta estimar o valor de β e subtrair a sequência $\hat{\beta}t$ da série original.[3]

Em contrapartida, um passeio aleatório é um processo composto pela soma de choques aleatórios, que pode ser representada pela soma cumulativa de ruídos brancos:

$$y_t = \alpha + \sum_{i=1}^{t} \varepsilon_i. \tag{3.4}$$

Esse tipo de processo é o elemento básico de séries temporais que apresentam tendências estocásticas e pode se apresentar também com um termo de *drift* (i.e. uma constante somada t vezes), que se traduz em uma tendência determinística, mas que na realidade surge, como se vê em Enders (2008, p. 159), da solução de uma equação em diferenças estocásticas composta por um ruído branco e uma constante:

$$y_t = \alpha + \gamma t + \sum_{i=1}^{t} \varepsilon_i. \tag{3.5}$$

Um passeio aleatório pode ainda apresentar um ruído:

$$y_t = \alpha + \sum_{i=1}^{t} \varepsilon_t + \zeta_t. \tag{3.6}$$

Juntos, os processos representados pelas quatro equações acima norteiam as análises de estacionariedade, pois, de acordo com Cowpertwait & Metcalfe (2009, p. 221), o comportamento essencial de boa parte das séries temporais pode ser mimetizado por suas simples estruturas.

---

3 $\hat{\beta}$ é o valor estimado de β.

Processos não estacionários

(a) Ruído branco

(b) Passeio aleatório sem *drift*

(c) Passeio aleatório com *drift*

(d) Tendência estacionário

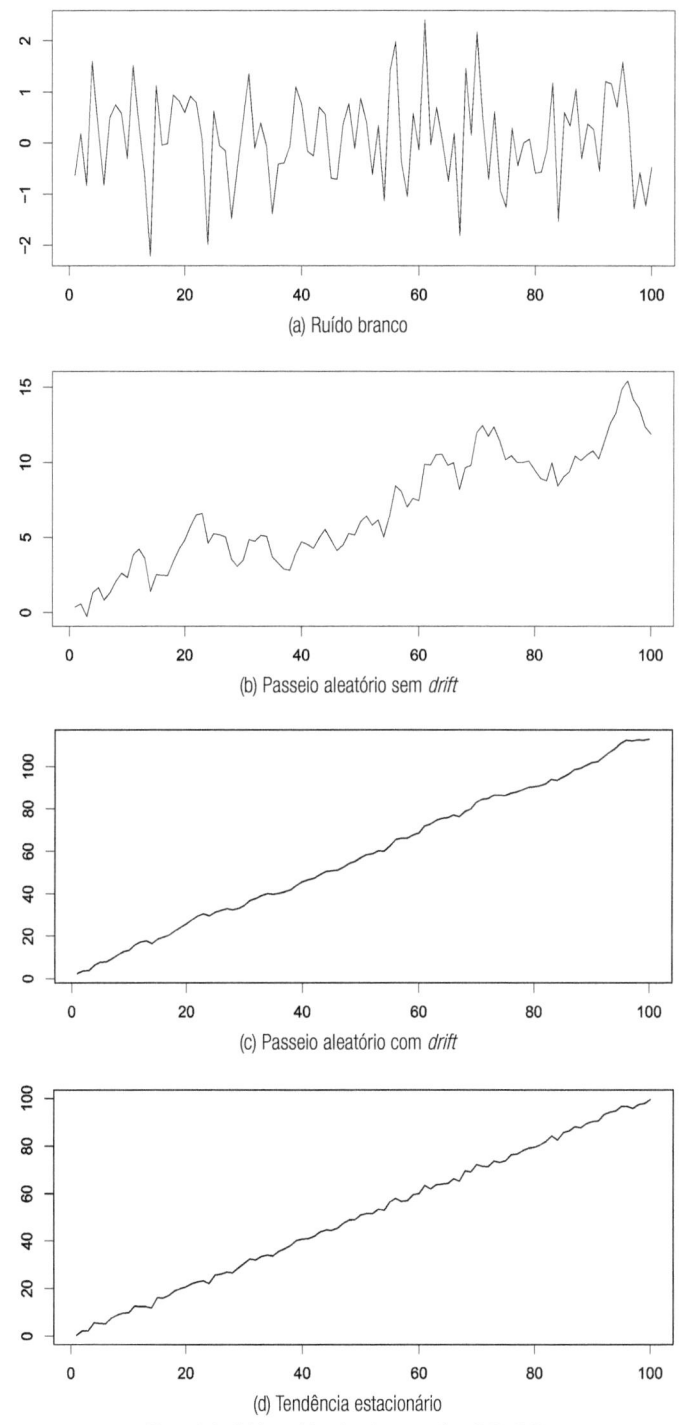

Figura 3.2: Séries originadas das equações (3.3)-(3.6).

As figuras 3.2 e 3.3 contêm algumas informações interessantes. De início, dada a estacionariedade do processo de ruído branco (figura 3.2a), vemos (em contrapartida com a primeira figura deste capítulo) algo que se assemelha a FAC de um processo estacionário (figura 3.3a). Obviamente estamos olhando para um resultado ideal, mas geralmente buscamos encontrar, para processos estacionários, FAC's com quedas muito rápidas, sem padrões sistemáticos ou alguma autocorrelação significativa.

Em seguida, verificamos que a presença de estacionariedade estocástica ou determinística torna séries temporais com tais características indistinguíveis à luz de sua visualização gráfica e função de autocorrelação. Ainda que o processo de passeio aleatório sem *drift* (figura 3.2b) claramente se diferencie dos outros dois processos, as FACs dos três são bem semelhantes (figuras 3.2b - 3.2d) e, mesmo que estejamos trabalhando com dados simulados, tal complicação é comum em estudos empíricos. Veremos na Seção 3.3 algumas de suas implicações.

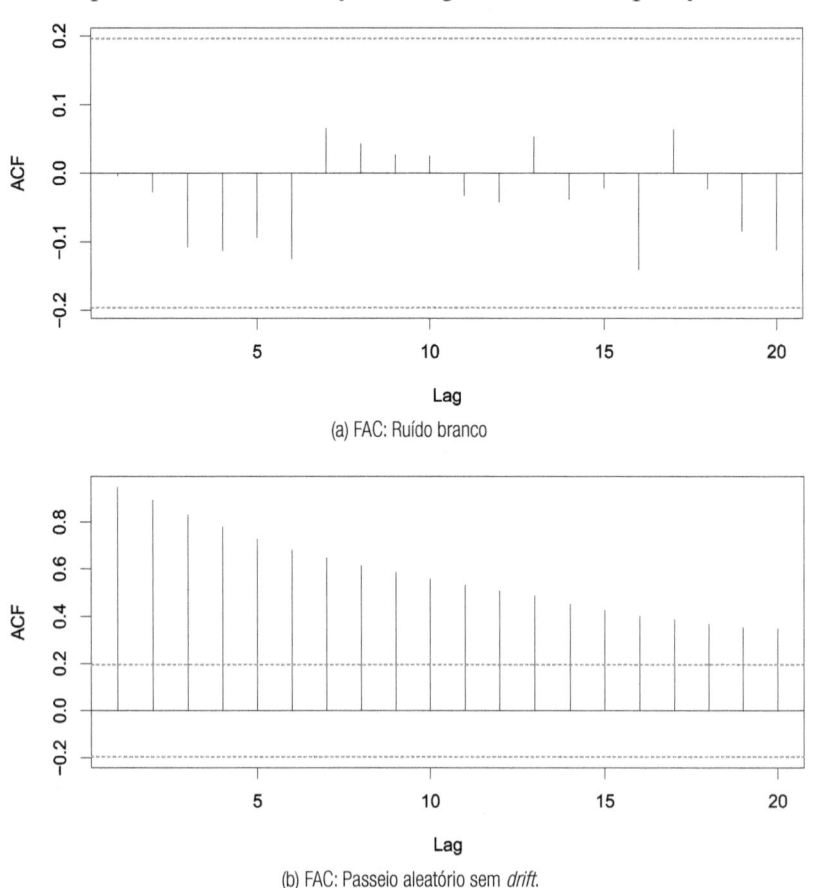

(a) FAC: Ruído branco

(b) FAC: Passeio aleatório sem *drift*.

(c) FAC: Passeio aleatório com *drift*

(d) FAC: Tendência estacionário
Figura 3.3: FAC: Séries originadas das equações (3.3)-(3.6).

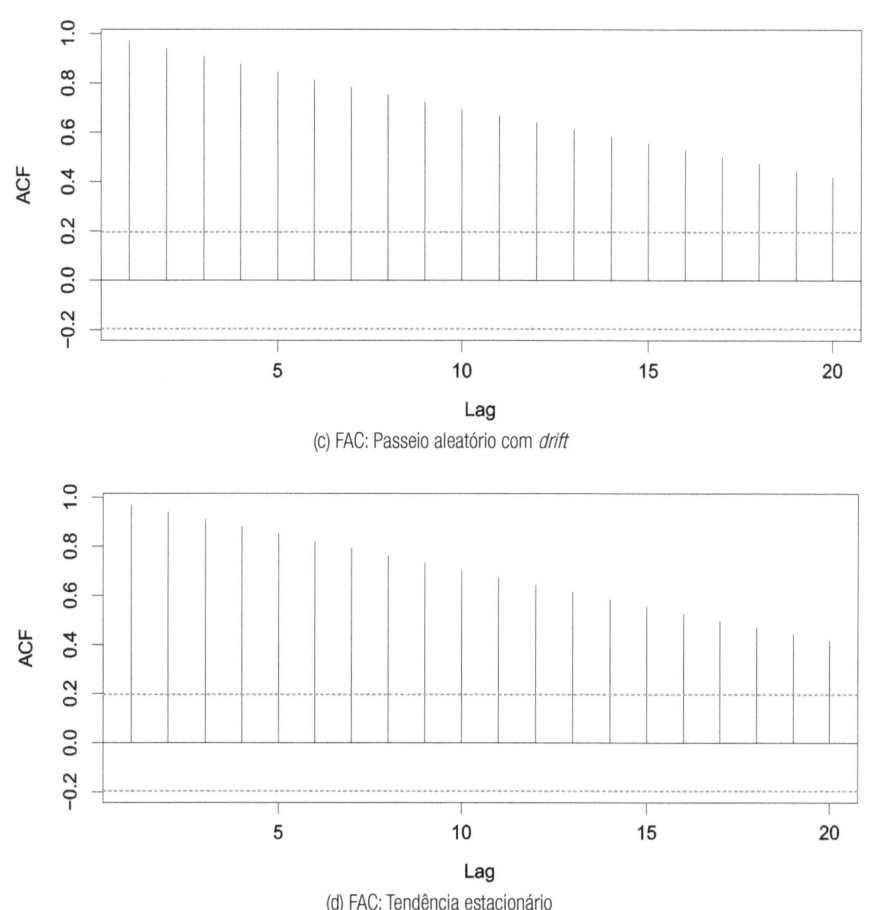

3.3 Diferenciação e remoção de tendência

Na seção anterior, verificamos que a presença de tendências determinísticas ou estocásticas gera processos bastante semelhantes. Todavia, a maneira de tratar a não estacionariedade em cada um dos casos é diferente, e aplicar o método incorreto causa sérios danos à informação contida na série temporal. Em particular, como se vê em Cowpertwait & Metcalfe (2009, p. 221), a diferenciação remove tanto tendências estocásticas quanto determinísticas.

Se diferenciamos um processo tendência estacionário $y_t = \alpha + \beta t + \varepsilon_t$, obtemos $\Delta y_t = \beta + \varepsilon_t - \varepsilon_{t-1}$. Note que Δy_t é um processo de média móvel $MA(1)$ somado a uma constante e, portanto, é estacionário.

Todavia, a abordagem sugerida na literatura é a de regredirmos os dados em uma sequência representando o tempo e tomarmos os resíduos como nossa nova série temporal: $y_t = \alpha + (\beta - \hat{\beta})t + \zeta_t$. Tal processo é igualmente estacionário, porém preserva mais da estrutura original removendo apenas a componente determinística.

Na figura 3.4 vemos a simulação do processo tendência estacionário antes e depois da remoção da tendência.

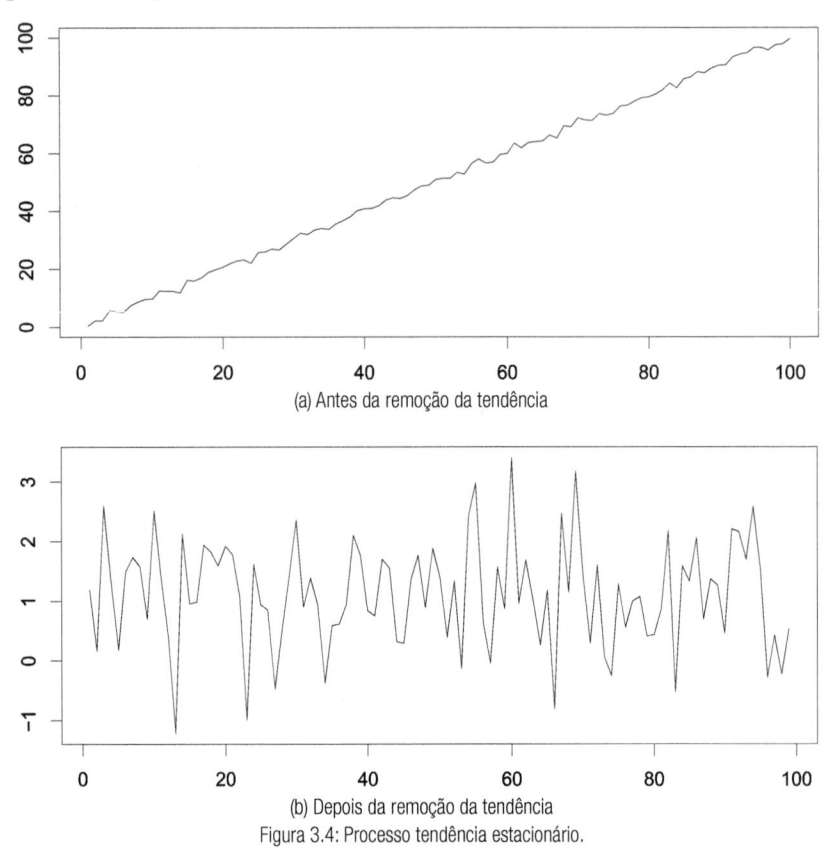

(a) Antes da remoção da tendência

(b) Depois da remoção da tendência
Figura 3.4: Processo tendência estacionário.

Para uma série que apresenta não estacionariedade devido à presença de raiz unitária, a remoção de tendência não a torna estacionária. Por exemplo, se tomarmos um passeio aleatório puro, $y_t = \alpha + \sum_{i=1}^{t} \varepsilon_i$, ou com *drift*, $y_t = \alpha + \gamma t + \sum_{i=1}^{t} \varepsilon_i$, e removermos a tendência, obtemos:

$$\Delta y_t = \sum_{i=1}^{t} \varepsilon_i - \hat{\beta}t, \tag{3.7a}$$

$$\Delta y_t = (\gamma - \hat{\beta})t + \sum_{i=1}^{t} \varepsilon_i, \tag{3.7b}$$

que não são estacionários dado que continuamos com o passeio aleatório.

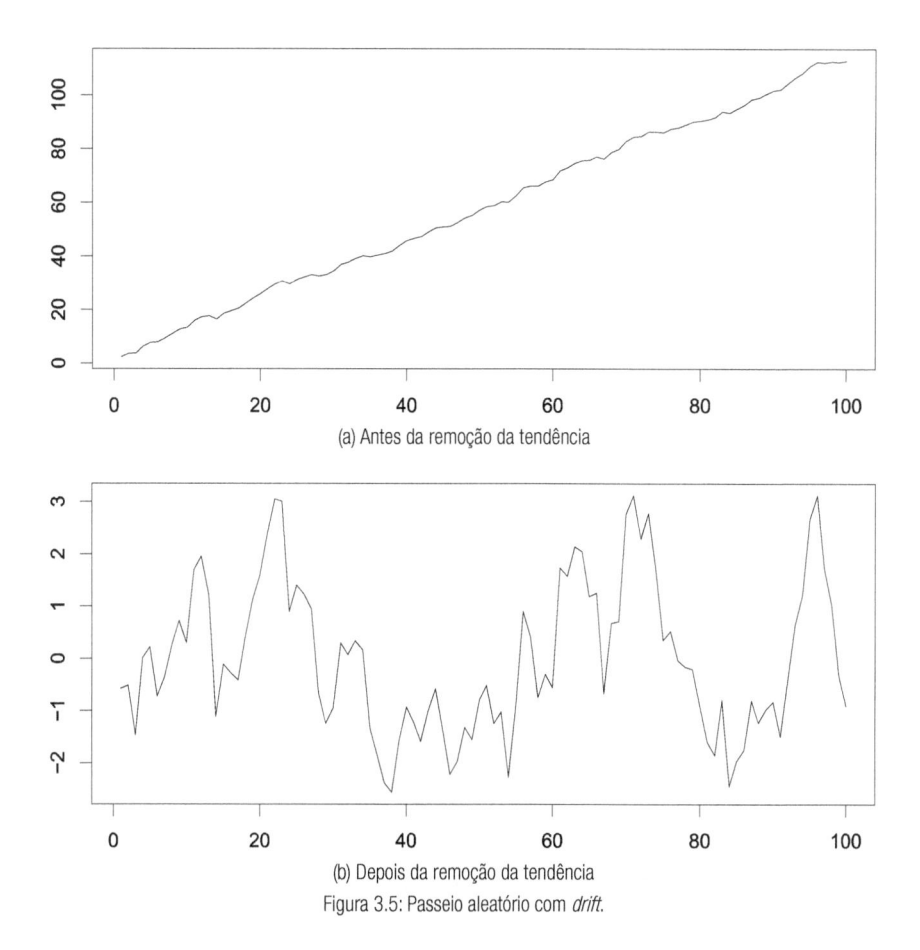

Processos não estacionários

(a) Antes da remoção da tendência

(b) Depois da remoção da tendência
Figura 3.5: Passeio aleatório com *drift*.

Na figura 3.5 está ilustrado um passeio aleatório com *drift* antes (figura 3.5a) e após remoção de tendência (figura 3.5b). Visualmente corroboramos o resultado das equações anteriores, dado que o processo resultante não parece ser tão claramente estacionário quanto no caso da presença de tendência determinística.

De fato, quando analisamos as FACs de um passeio aleatório diferenciado e com remoção de tendência (figura 3.6), vemos que após a remoção da tendência, por mais que a queda seja muito mais rápida que no caso do processo original, as correlações iniciais (até a 5ª defasagem) continuam significativas, e existe um aparente comportamento sistemático. Por outro lado, a diferenciação produz uma FAC de acordo com o que esperamos de um processo estacionário.

(a) Depois de diferenciação

(b) Depois da remoção da tendência

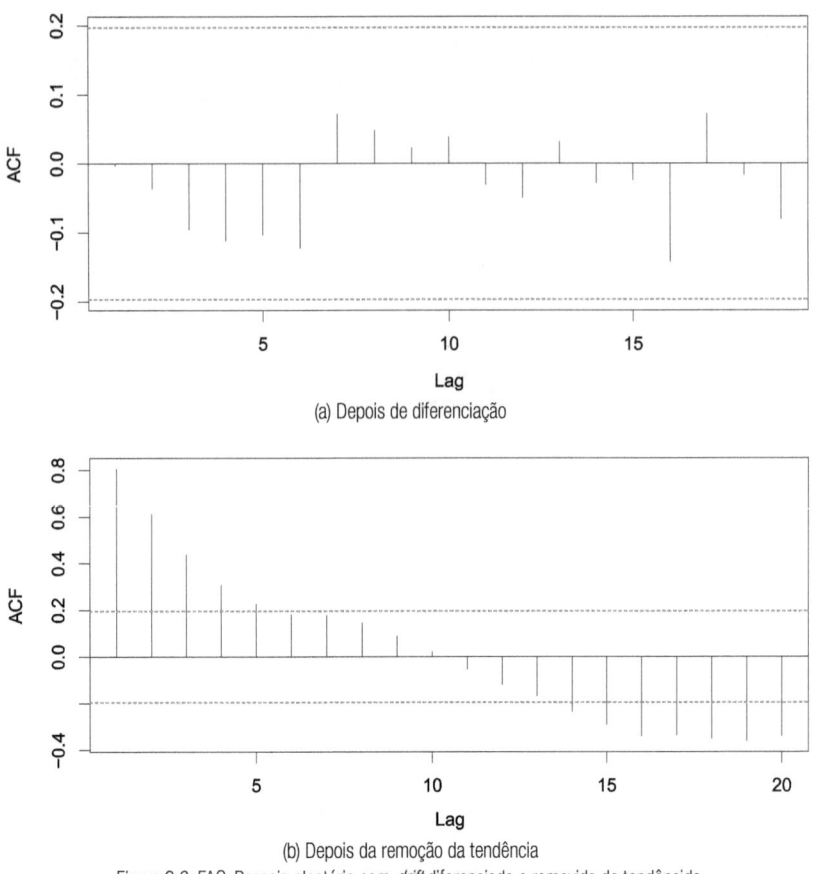

Figura 3.6: FAC: Passeio aleatório com *drift* diferenciado e removido de tendêncida.

Exatamente por tais ambiguidades, faz-se necessária uma metodologia formal para a análise de estacionariedade. Na literatura, os testes de hipótese baseados na existência de raízes unitárias são a abordagem padrão.

Analisando os resultados dos mesmos procedimentos para a série do IBC-Br da Seção 3.2, temos (figura 3.7).

De imediato verificamos que a remoção de tendência não torna a série estacionária. Entretanto, mesmo diferenciada, a série apresenta truncagens incômodas, o que se deve provavelmente à forte sazonalidade da mesma, pois ainda que esta esteja dessazonalizada, parte desse comportamento pode continuar presente. A ideia natural seria prosseguirmos a um teste de raiz unitária, mas não há como ignorar a forte queda ocorrida ao redor do ano de 2008 na série.

Dizemos que um processo possui raiz unitária quando os choques aleatórios que ocorrem são carregados indefinidamente. No caso do passeio aleatório, vemos que o termo $\sum_{i=1}^{t} \varepsilon_i$ representa exatamente esse acúmulo de choques aleatórios.

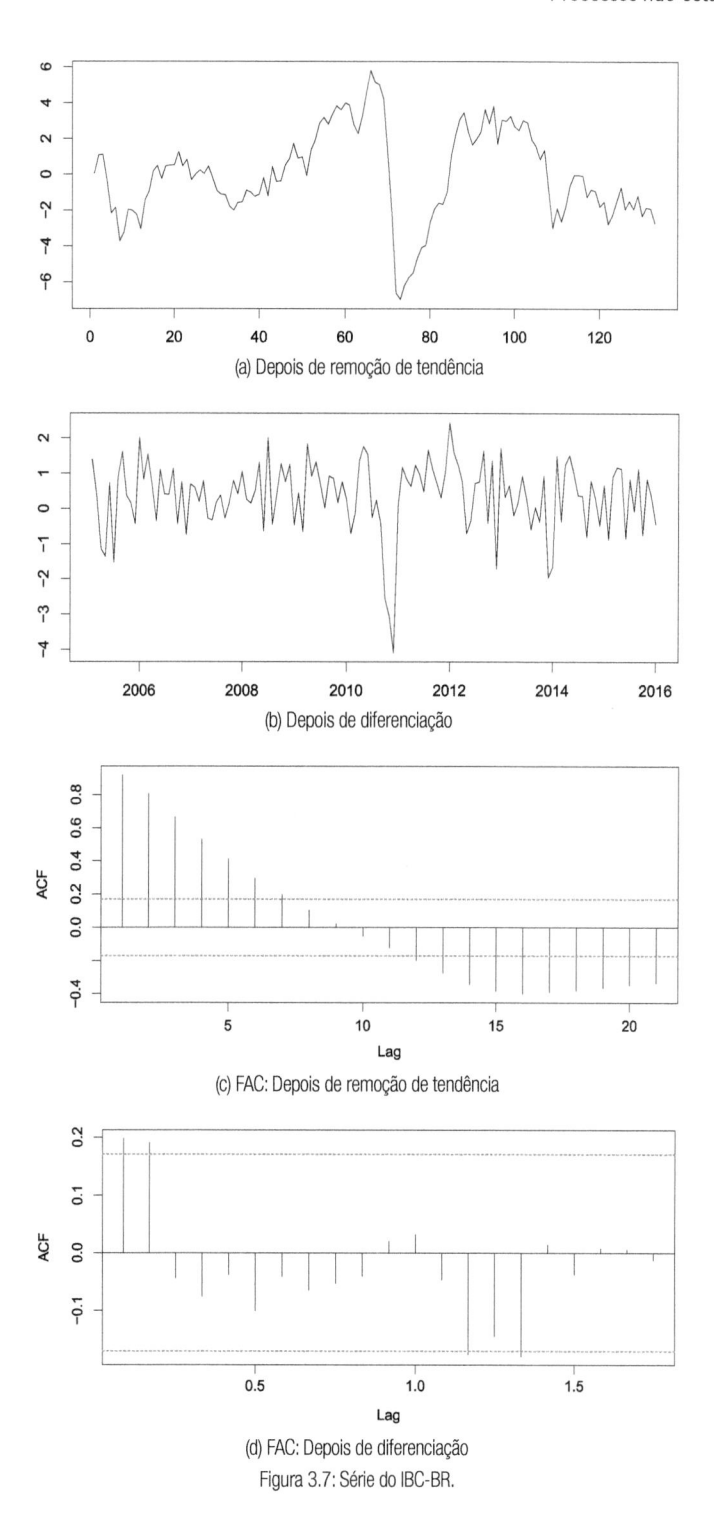

(a) Depois de remoção de tendência

(b) Depois de diferenciação

(c) FAC: Depois de remoção de tendência

(d) FAC: Depois de diferenciação

Figura 3.7: Série do IBC-BR.

Dessa maneira, descontando tendências determinísticas e quebras estruturais, assumimos que a não estacionariedade é gerada pela presença de processos que possuem raízes unitárias. Assim, para processos com tendência determinística, a remoção da tendência é suficiente para obtermos um processo estacionário, enquanto para processos com tendência estocástica necessitamos recorrer à diferenciação.

3.4 Testes formais

O exemplo anterior (figura 3.7) ilustrou como a remoção da tendência aplicada a um processo que possui raiz unitária não é o suficiente para obtermos uma série estacionária. Todavia, a diferenciação da série é uma transformação forte do processo que, se feito sem necessidade, induz a análises e modelagens equivocadas.

A maior motivação na detecção formal de raízes unitárias é a de utilizar os métodos adequados de modelagem, consequentemente determinando também a ordem de integração do processo (informação muito importante, por exemplo, para análises de cointegração). Em particular, o trabalho de Granger & Newbold (1974) mostrou como o uso de séries não estacionárias pode resultar em regressões lineares aparentemente muito bem ajustadas, mas que, para mencionar um dos problemas, possuem resíduos altamente correlacionados, o que viola as hipóteses do modelo clássico (e.g. testes t, F ou R^2).

Como mencionamos, a maior parte dos testes de raiz unitária são testes de hipótese, de maneira que, em muitos dos casos, compararemos estatísticas que obtemos com valores críticos. Tais valores, em sua grande maioria, são obtidos pelo método de Monte Carlo que, grosso modo, se resume na geração de cenários aleatórios em grande número para através destes gerar intervalos de confiança ou estimativas pontuais.[4]

3.4.1 Augmented Dickey-Fuller (ADF)

O Dickey-Fuller aumentado é provavelmente o teste de hipótese para raízes unitárias mais utilizado. Grosso modo, se tomarmos um processo da forma $y_t = \alpha + \beta y_{t-1} + \varepsilon_t$, o objetivo do teste é, então, inferir se $\beta = 1$.

O problema é que estimar o modelo linear acima sob a hipótese de não estacionariedade nos faz incorrer no problema de regressão espúria e, portanto, ficamos impedidos de inferir o valor de β utilizando as estatísticas de testes usuais.

---

[4]Para mais detalhes ver Enders (2008, p. 175).

Dessa maneira Dickey & Fuller (1979) propõe realizar o teste sob a série diferenciada em três configurações que possibilitam obter as estatísticas de testes adequadas, dado que em suas simulações notaram que a presença de componentes determinísticas alteram os valores críticos obtidos.

Além disso, ainda que a série seja diferenciada, sob a hipótese nula de existência de raiz unitária, é possível que os resíduos das regressões estejam correlacionados. Para contornar esse problema, adicionam-se termos defasados da variável dependente, sendo que para determinar a quantidade geralmente se usam critérios de informação do tipo AIC e BIC/SBC.[5]

Portanto, as equações do teste (geralmente referenciadas como ADF versão 1, 2 e 3, respectivamente) são:

$$\Delta y_t = \gamma y_{t-1} + \sum_{i=1}^{p} \beta_i \Delta y_{t-i} + \varepsilon_t, \qquad (3.8a)$$

$$\Delta y_t = \alpha + \gamma y_{t-1} + \sum_{i=1}^{p} \beta_i \Delta y_{t-i} + \varepsilon_t, \qquad (3.8b)$$

$$\Delta y_t = \alpha + \gamma y_{t-1} + \beta t + \sum_{i=1}^{p} \beta_i \Delta y_{t-i} + \varepsilon_t. \qquad (3.8c)$$

Assim, escolhida a estrutura e a quantidade p de defasagens adequadas à série de interesse, realiza-se o teste e confrontam-se as estatísticas de testes obtidas com os valores críticos tabelados. Em particular, dado que o teste inclui a presença de componentes determinísticos, os autores fornecem também as estatísticas de testes conjuntas para avaliarmos se, sob a hipótese de raiz unitária, a estrutura que acreditamos que a série segue é adequada, o que é útil para o procedimento descrito no próximo parágrafo.

Uma utilização direta da flexibilidade do teste ADF é a de permitir um estudo quase que exaustivo de um processo quando não conhecemos nada sob sua estrutura teórica. Tal metodologia é apresentada no trabalho elaborado em Dolado *et al.* (1990).

O procedimento sugere iniciar os testes a partir do modelo irrestrito, contendo todas as componentes determinísticas, parando caso se conclua a não existência de raiz unitária e, a cada etapa em que não se rejeite a hipótese nula, avalia-se a significância do parâmetro do componente determinístico sob a hipótese de raiz unitária, removendo-o se não for significativo, passando-se então ao teste mais restrito.

---

[5]*Akaike information criterion* e *Bayesian information criterion/Schwarz criterion*, respectivamente.

Finalmente, vale lembrar que é de igual importância verificar as estatísticas F geradas pelo teste ADF. A correta especificação do processo a ser testado é crucial para a inferência com base no teste de hipóteses.

Assim como todos os testes apresentados a seguir, o ADF que utilizaremos é parte do pacote urca, e sua sintaxe é:

```
ur.df(y, type = c("none", "drift", "trend"), lags = 1,
selectlags = c("Fixed", "AIC", "BIC"))
```

- y: série temporal a ser testada;
- type: componente determinístico a ser incorporado da regressão do teste;
- lags: quantidade máxima de defasagens a se incluir na regresssão;
- selectlags: critério de informação para escolha da defasagem ótima, baseada na entrada anterior.

3.4.2 KPSS

Um problema do teste ADF é seu pequeno poder estatístico, que o torna praticamente incapaz de diferenciar uma série com raiz unitária de uma com raiz "quase" unitária, ou seja, cria um viés para a conclusão de existência de raiz unitária. Isso é um problema sério dado que a correção para uma série não estacionária é sua diferenciação, o que implica que se o teste falha, nos leva a diferenciar uma série estacionária, que elimina muita informação a respeito do processo.

Entre os testes alternativos, o mais conhecido é KPSS apresentado em Kwiatkowski *et al.* (1992), que inverte a hipótese nula do teste ADF (o que, rigorosamente, o torna um teste de estacionariedade):

$$y_t = d_t + r_t + \varepsilon_t, \qquad (3.9)$$

onde:
d_t é uma tendência determinística;
r_t é um passeio aleatório;
ε_t é um processo de erro estacionário.

Além disso, a hipótese nula é que o termo r_t é nulo. Assim como o ADF, o teste necessita da definição da existência de componentes determinísticos, assim como a definição da quantidade de defasagens:

```
ur.kpss(y, type = c("mu", "tau"), lags = c("short", "long",
"nil"), use.lag = NULL)
```

- y: série temporal a ser testada;
- type: se define "mu" para o teste com termo constante e "tau" para o com tendência;
- lags: "short" adiciona $\sqrt[4]{4 \times (n/100)}$ defasagens, "long" adiciona $\sqrt[4]{12 \times (n/100)}$ e "nil" nenhuma defasagem (sendo n o tamanho da amostra);
- use.lag: define um número arbitrário de defasagens.

3.4.3 Phillips-Perron

O teste apresentado em Phillips & Perron (1988), utiliza a mesma hipótese nula e estrutura do teste DF (ADF sem o termo de média móvel) todavia trata do problema de correlação serial corrigindo a estatística de teste. Tais correções, conhecidas na literatura como HAC[6] que, em linhas gerais, normalizam a matriz de variância e covariância com base nos *clusters* (i.e. grupos homogêneos) de concentração dessas medidas, espurgando seus efeitos.

Porém, vale ressaltar que tal correção tem suporte nas hipóteses para séries de grande tamanho. Como garantir isso muitas vezes não é possível, o ideal é tentar corroborar os resultados com outros testes.

```
ur.pp(x, type = c("Z-alpha", "Z-tau"), model = c("constant",
"trend"), lags = c("short", "long"), use.lag = NULL)
```

- x: série temporal a ser testada;
- type: estatísticas de teste a serem computadas, "Z-alpha" sendo para o modelo com constante e "Z-tau" para o com tendência;
- model: modelo a ser testado, assim como no teste ADF;
- lags: quantidade de defasagens de acordo com o tamanho da amostra, como no teste KPSS;
- use.lag: define um número arbitrário de defasagens.

3.4.4 Dickey Fuller-GLS (ERS)

Como observamos na seção sobre o teste ADF, seus dois problemas principais são o baixo poder estatístico e sua sensibilidade à presença de termos

---

[6]Do inglês *heteroskedasticity and autocorrelation consistent*, referindo-se a matriz de variância e covariância.

determinísticos. Um problema de igual tamanho é a maneira adequada de tratar a presença destes termos nos testes.

O teste DF-GLS Elliott *et al.* (1996), assim como o ADF, solicita a especificação da quantidade máxima de defasagens (*lags*). Possui também duas formas, que adequam o teste para a presença de uma tendência ou *drift* determinístico. A diferença é que a série passa por uma transformação via MQG (Mínimos Quadrados Generalizados) que, demonstram os autores, aumenta significativamente o poder estatístico do teste.

Os termos de *drift* e tendência são estimados pelo método MQG e depois removidos da série. Dado que o método MQG ajusta a matriz de variância e covariância dos resíduos para a presença de correlação e heterocedasticidade, a transformação proposta pelos autores faz uma pequena alteração na série original, de maneira que a remoção dos componentes determinísticos ocorre de forma local. Assim, após a tranformação, um teste padrão do tipo ADF é realizado na série resultante.

De acordo com os autores, esse procedimento aumenta siginificativamente o poder estatístico do teste ADF.

```
ur.ers(y, type = c("DF-GLS", "P-test"), model = ("constant", "trend"), lag.max = 4)
```

- y: série temporal a ser testada;
- type: definido "DF-GLS" para realização do teste DF-GLS como descrito (i.e. série removida de tendência e sem intercepto), enquanto "P-test" corrige as estatísticas para presença de correlação serial na regressão do teste;
- model: especifica a componente determinística;
- lag.max: define um número máximo de defasagens.

3.4.5 Zivot-Andrews

O teste de Zivot-Andrews, proposto em Zivot & Andrews (1999), busca testar a hipótese nula de raiz unitária na presença de uma quebra estrutural nos parâmetros de nível, inclinação ou ambos. De acordo com os autores, a principal diferença em relação a outros testes é a endogeneização da quebra sob a hipótese nula, o que permite a correta inferência da mudança de parâmetro sob a presença de raiz unitária, o exato motivo pelo qual os outros testes são inadequados.

O teste se baseia no menor valor da estatística *t* do teste ADF, de maneira que uma quebra existiria onde há menos evidência da hipótese nula de raiz unitária. Os argumentos da função têm o mesmo significado dos testes anteriores.

Processos não estacionários

```
ur.za(y, model = c("intercept", "trend", "both"), lag=NULL)
```

- `y`: série temporal a ser testada;
- `model`: especifica a componente determinística;
- `lag`: define um número de defasagens.

3.5 Quebras estruturais

O problema de quebras estruturais é importante por si próprio. Muitas vezes a determinação de uma quebra corrobora a hipótese de que um determinado fato ou acontecimento tenha mudado a estrutura de alguma variável econômica, por exemplo.

No âmbito da análise de estacionariedade, a presença de uma quebra estrutural viola hipóteses na maioria dos testes de raiz unitária. Todavia, antes de pensar em corrigir tal problema, enfrentamos outro tão difícil quanto: definir se de fato há uma quebra estrutural.

Neste processo, o conhecimento do pesquisador acerca da série em questão e dos contextos relevantes a ela são muito importantes, pois mais interessante do que inferir se a hipótese de quebra se justifica estatisticamente é poder suportá-la sob uma justificativa que trate do processo gerador.

3.5.1 Principais testes para quebras estruturais

Na literatura, um dos primeiros esforços na detecção de quebras estruturais se encontra em Chow (1960), que em linhas gerais propôs a comparação dos resíduos de um modelo onde se calcula duas regressões, separadas pelo momento em que acredita ter ocorrido a quebra (equivalente a um modelo irrestrito) com os resíduos de um modelo de apenas uma regressão para todo o período (modelo restrito). A estatística de teste é, portanto, da forma de uma F:

$$F = \frac{\hat{u}^T \hat{u} - \hat{u}_R^T \hat{u}_R}{\hat{u}_R^T \hat{u}_R / (n - 2k)}. \tag{3.10}$$

Assim, na equação (3.10), $\hat{u}$ são os resíduos do modelo irrestrito, $\hat{u}_R$ os resíduos do modelo restrito, n é o tamanho da amostra e k o número de parâmetros estimados. A limitação do teste é a necessidade de se conhecer o momento da quebra. Todavia, existem testes baseados nesta mesma estatística que contornam essa limitação. Uma das possibilidades é realizar o teste para vários períodos dentro de uma janela, como sugere e implementa Zeileis *et al.* (2001) no pacote **strucchange** (assim como o restante dos testes da seção):

```
Fstats(formula, from = 0.15, to = NULL, data = list())
```

- `formula`: estrutura do processo seguido pela série temporal (e.g. ARIMA(1,1,0));
- `from`: intervalo de cálculo da estatística (data inicial). O valor padrão é de 15% da amostra;
- `to`: o intervalo de cálculo da estatística (data final);
- `data`: base de dados a ser utilizada, caso não se queira carregá-la fora da função.

Outra ferramenta são os testes de flutuação empírica (em inglês *empirical uctuation process* (efp)) que se baseiam no método apresentado originalmente em Brown *et al.* (1975). A proposta é inferir sobre a estabilidade dos parâmetros a partir do comportamento da soma cumulativa (equação (3.11)) dos resíduos recursivos normalizados[7] de um modelo que descreva o processo adequadamente.

$$efp(s) = \frac{1}{\hat{\sigma}\sqrt{(n)}} \sum_{t=1}^{\lfloor ns \rfloor} \hat{\varepsilon}_t. \qquad (3.11)$$

De acordo com Zeileis *et al.* (2001), sob a hipótese nula de estabilidade do processo de soma cumulativa (i.e. ausência de quebra estrutural), o teorema do limite central implica que sua média não deve divergir de zero. Assim, com base no processo de flutuação escolhido, são estabelecidos limites superiores e inferiores para a oscilação do processo de maneira que há evidências de quebra estrutural caso a flutuação empírica extrapole tais limites.

```
efp(formula, data, type = "Rec-CUSUM", h = 0.15, dynamic =
FALSE, rescale = TRUE)
```

- `formula`: estrutura do processo seguido pela série (e.g. ARMA(1,1,0));
- `data`: um objeto do tipo `data.frame` contendo a série;
- `type`: tipo de processo de flutuação a ser utilizado dentre "Rec-CUSUM", "OLS-CUSUM", "Rec-MOSUM" ou "OLS-MOSUM";
- `h`: janela para as somas sucessivas;
- `dynamic`: permite a inclusão de defasagens na regressão;

---

[7]Resíduos da estimativa da observação k feita com base na amostra até $k-1$ divididos por $\hat{\sigma}\sqrt{n}$, onde n é o tamanho da amostra.

- `rescale`: permite a normalização dos resíduos de acordo com a subamostra da regressão (*default* `TRUE`) ou com toda a amostra (`FALSE`).

Voltando à série do IBC-Br, dado o contexto em que a economia mundial foi inserida a partir de 2008, temos motivos pra acreditar que a queda ocorrida naquele ano tenha sido uma quebra estrutural, o que significaria dizer que, após a crise financeira de 2008, o processo gerador do PIB (dado que o IBC-Br é utilizado como sua *proxy*) e, consequentemente, a estrutura da economia brasileira, foram afetados. Todavia, visualmente nada é conclusivo, dado que apesar da queda o processo parece voltar ao seu trajeto original a partir de 2011, de maneira que possa haver ocorrido apenas uma momentânea mudança do parâmetro de média.

Não obstante, na figura 3.8, realizamos o teste de flutuação empírica para a série diferenciada,[8] tomando como parâmetro um modelo AR(1). A figura mostra que a função não extrapola os limites estabelecidos para o processo definido como referência.[9] Assim, dado que a hipótese nula é a de estabilidade do processo de flutuação empírico e o p-valor é alto,[10] conclui-se que a série não apresenta quebra estrutural com base nesse teste.

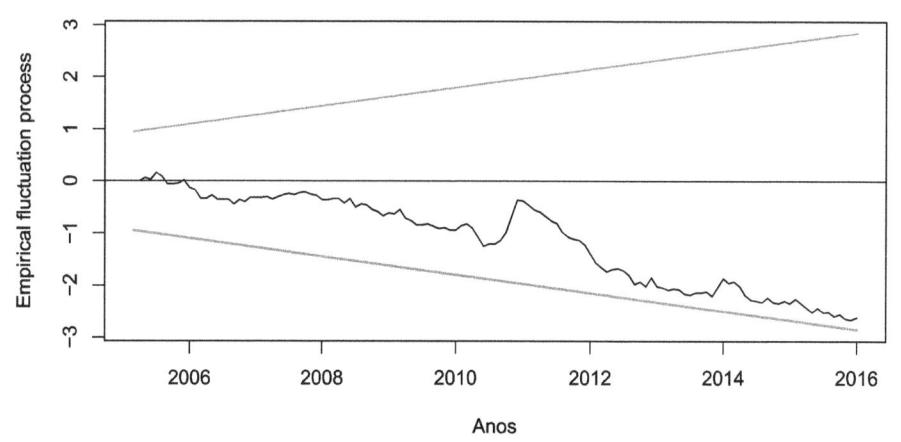

Figura 3.8: Teste de flutuação recursivo para a série do IBC-Br.

```
Recursive CUSUM test

data:  ibc_cus
S = 0.89088, p-value = 0.7555
```

---

[8]Como o teste é realizado nos resíduos de uma regressão linear, o ideal é garantir que os dados utilizados são estacionários.
[9]Soma cumulativa dos resíduos recursivos (Rec-CUSUM).
[10]É possível extrair o p-valor do teste a partir da função `sctest()`, utilizando como argumento o próprio teste.

Outra abordagem baseada em Bai & Perron (2003), busca datar as quebras estruturais existentes em um processo através de um algoritmo de programação dinâmica que minimiza a soma dos resíduos quadráticos.
A função e seus argumentos são definidos a seguir:

```
breakpoints(formula, h = 0.15, breaks = NULL, data = list(),
...)
```

- `formula`: estrutura do processo seguido pela série (e.g. ARIMA(1,1,0));
- `h`: janela de intervalos de busca (geralmente estipulada entre 10% e 15% do tamanho da amostra);
- `breaks`: número de quebras a ser testado;
- `data`: um objeto do tipo `data.frame` contendo a série temporal.

Para deixar a explicação mais clara, simulemos um passeio aleatório com *drift* ao qual dobramos a média temporal a partir da metade da série (figura 3.9).

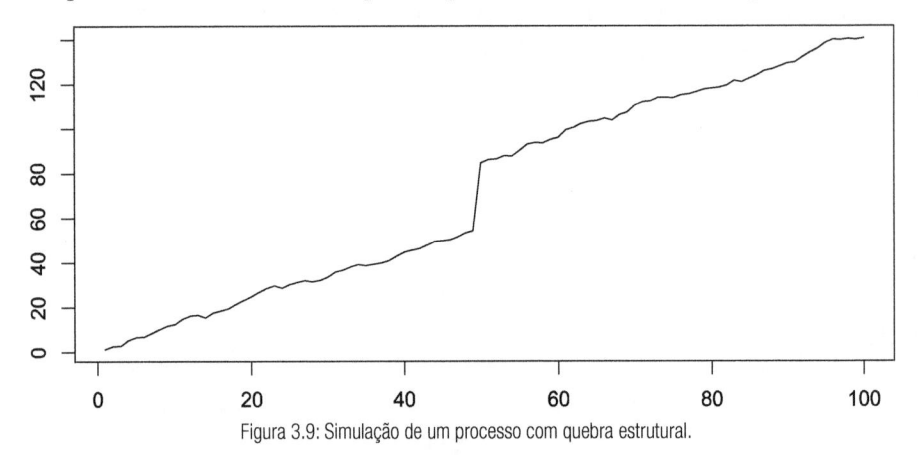

Figura 3.9: Simulação de um processo com quebra estrutural.

Agora, plotemos sua função de flutuação CUSUM e o gráfico resultante da função `breakpoints()`, ambos gerados tomando como argumento um processo *AR*(1) de raiz unitária em primeira diferença (figura 3.10).

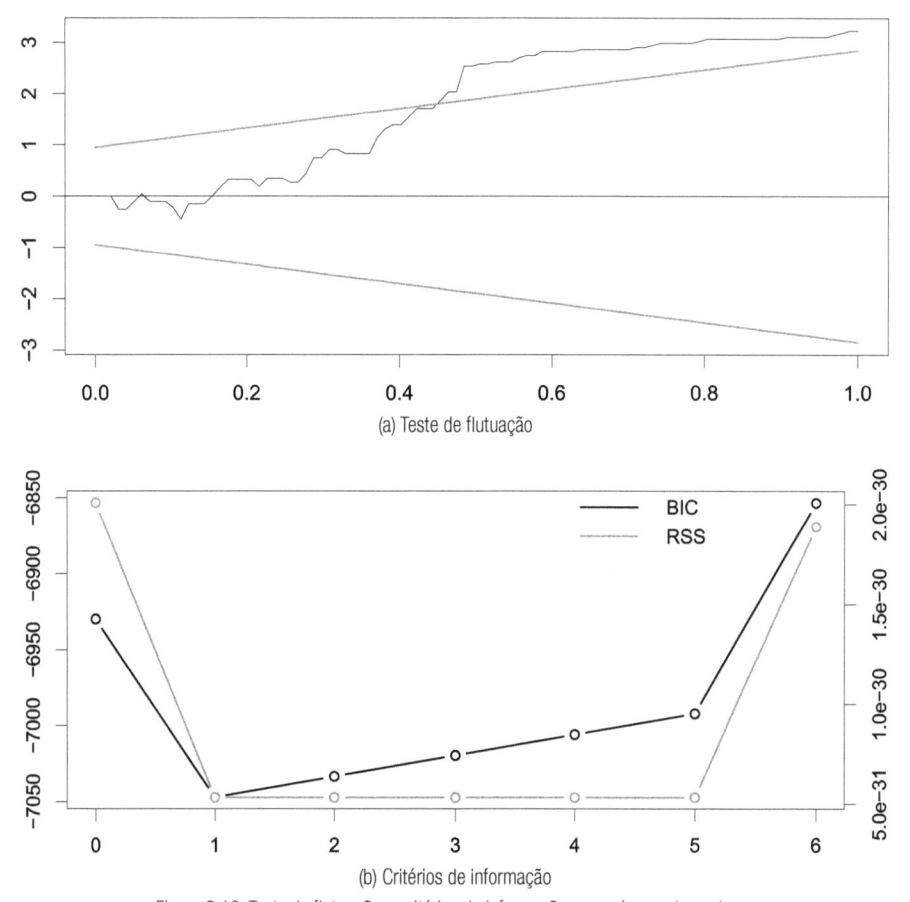

Figura 3.10: Teste de flutuação e critérios de Informação para número de quebras.

Como esperávamos, exatamente no ponto onde a média do processo dobra, há o rompimento da banda superior para o processo de flutuação escolhido. Todavia, observamos que o processo segue fora do limite superior, provavelmente devido à sua natureza não estacionária que tende a fazer com que seus momentos estatísticos cresçam ao longo do tempo, alterando consistentemente os parâmetros do processo.

O gráfico da função `breakpoints()` (figura 3.10) mostra no eixo das coordenadas a soma dos resíduos quadrados (RSS, do inglês *residual sum of squares*) e o critério de informação bayesiano (BIC) contra o número de quebras no eixo das ordenadas. Em teoria, ambos os valores apresentam seu mínimo para o número de quebras ótimo contido na série. Os dois valores não vão sempre coincidir, mas, como mostraram Bai & Perron (2003), o critério BIC não é tão confiável para modelos autorregressivos, sendo nesses casos aconselhável

115

se basear na soma dos resíduos quadrados em conjunto com as evidências de quebras de outros testes, uma vez que esse sempre é realizado sob a hipótese de existência de quebras.

Para a série simulada, o critério BIC tem seu mínimo para uma quebra enquanto para a RSS este está entre 1 e 5[11]. Todavia, dado que a série é não estacionária e sabemos que inserimos uma quebra, as outras 4 se devem às oscilações abruptas, comuns a passeios aleatórios.

Outras implementações e variações dos testes acima podem ser encontradas no mesmo pacote. Todavia, como alerta Kleiber & Zeileis (2008, p. 173), tal variedade de testes pode se tornar um problema ao invés de uma solução e o conhecimento *a priori* da natureza do processo e sua história são de grande auxílio na seleção da metodologia adequada.

3.6 Exemplo

Nesta seção vamos aplicar os testes de raiz unitária apresentados na série do IBC-Br (figura 3.1a), e discutir as saídas das funções que os implementam. Vamos apresentar diretamente as estatísticas de teste (@teststat) e valores críticos (@cval), já que em todos os casos as especificações escolhidas permitiram que as equações resultantes apresentassem bom ajuste, de maneira que omitimos as saídas das regressões.

Finalmente, é importante reforçar que todos esses testes costumam ser sensíveis às especificações (e.g. defasagens e componentes determinísticos). Por isso, é aconselhável manter a coerência entre as parametrizações, o que facilita utilizá-los em conjunto para corroborar uma eventual conclusão sobre a estacionariedade da série.

Apresentamos inicialmente os resultados para o teste ADF, que como os outros foi parametrizado com uma componente de tendência (argumento type). Dado que a série é mensal, é usual definir o número máximo de defasagens (lags) em 12,[12] porém, por conhecimento prévio da série, o definimos em 6. Por último, será utilizado o critério AIC (selectlags) para seleção do valor final de defasagens.

---

[11]Para melhor visualização, omitimos os valores do gráfico para 6 quebras, que aumentam acima dos valores de 0 quebras.

[12]Implicitamente supondo que qualquer comportamento sazonal que induza o surgimento de correlação nos resíduos esteja contido no intervalo de um ano.

Teste ADF ----

```
> adf_ibc<-ur.df(ibcts, type = "trend", lags = 6, selectlags = "AIC")
> summary(adf_ibc)@teststat
              tau3      phi2      phi3
statistic -3.482731  7.079721  6.448027
> summary(adf_ibc)@cval
      1pct  5pct  10pct
tau3 -3.99 -3.43 -3.13
phi2  6.22  4.75  4.07
phi3  8.43  6.49  5.47
```

Tendo em mente o significado de cada estatística de teste, as evidências sugerem a rejeição da hipótese nula de não estacionariedade a, pelo menos, 10% em todos os casos, sendo que para a principal estatística (relacionada a especificação completa do teste) a conclusão se mantém a 5% (|-3.482731| > |-3.43|).

Para o teste KPSS, a diferença em relação à especificação do ADF é o valor short do parâmetro de defasagens, que escolhe o valor da defasagem baseado no tamanho da série.

Teste KPSS ----

```
> kpss_ibc<-ur.kpss(ibcts, type = "tau", lags = "short")
> summary(kpss_ibc)@teststat
[1] 0.1299836
> summary(kpss_ibc)@cval
                10pct  5pct  2.5pct  1pct
critical values 0.119 0.146  0.176  0.216
```

O resultado do teste sugere a rejeição da hipótese nula de estacionariedade a 10% (0.1299836 > 0.119).

A seguir, o teste de Phillips-Perron, que, com especificação similar ao teste KPSS, não rejeita a hipótese nula de não estacionariedade (|-0.7728056| < |-2.578251|).

Teste de Phillips-Perron ----

```
> pp_ibc <- ur.pp(ibcts, type = "Z-tau", lags = "short")
> summary(pp_ibc)@teststat
[1] -0.7728056
```

```
> summary(pp_ibc)@cval
```
                      1pct   5pct   10pct
critical values   -3.480626 -2.883322 -2.578251

Comparado aos dois testes anteriores, é notável a diferença de magnitude entre a estatística de teste e os valores críticos do teste de Phillips-Perron. Porém, relembrando que o teste está desenhado para grandes amostras, é razoável sugerir que as propriedades assintóticas assumidas no cálculo da estatistica de teste gerem essas distorções. Ou seja, não é certo que a diferença de magnitude desses valores sinalizem um resultado mais ou menos forte.

Aplicamos agora dois testes que tentam compensar limitações dos anteriores. O primeiro, DF-GLS, busca corrigir o problema de baixo poder dos testes ADF (mesmo propósito do KPSS, mas com uma abordagem mais sofisticada) e o segundo, o teste de Zivot-Andrews, que permite considerar uma quebra estrutural na série analisada, o que aparenta ser uma possibilidade para a série do IBC-Br.

Para o DF-GLS, a especificação, coerente com os testes acima, inclui a tendência determinística (model), e o número máximo de defasagens (lag.max) a ser escolhido é, também, de 6.

```
#### Teste DF-GLS ----
> gls_ibc<-ur.ers(ibcts,type="DF-GLS",model="trend",lag.max=6)
> summary(gls_ibc)@teststat
[1] -3.133377
> summary(gls_ibc)@cval
```
                   1pct   5pct 10pct
critical values   -3.46 -2.93 -2.64

Similar à conclusão do teste ADF, o DF-GLS sugere a rejeição da hipótese nula de não estacionariedade a 5% (|-3.133377| > |-2.93|), o que pode sugerir que, no caso particular da nossa amostra do IBC-Br, o teste ADF não sofre do problema de baixo poder.

Finalmente, agora abordamos explicitamente, no contexto dos testes de raízes unitárias, o problema incômodo da presença de quebras estruturais, que - se realmente presentes - invalidam as conclusões que realizamos anteriormente. Relembrando, o teste de Zivot-Andrews considera a existência de apenas uma quebra estrutural, o que felizmente atende nossas necessidades.

Na especificação da componente determinística (model) definimos o valor both pois nos outros testes incluir a tendência determinística implica a inclusão do termo de *drift*.

Teste de Zivot-Andrews ----
> za_ibc <- ur.za(ibcts, model = "both",lag = 6)
> summary(za_ibc)

```
################################
# Zivot-Andrews Unit Root Test #
################################
```

Call:
lm(formula = testmat)

Residuals:
```
   Min     1Q  Median     3Q    Max
-3.0646 -0.5026 0.1067 0.5430 1.9397
```

Coefficients:
```
            Estimate Std. Error t value Pr(>|t|)
(Intercept) 17.441120  4.486065   3.888 0.000170 ***
y.l1         0.822845  0.046760  17.597 < 2e-16 ***
trend        0.081929  0.022788   3.595 0.000479 ***
y.dl1        0.230416  0.087808   2.624 0.009867 **
y.dl2        0.263343  0.089763   2.934 0.004043 **
y.dl3       -0.047371  0.091617  -0.517 0.606113
y.dl4       -0.024336  0.089497  -0.272 0.786172
y.dl5        0.137324  0.089346   1.537 0.127043
y.dl6        0.017060  0.089257   0.191 0.848760
du          -0.805125  0.364783  -2.207 0.029290 *
dt          -0.011819  0.009881  -1.196 0.234093
```

Signif. codes: 0 '***' 0.001 '**' 0.01 '*' 0.05 '.' 0.1 ' ' 1

Residual standard error: 0.9167 on 115 degrees of freedom
  (7 observations deleted due to missingness)
Multiple R-squared: 0.9961,   Adjusted R-squared: 0.9958
F-statistic: 2966 on 10 and 115 DF, p-value: < 2.2e-16

Teststatistic: -3.7886
Critical values: 0.01= -5.57 0.05= -5.08 0.1= -4.82

Potential break point at position: 69

De acordo com os resultados, a especificação do teste aparenta exagerar na inclusão de 6 defasagens, dado que apenas as duas primeiras são estatisticamente significantes. Por outro lado, os dois termos determinísticos (`trend` e `intercept`) são significantes ao nível de 1%. Passando, então, à análise do teste, não é possível rejeitar a hipótese nula a nenhum nível usual de significância. Ou seja, a evidência estatística é de que o IBC-Br é um processo de raíz unitária com *drift*, que não apresenta quebra estrutural de natureza exógena - o que vai de encontro com as conclusões que fizemos com o teste de flutuações nas seção de quebras estruturais.

Vale notar que, por *default*, o teste sempre apresenta o local mais provável da ocorrência de uma quebra, o que não se sobrepõe à análise das estatísticas de teste.

Assim, se nos esforçamos para combinar os resultados dos testes, e assumindo, portanto, que o IBC-Br não apresenta uma quebra estrutural, verificamos que as evidências de não estacionariedade aparecem nos testes de Zivot-Andrews e Phillips-Perron, que incorporam hipóteses (de quebra e grande amostra) não condizentes com a série do IBC-Br. Ou seja, as evidências estatísticas obtidas até aqui defendem a hipótese de que o IBC-Br não apresenta raiz unitária, de maneira que o comportamento crescente da série se deve, provavelmente, à presença de uma tendência determinística.

3.7 Considerações finais

Neste capítulo, fomos apresentados às definições e propriedades de processos não estacionários, o que nos ajuda a identificar e categorizá-los. Para séries não estacionárias devido à presença de uma tendência determinística, vimos que é suficiente estimar o coeficiente dessa componente e removê-la da série original. Porém, caso desconfiemos que o motivo da não estacionariedade é uma tendência estocástica ou presença de quebras estruturais, vimos que o mais adequado é, antes de tudo, o emprego de testes formais para identificação desses problemas, uma vez que as possíveis soluções envolvem transformações profundas na série, como a diferenciação. Finalmente, vimos algumas ferramentas para inferir acerca da existência de quebras estruturais. Além disso, ao longo do texto fizemos um breve estudo da série do Indicador de Atividade Econômica do Banco Central do Brasil (IBC-Br), estudando a presença de uma raiz unitária e avaliando a presença de uma quebra estrutural. Finalmente, vale lembrar que muitos dos modelos estudados nos capítulos seguintes assumem a estacionariedade das séries utilizadas, de maneira que os testes e técnicas apresentados neste capítulo vão formar parte obrigatória dos procedimentos iniciais da análise.

4

Modelos SARIMA

Pedro Guilherme Costa Ferreira
Daiane Marcolino de Mattos

4.1 Introdução

Este capítulo é dedicado à apresentação do modelo SARIMA. Para tal, fez-se uso da série temporal (ST) de vendas de passagens aéreas, mais conhecida como *Air Passengers*. Trata-se de uma série temporal mensal que registra o total de passageiros internacionais (em milhares) da linha aérea Pan Am no período de janeiro de 1949 a dezembro 1960 nos EUA (Box & Jenkins, 1970).

A ST de vendas de passagens aéreas é um exemplo clássico de representação da modelagem de Box & Jenkins e a estrutura que "melhor" representa essa série temporal (ST) é um modelo SARIMA(0,1,1)(0,1,1)$_{12}$. Dada a fama obtida por esse modelo, é equivalente dizer que uma ST segue um SARIMA(0,1,1) (0,1,1)$_{12}$ ou um modelo *Airline*.

A abordagem de Box & Jenkins (1970) permite que valores futuros de uma série sejam previstos tomando por base apenas seus valores presentes e passados. Tais modelos são chamados de modelos autorregressivos integrados de médias móveis ou, simplesmente, ARIMA. Ao considerar relações sazonais, o modelo é nomeado SARIMA. Um modelo SARIMA$(p,d,q)(P,D,Q)_s$ é representado da seguinte forma:

$$\phi(L)\Phi(L)\Delta^d\Delta^D y_t = \theta(L)\Theta(L)\varepsilon_t, \qquad (4.1)$$

onde:
p é a ordem do polinômio autorregressivo não sazonal $\phi(L)$;
P é a ordem do polinômio autorregressivo sazonal $\Phi(L)$;
q é a ordem do polinômio de médias móveis não sazonal $\theta(L)$;
Q é a ordem do polinômio de médias móveis sazonal $\Theta(L)$;
d é a ordem de diferença não sazonal;
D é a ordem de diferença sazonal;

$\phi(L) = (1 - \phi_1 L - \phi_2 L^2 - \ldots - \phi_p L^p);$

$\Phi(L) = (1 - \Phi_1 L^s - \Phi_2 L^{2s} - \ldots - \Phi_p L^{Ps});$

$\theta(L) = (1 - \theta_1 L - \theta_2 L^2 - \ldots - \theta_p L^q);$

$\Theta(L) = (1 - \Theta_1 L^s - \Theta_2{}^{2s} - \ldots - \Theta_p L^{Qs});$

$\Delta = 1 - L;$

L é o operador de defasagem tal que $L^n y_t = y_{t-n}$.

Ao longo deste capítulo discutiremos as características dessa ST e os passos para modelá-la utilizando o *software* R, discutindo quais são os possíveis pacotes disponibilizados pelo programa. Conforme observaremos, essa é uma série temporal não estacionária nas partes sazonal e não sazonal e na variância. Aprenderemos a identificar essas características e qual é a maneira adequada de corrigi-las para fazermos uso da metodologia proposta por Box & Jenkins. Com o conteúdo apresentado, espera-se que o leitor esteja apto a modelar uma ST "não complexa", seguindo a proposta de Box & Jenkins, utilizando o *software* R.

Para o entendimento da metodologia, além desta introdução, este capítulo está organizado da seguinte forma: na seção 4.2, intitulada Preliminares, prepararemos o ambiente de trabalho no R e comentaremos sobre os pacotes necessários para estimar e analisar de maneira correta o modelo SARIMA; na seção 4.3, vamos explorar a ST de vendas de passagens aéreas observando sua tendência, variância e padrão sazonal; na seção 4.4, aprofundaremos o nosso conhecimento sobre a ST e discutiremos quais são os procedimentos que devem ser adotados para modelá-la; na seção 4.5, baseando-se no ciclo iterativo proposto por Box & Jenkins (1970), modela-se a ST e faz-se a previsão de 12 passos à frente; na seção 4.6, mostraremos como exportar as previsões para arquivos .xlsx e .csv; e, por fim, na seção 4.7 faremos as considerações finais.

4.2 Preliminares

Antes de iniciar a modelagem de séries temporais no R, é necessário preparar o ambiente de trabalho. Faremos isso definindo o diretório de trabalho e instalando e carregando os pacotes necessários.

O diretório de trabalho pode ser alterado com a função setwd() como se segue.

```
> setwd("digitar o endereço neste espaço")
```

O próximo passo é instalar alguns pacotes do R utilizando a função install.packages(), que recebe o nome do pacote entre aspas entre os parênteses. O leitor deve digitar o seguinte no *console*:

- install.packages("BETS"): *Brazilian Economic Time Series* (Ferreira *et al.*, 2016);
- install.packages("urca"): *Unit root and cointegration tests for time series data* (Pfaff *et al.*, 2016);
- install.packages("TSA"): *Time Series Analysis* (Chan & Ripley, 2012);
- install.packages("forecast"): *Forecasting Functions for Time Series and Linear Models* (Hyndman *et al.*, 2012);
- install.packages("lmtest"): *Testing Linear Regression Models* (Zeileis & Hothorn, 2002);
- install.packages("normtest"): *Tests for Normality* (Gavrilov & Pusev, 2014);
- install.packages("FinTS"): *Companion to Tsay (2005) Analysis of Financial Time Series* (Graves, 2014);
- install.packages("xlsx"): *Read, write, format Excel 2007 and Excel 97/2000/XP/2003 files* (Dragulescu, 2014).

Após a instalação, é preciso usar a função require() para carregar os pacotes, mas faremos isso ao longo do texto para que fique claro para o leitor em quais pontos estamos usando os pacotes.

4.3 Análise exploratória da série temporal de vendas de passagens aéreas

Nesta seção carregaremos a ST de vendas de passagens aéreas, analisaremos a sazonalidade e faremos uma decomposição clássica da série temporal para saber quais são os principais componentes da mesma.

4.3.1 Leitura da ST no R

Por ser uma ST conhecida, o R já a disponibiliza na sua base de dados, tornando-se muito fácil a sua leitura. Basta executar o seguinte comando:

> data(AirPassengers)

Após carregar a ST, façamos um gráfico (figura 4.1) utilizando a função ts.plot().

> ts.plot(AirPassengers, ylab = "Vendas de Passagens Aéreas", xlab = "Anos")

Ao observar o gráfico, percebe-se que há uma tendência crescente do número de passageiros. As oscilações de picos e vales podem ser relacionadas às estações do ano, nas quais, mais especificamente, tem-se períodos de férias, feriados etc. Essas oscilações, como observadas, acontecem anualmente, o que revela indícios de presença de sazonalidade. Do começo do ano a outubro percebemos um comportamento crescente, seguido de um comportamento decrescente da série, que permanece até dezembro. Isso se repete todos os anos.

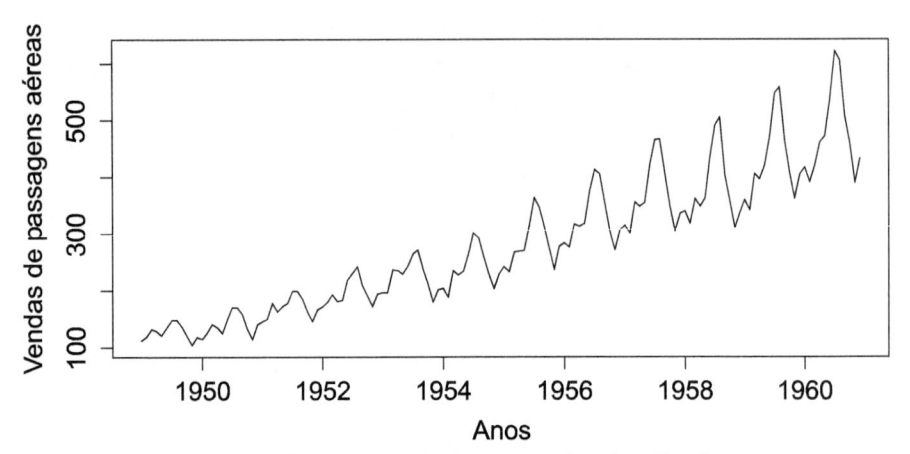

Figura 4.1: ST mensal de vendas de passagens aéreas (em milhares).

Nesse sentido, apenas observando a figura 4.1 podemos "levantar" as seguintes hipóteses sobre essa ST:

- **Tendência:** parece haver aumento do número de passageiros transportados pela Pan Am ao longo dos anos. Esse comportamento é coerente com a teoria econômica, pois espera-se que ao longo do tempo a empresa cresça e, consequentemente, aumente as vendas de passagens aéreas.
- **Variância:** observa-se que, além do aumento do número de passagens vendidas, a distância entre os meses com maiores e menores vendas também está aumentando, indicando aumento da variância. Fato este também coerente com a teoria econômica pois, ao aumentar o volume de vendas, espera-se maiores oscilações em relação ao valor médio.
- **Sazonalidade:** verifica-se um comportamento sazonal das vendas de passagens aéreas. Isto é, nos meses de março (feriado de Páscoa) e julho (Dia da Independência e férias escolares) há um aumento nas vendas quando comparado com os meses anteriores. Além disso, parece que a sazonalidade é crescente ao longo do tempo.

Observe que a análise gráfica nos permitiu conhecer a nossa ST e é uma fase muito importante para esse tipo de modelagem. Obviamente, como bons econometristas que somos, iremos testar estatisticamente todos os pontos levantados anteriormente. Antes disso, tentaremos entender um pouco mais o comportamento sazonal da nossa ST.

4.3.2 Uma análise um pouco mais profunda da sazonalidade

O gráfico *monthplot* ajuda a detectar visualmente a presença de sazonalidade na ST. Como se pode verificar, esta ST apresenta média e variância não constantes, indícios de não estacionariedade na parte sazonal da ST.
> monthplot(AirPassengers,ylab = "Vendas de Passagens Aéreas", xlab = "Meses")

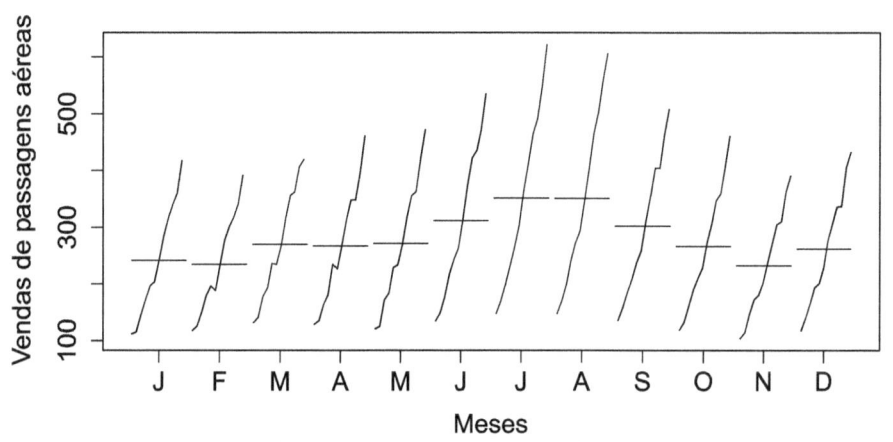

Figura 4.2: ST de vendas de passagens aéreas por mês (em milhares).

Observando a figura 4.2, podemos ver que o número médio de passageiros (traços horizontais) aumenta nos meses de férias (indício de sazonalidade). Analisando os traços verticais, verifica-se um aumento contínuo na venda de passagens aéreas ano a ano, indício de não estacionariedade na parte sazonal da ST.

4.3.3 Decomposição da ST

De acordo com a *decomposição clássica de séries temporais*, uma ST pode ser decomposta em quatro componentes não observáveis: tendência, ciclo, sazonalidade e erro. Geralmente as componentes de tendência e ciclo permanecem agregadas devido ao número de observações da ST não ser suficiente para uma boa estimativa da componente de ciclo separadamente.

A função `decompose()` usa filtros de médias móveis para decompor a série temporal em três componentes:

- tendência + ciclo
- sazonalidade
- erro (resíduo, componente irregular ou inovação)

```
> plot(decompose(AirPassengers))
```

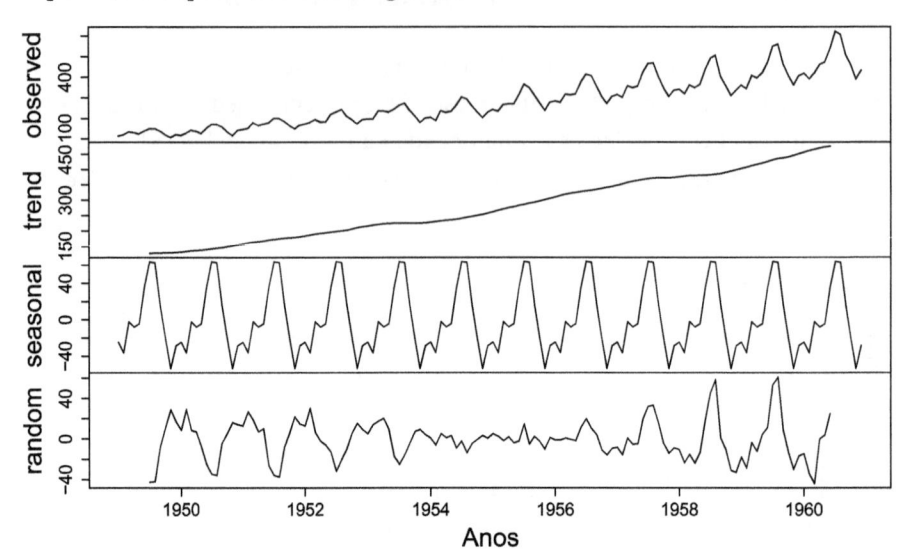

Figura 4.3: Decomposição da ST de vendas de passagens aéreas (em milhares).

Conforme observamos na figura 4.3, verifica-se que o número mínimo de passagens vendidas foi de 104 (Nov-1949) e o máximo de 622 (Jul-1960). Ao analisarmos a componente de tendência, observa-se que a ST é fortemente afetada por essa componente (em torno de 85%). Com relação à componente sazonal, verifica-se que a mesma também está presente nessa ST e gira em torno de 10%. Sobrando uma pequena parte de componente irregular, a qual é levemente "contaminada" pela parte sazonal, mostrando que o método de decomposição utilizado não é muito eficiente.

Essa análise é interessante pois mostra que, basicamente, precisamos modelar as componentes de tendência e sazonalidade (em torno de 95% da ST), que são componentes "bem" modelados pelos modelos SARIMA(p,d,q)(P,D,Q). Essa análise mostra porque essa ST é tão utilizada para exemplificar o uso dessa metodologia.

Prosseguindo, nosso próximo passo será testar estatisticamente as percepções levantadas anteriormente. Isto é, a ST de vendas de passagens aéreas é realmente não estacionária na parte não sazonal? E na parte sazonal? Como faremos para "corrigir" esses "problemas"?

4.4 Conhecendo a ST antes de iniciar a modelagem BJ

Para responder aos questionamentos feitos na seção anterior, abordaremos os seguintes tópicos:

1. Testar a estacionariedade da parte não sazonal.
2. Testar a estacionariedade da parte sazonal.

4.4.1 Testando a estacionariedade da parte não sazonal

Há, basicamente, quatro maneiras de observar se a ST em estudo é ou não estacionária:

- Análise gráfica;
- Comparação da média e da variância da ST para diferentes períodos de tempo;
- Observação da FAC (Função de Autocorrelação);
- Testes de raiz unitária.

Já vimos que a análise gráfica nos mostrou indícios de não estacionariedade. Fica claro também que, se "fatiássemos" a ST e calculássemos as médias de cada ano, observaríamos uma tendência de alta nas médias, indicando não estacionariedade das mesmas.

Outra maneira de ver a não estacionariedade da ST é visualizando o gráfico da FAC. A figura 4.4 mostra que as autocorrelações não decrescem exponencialmente ou de forma senoidal conforme descrito pela teoria de Box & Jenkins. Esse é mais um indicativo de que a ST é não estacionária.

Nesse momento, o leitor atento pode estar se fazendo a seguinte pergunta: para que tantas maneiras de se observar a estacionariedade se, ao observar o gráfico da ST (figura 4.4), já está claro que a mesma é não estacionária? A resposta a esse questionamento é que nenhuma das maneiras vistas até o momento para verificar se a ST é ou não estacionária nos dá uma resposta "clara" (com significância estatística). Mais ainda, tais métodos não nos dizem quantas diferenciações precisaremos fazer na ST em estudo para torná-la estacionária e qual é o tipo de não estacionariedade (determinística ou estocástica). Para obter essas respostas precisamos testar a estacionariedade através dos testes de raiz unitária (RU) conforme observamos no capítulo 3 deste livro.

```
> require(BETS)
> BETS.corrgram(AirPassengers, lag.max = 36)
```

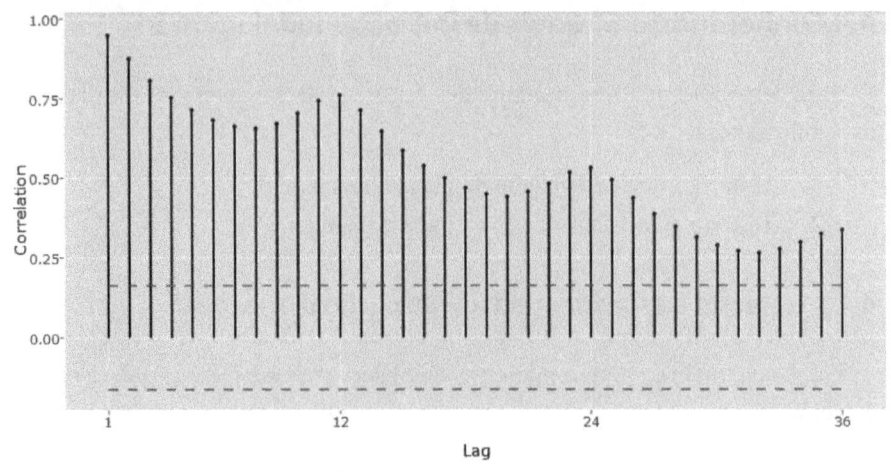

Figura 4.4: FAC: ST de vendas de passagens aéreas (em milhares).

Relembrando o que discutimos no capítulo anterior, os testes de raiz unitária foram uma grande revolução na Econometria na década de 1980. Existe uma grande quantidade de testes e, basicamente, todos têm a mesma ideia, isto é, a hipótese nula é que a série temporal possui uma raiz unitária (a ST é não estacionária) e a hipótese alternativa é que a série é estacionária, com exceção do teste KPSS que tem as hipóteses alternadas. Abaixo podemos ver alguns exemplos de testes de raiz unitária:

- Augmented Dickey Fuller (ADF) (Dickey & Fuller, 1979)
- Phillips-Perron (PP) (Phillips & Perron, 1988)
- Kwiatkowski-Phillips-Schmidt-Shin (KPSS) (Kwiatkowski et al., 1992)
- Dickey Fuller GLS (DF-GLS) (Elliott et al., 1996)

Apesar de haver uma grande quantidade de testes, nesse capítulo abordaremos apenas o teste de Dickey Fuller Aumentado (ADF), que tem as seguintes hipóteses:

H_0: a ST possui uma RU $\Leftrightarrow$ a série é não estacionária
H_1: a ST não possui RU $\Leftrightarrow$ a série é estacionária

A regra de rejeição da hipótese nula funciona da seguinte forma: se o valor observado para a estatística de teste for inferior ao valor crítico, rejeitamos a hipótese nula e, portanto, concluímos que a ST é estacionária de acordo com o nível de confiança adotado previamente. Caso contrário, a ST será não estacionária[1]. A distribuição da estatística de teste do teste ADF foi tabulada por MacKinnon (1996).

---

[1]Para maiores detalhes sobre processos não estacionários e os testes de raíz unitária de Dickey Fuller e Phillips Perron, recomenda-se consultar (Hamilton, 1994, capítulos 15, 16 e 17).

Modelos SARIMA

Como existem várias especificações consistentes com a não estacionariedade, irão existir várias formas de testá-la. Na prática, a questão importante é escolher a forma do teste de RU adequada para a ST em questão. O teste ADF apresenta as seguintes formas:

- Raiz unitária + constante + tendência determinística (R: `type = "trend"`)
- Raiz unitária + constante (R: `type = "drift"`)
- Raiz unitária (R: `type = "none"`)

Para executar o teste no R, usaremos a função `ur.df()` do pacote **urca** (Pfaff *et al.*, 2016). Os principais argumentos dessa função são:

```
ur.df(y, type = c("none", "drift", "trend"), lags = 1,
selectlags = c("Fixed", "AIC", "BIC"))
```

- `y`: ST em que será testada a raiz unitária;
- `type`: tipo da especificação do teste que o usuário deseja realizar;
- `lags`: número de defasagens a serem usadas para captar o comportamento da ST e, consequentemente, corrigir o problema da autocorrelação residual;
- `selectlags`: a função pode definir automaticamente, baseada em um critério de informação, o número de *lags* a serem inclusos dado um valor máximo no argumento *lags*.

Antes de iniciar o teste é importante observar que o número de *lags* que serão incluídos na equação do teste ADF será definido com base na análise dos resíduos da regressão e não somente nos critérios de informação.

Dando início aos testes, vamos testar a estacionariedade da ST considerando a equação sem tendência e com constante. É importante o leitor saber que testamos a equação com tendência determinística antes, porém o parâmetro dessa variável não foi significativo. Nessa fase, o parâmetro mais difícil e importante de definir é o *lag*, isto é, você precisa encontrar um número de *lags* que corrija a autocorrelação dos resíduos e seja parcimonioso com relação ao número de parâmetros da equação do modelo.

Estipulamos, inicialmente, o *lag* máximo como 24 e o critério de informação a minimizar sendo o AIC. A seguir observamos o resultado do teste ADF e a FAC dos resíduos, a qual mostra que não há presença de autocorrelação.

```
> require(urca)
> adf.drift <- ur.df(y = AirPassengers, type = c("drift"),
+                    lags = 24, selectlags = "AIC")
> BETS.corrgram(adf.drift@res, lag.max = 36)
```

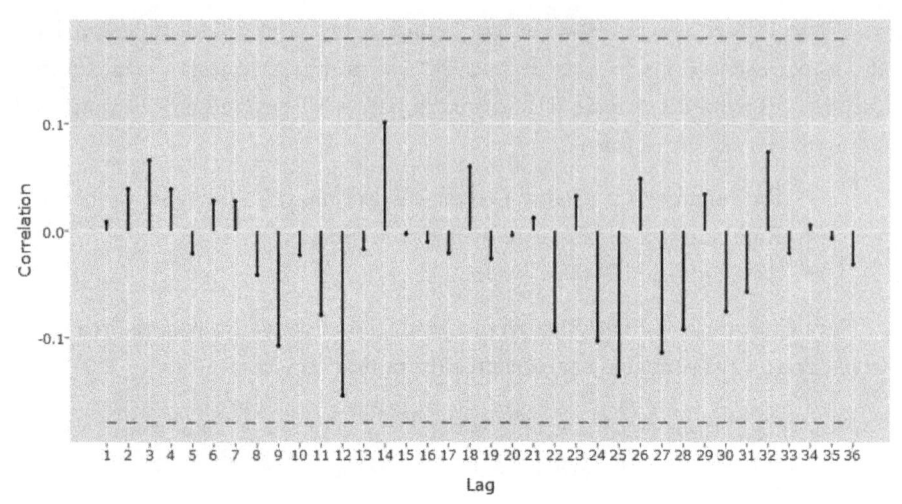

Figura 4.5: FAC dos resíduos: ST de vendas de passagens aéreas (em milhares).

```
> adf.drift@teststat #estatística de teste
               tau2    phi1
statistic   1.85818  7.914366

> adf.drift@cval #valores tabulados por MacKinnon (1996)
        1pct   5pct   10pct
tau2   -3.46  -2.88  -2.57
phi1    6.52   4.63   3.81
```

Ao analisar a estatística de teste (`tau2` = 1,8582) notamos que seu valor é superior ao valor crítico associado ao nível de confiança de 95% (-2,88). Dessa forma, conclui-se que a ST não é estacionária (não rejeição da hipótese nula).

O leitor pode visualizar mais informações sobre o teste de **RU**, como a equação ajustada por exemplo, usando a função `summary(adf.drift)`.

Ao concluir que a ST tem raiz unitária, precisamos descobrir o número de diferenciações necessárias para torná-la estacionária. É importante observar que esse é apenas um exercício para que o leitor observe o comportamento da ST e da FAC antes e após a diferenciação, pois, como veremos nas próximas seções, faremos as "correções" de não estacionariedade da ST na própria função que estimará o modelo SARIMA.

Dado que a nossa ST é não estacionária, tentaremos torná-la estacionária fazendo uma diferenciação e vamos observar o gráfico (figura 4.6) e a FAC (figura 4.7) novamente.

Modelos SARIMA

```
> ts.plot(diff(AirPassengers, lag = 1, differences = 1))
> BETS.corrgram(diff(AirPassengers, lag = 1, differences = 1),
+      lag.max = 36)
```

Figura 4.6: ST de vendas de passagens aéreas (em milhares) com uma diferença.

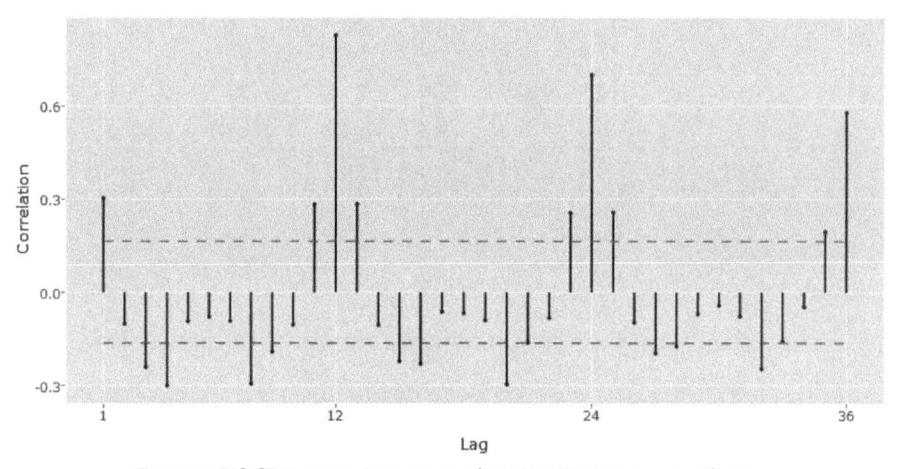

Figura 4.7: FAC: ST de vendas de passagens aéreas (em milhares) com uma diferença.

Observe que ao aplicar a diferenciação, a ST aparenta estar estacionária na média, mas a variância é crescente ao longo do tempo (figura 4.6). Como sabemos, um dos pressupostos da teoria Box & Jenkins é que a ST seja também estacionária na variância. Para tal, iremos passar o *log* na ST em questão (figura 4.8).

```
> ts.plot(diff(log(AirPassengers),lag = 1,differences = 1))
> BETS.corrgram(diff(log(AirPassengers), lag = 1, differences = 1),
+      lag.max=48)
```

131

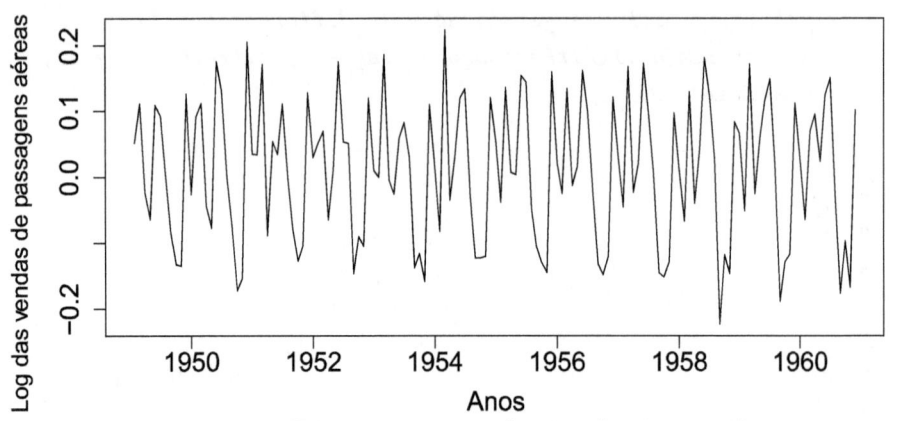

Figura 4.8: Logaritmo da ST de vendas de passagens aéreas (em milhares) com uma diferença.

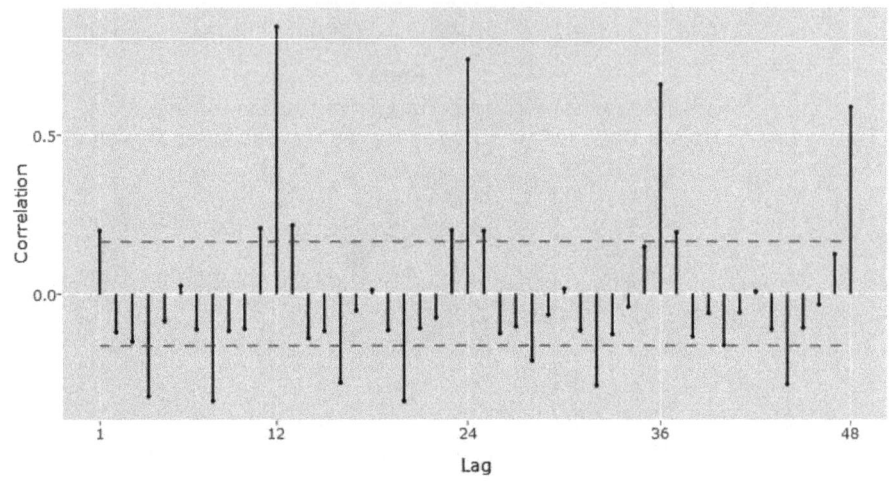

Figura 4.9: FAC: logaritmo da ST de vendas de passagens aéreas (em milhares) com uma diferença.

Note agora que temos uma série temporal estacionária tanto na média quanto na variância. Ao analisarmos a FAC (figura 4.9), a pergunta que fica é: essa FAC é adequada para identificarmos a estrutura do nosso modelo SARIMA?

4.4.2 Avaliando a estacionariedade da parte sazonal

Com relação a pergunta feita na seção anterior, o leitor atento já observou que nos *lags* sazonais a função de autocorrelação também apresenta um decrescimento lento, indicando que a ST é não estacionária na parte sazonal.[2]

---

[2]Existem testes estatísticos para avaliar a presença de não estacionariedade sazonal, um dos mais conhecidos é o teste de HEGY (Hylleberg *et al.*, 1990).

Modelos SARIMA

Para corrigir esse problema precisamos diferenciar a parte sazonal. Para isso diferenciaremos a ST já diferenciada na parte não sazonal. Tal procedimento é feito mudando o parâmetro *lag* da função diff() para 12, conforme pode ser observado abaixo:

> BETS.corrgram(diff(diff(log(AirPassengers), lag = 1, differences = 1), lag = 12, differences = 1), lag.max = 48)

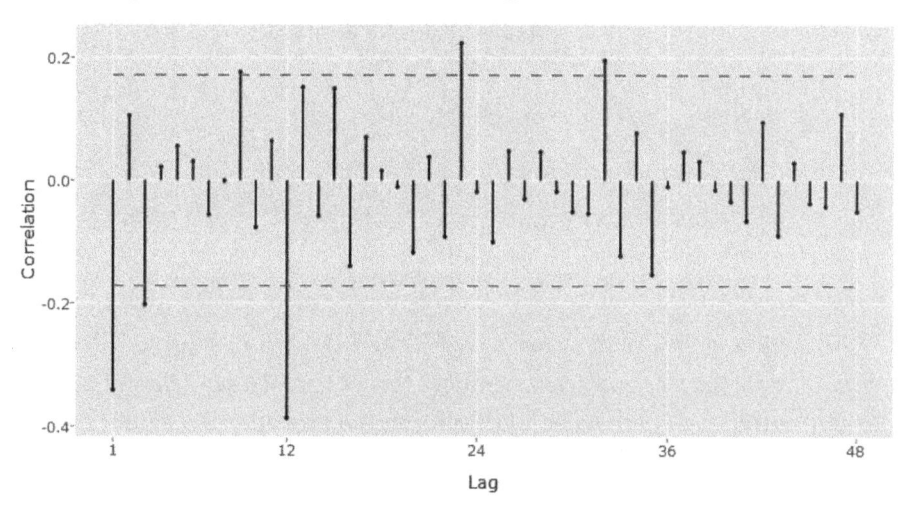

Figura 4.10: Logaritmo da ST de vendas de passagens aéreas (em milhares) com diferença sazonal e não sazonal.

Observe que agora a FAC apresenta cortes bruscos nos *lags* 1 e 12 (figura 4.10) e não apresenta mais decrescimento lento nem na parte sazonal nem na não sazonal.

Vamos refazer o teste de RU para confirmar a estacionariedade da ST após aplicar as transformações anteriores. O valor da estatística de teste (tau2 = -4,0398) é inferior ao valor crítico (-2,88) ao nível de significância de 95%. Assim, podemos concluir que a série é estacionária.

> # Teste de RU na ST com diferenças sazonal e não sazonal
> adf.drift2 <- ur.df(y = diff(diff(log(AirPassengers), lag = 1), lag = 12), type = "drift", lags = 24, selectlags = "AIC")
> adf.drift2@teststat #estatística de teste
             tau2   phi1
statistic -4.039891 8.160779

> adf.drift2@cval #valores tabulados por MacKinnon (1996)
      1pct 5pct 10pct
tau2 -3.46 -2.88 -2.57
phi1 6.52 4.63 3.81

> BETS.corrgram(adf.drift2@res, lag.max = 36)

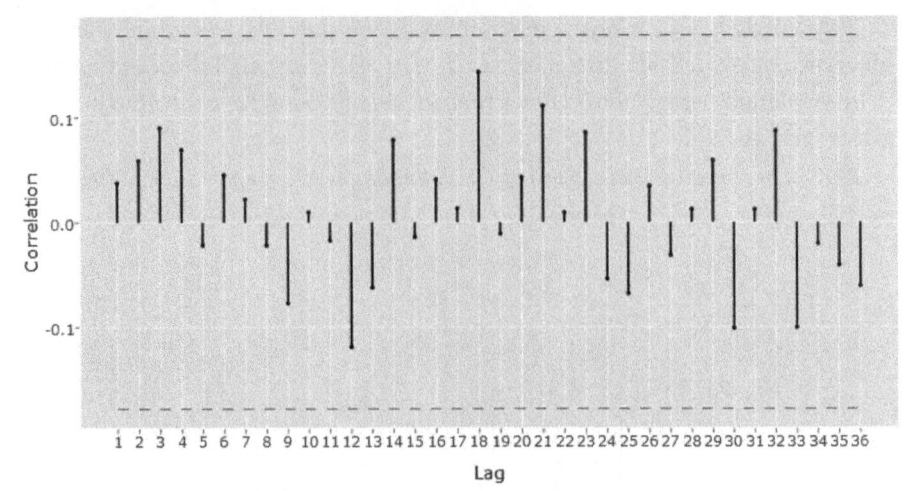

Figura 4.11: FAC: diferença do logaritmo da ST de vendas de passagens aéreas (em milhares), com 1 diferença.

Ao analisar a FAC para os resíduos do teste ADF (figura 4.11), o leitor pode notar que alguns *lags* aparecem significativos, porém não são relevantes (apresentam correlação muito baixa). Dessa forma, confirmamos a validade do teste e podemos começar a nossa modelagem.

4.5 Modelando a ST

Séries temporais podem ser estacionárias ou não estacionárias, estocásticas ou determinísticas. Um processo estocástico Gaussiano é considerado fracamente estacionário se a média e a autocovariância não dependem do tempo, a última dependendo somente da distância temporal entre as observações (Hamilton, 1994).

Os modelos de Box & Jenkins são usados para séries originalmente estacionárias ou tornadas estacionárias por meio de diferenciação. Geralmente, as séries econômicas são não estacionárias, devendo ser diferenciadas até que fiquem estacionárias.

A metodologia Box & Jenkins para séries temporais estacionárias e construção dos modelos ARIMA segue um ciclo iterativo composto por cinco partes (Granger & Newbold, 1976):

1. **Especificação:** a classe geral de estruturas SARIMA(p,d,q)(P,D,Q) é analisada;
2. **Identificação:** com base na FAC e FACP (função de autocorrelação parcial) amostrais e outros critérios são definidos os valores de p, q, P, e Q;

3. **Estimação:** os parâmetros do modelo identificado são estimados e testados estatisticamente sobre sua significância;
4. **Diagnóstico:** faz-se uma análise dos resíduos (devem ser ruído branco) e testes de verificação (Ljung-Box) para avaliar se o modelo sugerido é adequado. Em seguida, verifica-se os modelos que apresentam menores valores para os critérios AIC e BIC. Caso haja problemas no diagnóstico, volta-se à identificação;
5. **Modelo definitivo:** para previsão ou controle. Verificar quais modelos têm as melhores medidas RMSE (*Root Mean Square Error*) e MAPE (*Mean Absolute Percentage Error*) (este não vale para dados próximos de zero, sendo preferível a utilização de outro método para a análise dos erros), por exemplo.

Um processo ARIMA(p,d,q) é um ARMA diferenciado d vezes até estar estacionário. Os modelos SARIMA são usados para séries temporais que apresentam comportamento periódico em s espaços de tempo, isto é, quando ocorrem desempenhos semelhantes a cada intervalo de tempo Box & Jenkins (1970). Este é o caso da série a ser trabalhada neste capítulo.

4.5.1 Identificação

Como sabemos, o primeiro passo para identificar o nosso modelo SARIMA é observando a FAC e a FACP. Como os modelos propostos por Box & Jenkins (1970) são da década de 1970, o esforço computacional para estimar o modelo era muito grande, portanto essa fase era fundamental para se ter um modelo adequado à ST em análise. Atualmente, graças aos avanços computacionais, observar a FAC e a FACP é útil, principalmente, para se ter uma ideia inicial do modelo a ser testado, pois, como veremos mais adiante, o ideal é escolher um modelo que minimize os critérios de informação.

Assim, vamos observar a FAC e a FACP da ST de vendas de passagens aéreas diferenciada na parte sazonal e não sazonal e com transformação logarítmica.

```
> BETS.corrgram(diff(diff(log(AirPassengers), lag = 1, differences
= 1), lag = 12, differences = 1), lag.max = 48)
> BETS.corrgram(diff(diff(log(AirPassengers), lag = 1, differences
= 1), lag = 12, differences = 1), type = "partial", lag.max = 48)
```

(a) FAC

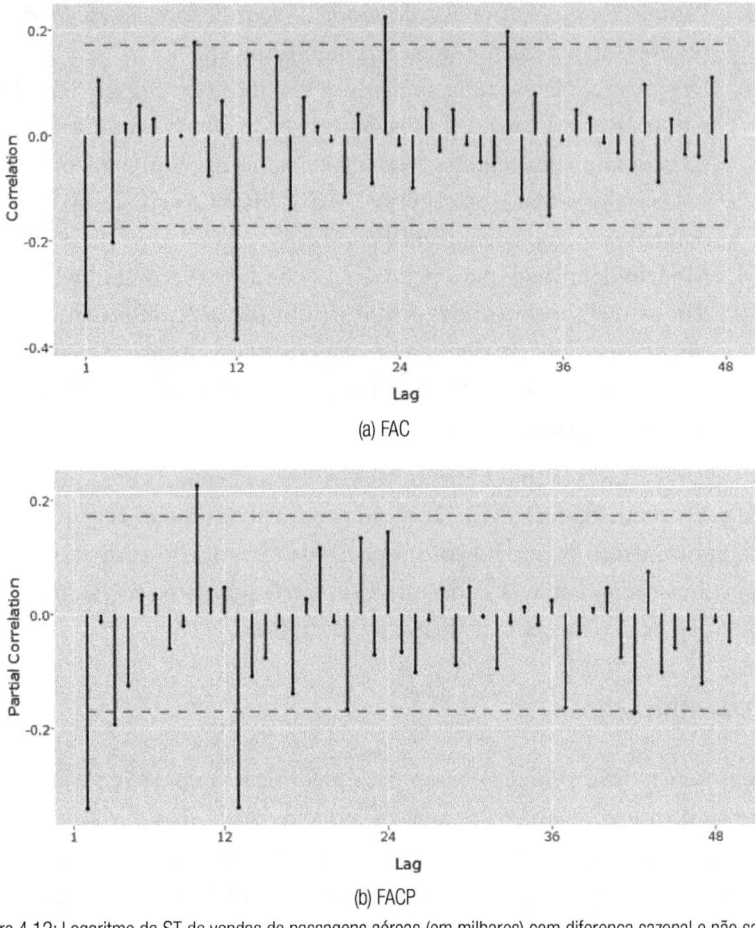

(b) FACP

Figura 4.12: Logaritmo da ST de vendas de passagens aéreas (em milhares) com diferença sazonal e não sazonal.

Observando os gráficos (figura 4.12), com um pouco de boa vontade, podemos pensar nos seguintes modelos:

- **SARIMA(1,1,1)(1,1,1)** - corte brusco na FAC e na FACP nas partes sazonais e não sazonais;
- **SARIMA(0,1,1)(0,1,1)** - corte brusco na FAC e decrescimento das partes sazonais e não sazonais.

Uma vez identificados os possíveis modelos, passa-se para o próximo passo: a estimação.

4.5.2 Estimação

Para estimar o modelo, deve-se testar as possibilidades dos SARIMAs que idealizamos a partir da visualização da FAC e da FACP. Para tanto, utilizaremos a função Arima() do pacote **forecast**. Com relação ao método de estimação dos parâmetros neste trabalho, usaremos o *default* do R, que utiliza o método de Máxima Verossimilhança, denotado como ML (*Maximum Likelihood*).

Dessa forma, o primeiro modelo a ser estimado será uma SARIMA(1,1,1) $(1,1,1)_{12}$. Observe que na função Arima() a variável de entrada é a ST original, mas definir o argumento lambda em zero permite que seja feita a transformação logarítmica na série. Também não é necessário diferenciar a ST antecipadamente pois a própria função faz isso.

```
> library("forecast")
> fit.air <- Arima(AirPassengers, order = c(1,1,1), seasonal =
c(1,1,1), method = "ML", lambda = 0)
> fit.air

Series: log(AirPassengers)
ARIMA(1,1,1)(1,1,1)[12]

Coefficients:
         ar1      ma1     sar1    sma1
      0.1668  -0.5616  -0.0994  -0.497
s.e.  0.2458   0.2114   0.1540   0.136

sigma^2 estimated as 0.00138:  log likelihood=245.16
AIC=-480.31   AICc=-479.83   BIC=-465.93
```

Para verificar, de forma rápida, se os parâmetros do modelo são significativos, desenvolvemos uma função no **BETS** chamada BETS.t_test(), em que consideramos o nível de confiança de 95%.

```
> # teste de significância para o modelo SARIMA(1,1,1)(1,1,1)_12
> BETS.t_test(fit.air)

           Coeffs  Std.Errors       t  Crit.Values  Rej.H0
ar1    0.16679124   0.2457980  0.6785705    1.977304   FALSE
ma1   -0.56163441   0.2114211  2.6564723    1.977304    TRUE
sar1  -0.09938487   0.1539918  0.6453907    1.977304   FALSE
sma1  -0.49700743   0.1360485  3.6531644    1.977304    TRUE
```

Como podemos observar, os parâmetros da parte AR não sazonal e sazonal não são significativos, logo, tais parâmetros não devem permanecer no modelo. Então, estes foram retirados e o modelo foi reestimado.

```
> fit.air <- Arima(AirPassengers, order = c(0,1,1), seasonal =
c(0,1,1), method = "ML", lambda=0)
> fit.air

Series: AirPassengers
ARIMA(0,1,1)(0,1,1)[12]

Coefficients:
         ma1      sma1
      -0.4018   -0.5569
s.e.   0.0896    0.0731

sigma^2 estimated as 0.001371:  log likelihood=244.7
AIC=-483.4    AICc=-483.21    BIC=-474.77

> BETS.t_test(fit.air)

          Coeffs Std.Errors         t Crit.Values Rej.H0
ma1   -0.4018268 0.08964405  4.482470    1.977054   TRUE
sma1  -0.5569466 0.07309948  7.619023    1.977054   TRUE
```

Conforme pode ser observado, temos um modelo SARIMA$(0,1,1)(0,1,1)_{12}$ onde todos os parâmetros são significativos e que minimiza os critérios de informação (*BIC*, *AIC* e *AICc*)[3].

4.5.3 Diagnóstico

Após definir a "melhor" estrutura e estimar os parâmetros do modelo, outra etapa fundamental é a fase de diagnóstico do modelo. Nesta fase as seguintes características dos resíduos precisam ser analisadas e confirmadas:

- Ausência de autocorrelação linear;
- Ausência de heterocedasticidade condicional;
- Normalidade.

Para uma visão geral dos resíduos, utiliza-se a função `tsdiag()`. Esta disponibiliza a distribuição dos resíduos padronizados, a função de autocorre-

---

[3]Para maiores detalhes sobre os critérios de informação ver: Akaike (1973) e Schwarz *et al.* (1978).

lação dos resíduos e os p-valores da estatística do teste Ljung-Box. Conforme podemos observar no primeiro gráfico a seguir (figura 4.13), os dados aparentam estar distribuídos simetricamente em torno da média zero, indicação de distribuição normal. Observe também que não temos nenhuma informação discrepante (muito fora do intervalo [-3,3]). A única exceção é o resíduo de janeiro de 1954, neste caso, poderíamos testar se a venda de passagens aéreas nesse mês é um *outlier* ou não.[4]

O segundo gráfico disponibilizado pela função `tsdiag()` é a FAC dos resíduos. Este gráfico é extremamente útil para observar se há presença de autocorrelação linear nos resíduos. Conforme verificamos, não há nenhum *lag* significante, logo, toda a parte linear da ST de vendas de passagens aéreas foi capturada pelo modelo SARIMA$(0,1,1)(0,1,1)_{12}$.

O terceiro gráfico mostra o p-valor da estatística Ljung-Box para diferentes defasagens após a defasagem 14. De acordo com o gráfico, verificamos que não rejeitamos a hipótese nula da não existência de dependência serial para todas as defasagens. Tal resultado está em consonância com a análise feita anteriormente, isto é, não há dependência linear nos resíduos. Contudo, este gráfico não é confiável uma vez que os graus de liberdade usados para calcular os p-valores são baseados nos *lags* e não em (*lags* - (p+q+P+Q)). Isto é, o processo usado para calcular os p-valores não leva em conta o fato de os resíduos terem sido gerados a partir de um modelo ajustado. Portanto, precisamos tomar cuidado ao observar esse gráfico.

```
> diag <- tsdiag(fit.air, gof.lag = 20)
```

---

[4]Existem testes específicos para a detecção de *outliers*. Para maiores detalhes ver: Chang *et al.* (1988) e Tsay (1988).

Figura 4.13: Características dos resíduos.

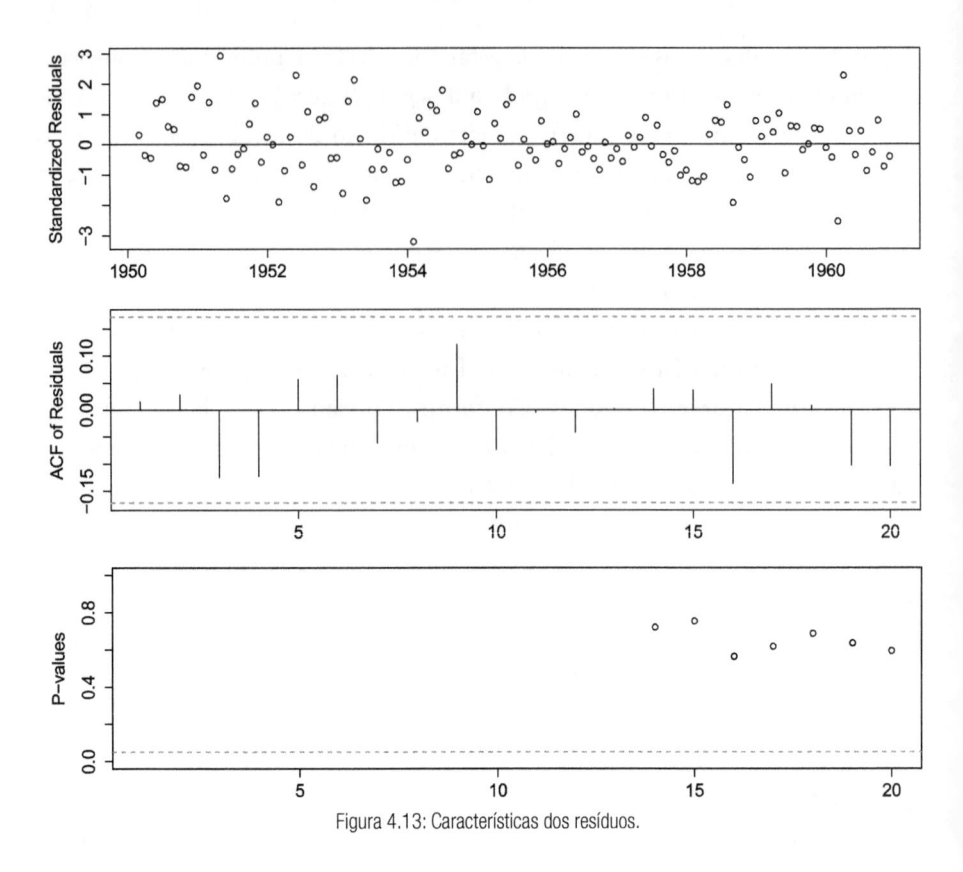

Bem, conforme observamos, a função `tsdiag()` já nos deu bastante informação sobre os nossos resíduos, entretanto, vamos realizar alguns testes estatísticos específicos para cada uma das características em decorrência do problema da estatística Ljung-Box e da necessidade de testarmos a normalidade e a homocedasticidade dos resíduos.

Primeiramente, vamos testar a autocorrelação linear dos resíduos através do teste de Ljung & Box (1978). Como sabemos o teste de Ljung & Box nos revela indícios da presença ou não de autocorrelação serial dos resíduos para os "L" primeiros *lags*. Outro teste de autocorrelação residual muito conhecido é o teste de Durbin & Watson,[5] que testa a autocorrelação dos resíduos apenas para o primeiro *lag*.

```
> Box.test(x = fit.air$residuals, lag = 24,
+          type = "Ljung-Box", fitdf = 2)
```

---

[5]Durbin & Watson (1950); Durbin & Watson (1951).

```
          Box-Ljung test

data:     fit.air$residuals
X-squared = 26.446, df = 22, p-value = 0.233
```

Conforme podemos observar, o resultado do teste de Ljung & Box mostra que, a 95% de confiança, não rejeitamos a hipótese nula de não existência de autocorrelação serial até o *lag* 24.[6] É importante observar o argumento *fitdf*, neste caso igual a 2 (p+q+P+Q}), pois o teste é feito nos resíduos de um modelo SARIMA com dois parâmetros.

Confirmada a ausência de autocorrelação linear nos resíduos, testaremos a estacionariedade da variância. Para tal, faremos o teste Multiplicador de Lagrange para heterocedasticidade condicional autorregressiva (ARCH LM) (Engle, 1984) disponível no pacote **FinTS**.

```
> require(FinTS)
> ArchTest(fit.air$residuals,lags = 12)

          ARCH LM-test; Null hypothesis: no ARCH effects

data:     fit.air$residuals
Chi-squared = 14.859, df = 12, p-value = 0.2493
```

Conforme mostrado pelo teste, a hipótese nula é que não há presença de efeito ARCH. Dessa forma, dado o p-valor, não rejeitamos a hipótese nula de estacionariedade da variância a 95% de confiança.

Por fim, precisamos testar a normalidade dos resíduos. Para tal, faremos o teste de Jarque & Bera (1980) baseando-se no pacote **normtest**.

```
> require(normtest)
> jb.norm.test(fit.air$residuals, nrepl=2000)

          Jarque-Bera test for normality

data:     fit.air$residuals
JB = 5.2265, p-value = 0.0555
```

Os resultados mostram que, a 95% de confiança, não rejeitamos a hipótese nula de normalidade. Feito o diagnóstico dos resíduos, o próximo passo será fazer previsões.

---

[6]Definido pelo próprio usuário.

4.5.4 Previsão

Após fazermos o diagnóstico dos resíduos e concluirmos que estamos modelando toda a parte linear da ST de vendas de passagens aéreas, estamos aptos a fazer previsões. Afinal de contas, esse é nosso objetivo final. Nessa etapa, basicamente, queremos conhecer a previsão, saber qual é o intervalo de confiança (neste caso, 95%) e analisar as métricas de desempenho do modelo.

Para a previsão utilizaremos o pacote **forecast** e a função com o mesmo nome. Observe que, ao usar esta função, precisamos definir os seguintes parâmetros: (a) object: *output* do modelo SARIMA estimado; (b) h: horizonte de previsão (quantos passos à frente queremos prever); e (c) level: nível de confiança que desejamos para o nosso intervalo de confiança.

```
> require(forecast)
> plot(forecast(object = fit.air, h=12, level = 0.95))
```

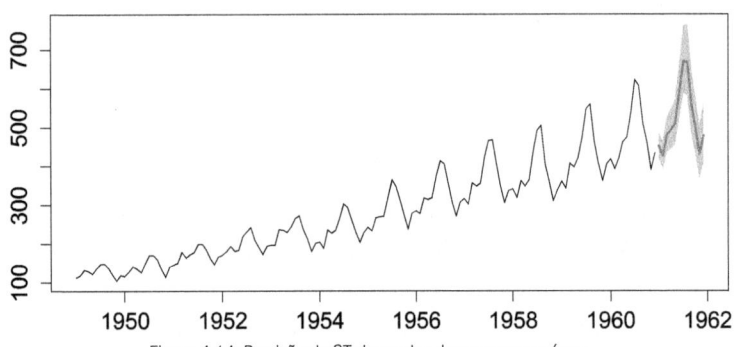

Figura 4.14: Previsão da ST de vendas de passagens aéreas.

Observando a figura 4.14, parece que fizemos uma "boa" previsão. Porém, uma maneira mais adequada de certificar isso é analisando as métricas. As métricas a seguir confirmam a qualidade da previsão observada na análise gráfica. O MAPE, por exemplo, que é uma medida percentual do módulo dos erros e que não é contaminada pela escala da ST, mostra que o erro de previsão está apenas em 0,47%, o que é muito bom![7]

```
> accuracy(fit.air)
Training set error measures:
                    ME       RMSE       MAE        MPE       MAPE      MASE
Training set 0.000573059 0.03504882 0.02626034 0.01098891 0.4752816 0.2169522
```

---

[7]Dois pontos que gostaria de destacar aqui: primeiro, que uma análise da previsão fora da amostra seria importante para corroborar a *performance* do nosso modelo. Segundo, essa ideia de bom ou ruim é muito relativa, isto é, é sempre bom termos um modelo *benchmark* para compararmos nossas previsões.

4.6 Exportando as previsões

Imagine o seguinte: você trabalha em uma empresa na área financeira e seu chefe lhe pede a previsão das vendas de um determinado produto para os próximos 12 meses. Ainda, imagine também que ninguém na sua empresa conheça o R (não é tão difícil de imaginar isso, certo?!).

A solução para o primeiro problema você já tem e já aprendeu ao longo deste capítulo. A solução para o segundo problema pode ser treinar toda a equipe da área financeira para trabalhar com o R ou então extrair as previsões e os intervalos de confiança estimados para um programa mais conhecido como o Excel através de um arquivo .csv ou .xlsx.

Como veremos, essa tarefa é muito fácil de fazer no R e pode ser executada com apenas uma linha de comando.

- Em formato .csv:
  ```
  > write.csv2(data.frame(prev),"previsao.csv")
  ```
- Em formato .xlsx:
  ```
  > require(xlsx)
  > write.xlsx(data.frame(prev),"previsao.xlsx")
  ```

4.7 Considerações finais

Neste capítulo aprendemos empiricamente como modelar uma série temporal mensal com base na metodologia proposta por Box & Jenkins utilizando o software R. Aprendemos como fazer uma análise exploratória de uma ST, quais são os possíveis "problemas" que ela pode ter para ser modelada utilizando o arcabouço proposto por Box & Jenkins e como "consertar" esses problemas através, por exemplo, da diferenciação da ST.

Foram abordados também alguns "pacotes" úteis para esse tipo de modelagem, discutimos algumas funções e chamamos a atenção para algumas limitações das mesmas. Apesar de ter sido uma experiência interessante, sabemos que ainda ficaram faltando alguns pontos a serem abordados, como por exemplo, não tratamos da identificação e "correção" de possíveis *outliers*, não mostramos como "corrigir" a presença de heterocedasticidade condicional nos resíduos, quando ela existir etc.

Nesse sentido, é importante que o leitor que estiver usando este manual para construir o seu modelo SARIMA tenha ciência de suas limitações e busque, sempre que possível, aprofundar o seu conhecimento sobre o assunto.

5

Ajuste sazonal

Daiane Marcolino de Mattos
Pedro Guilherme Costa Ferreira

5.1 Introdução

Como já vimos anteriormente, uma série temporal pode ser decomposta em quatro componentes não observáveis: tendência, sazonalidade, ciclo e erro. A sazonalidade, que é o objeto de estudo deste capítulo, é causada por movimentos oscilatórios de mesma periodicidade que ocorrem em período intra-anual, como variações climáticas, férias escolares, feriados fixos, entre outros. A ocorrência desses eventos pode levar a conclusões inadequadas a respeito da série temporal em estudo.

Por exemplo, a oferta de emprego costuma aumentar no final do ano devido às festas natalinas, isto é, há uma demanda maior por bens e serviços, elevando o nível de contratações de pessoas. Porém, como a maioria das vagas é temporária, geralmente, há diminuição no nível de pessoal ocupado no período seguinte. Para a análise econômica, o importante é detectar a diferença entre o que ocorre periodicamente e o que de fato ocorre de diferente naquele período específico, possibilitando observar a tendência e o ciclo da variável. Dessa forma, precisamos de uma ferramenta adequada que consiga remover a componente sazonal.

A remoção da sazonalidade de uma série temporal é chamada de ajuste sazonal ou dessazonalização. Nesse capítulo, nos dedicaremos a aprender como removê-la utilizando o programa de ajuste sazonal X-13ARIMA-SEATS (ou simplesmente X-13) desenvolvido e mantido por U.S. Census Bureau. O programa é mundialmente utilizado por órgãos de estatística e em alguns lugares ainda em sua versão anterior (X12-ARIMA). Iremos executá-lo no *software* R na série temporal do índice de produção industrial geral do Brasil, esta estimada pelo Instituto Brasileiro de Geografia e Estatística (IBGE).

Embora nos dediquemos a apresentar o X-13, é importante que o leitor saiba que existem outras metodologias para remover a sazonalidade de uma série temporal. Veja alguns exemplos:

a - *Seasonal Dummies* (Zellner, 1979);
b - *Holt-Winters* (Rasmussen, 2004);
c - *Structural Models* (Harvey & Shepard, 1993; Plosser, 1979; Koopman et al., 2009);
d - *Dainties* (Fok et al., 2005);
e - *TRAMO-SEATS* (Gomez & Maravall, 1998; Hungarian Central Statistical Oce, 2007);
f - *X-11, X11ARIMA, X-12-ARIMA* (Shiskin et al., 1967; Findley et al., 1998).

Para que o objetivo do capítulo seja atingido, dividimos o capítulo em outras quatro seções: na seção 5.2 apresentamos um breve resumo sobre o X-13; nas seções 5.3 e 5.4 o leitor verá os requisitos necessários para a utilização do X-13 no R e o passo a passo sugerido para dessazonalizar uma série temporal; na seção 5.5 aplicaremos todo o procedimento aprendido na série temporal do índice de produção industrial geral do Brasil; e na seção 5.6 relatamos algumas considerações finais.

5.2 Breve resumo sobre o X-13ARIMA-SEATS

O X-13ARIMA-SEATS, criado em julho de 2012, é um programa de ajuste sazonal desenvolvido por U.S. Census Bureau com o apoio do Bank of Spain. O programa é a junção dos *softwares* X-12-ARIMA e TRAMO/SEATS com melhorias. As melhorias incluem uma variedade de novos diagnósticos que ajudam o usuário a detectar e corrigir inadequações no ajuste, além de incluir diversas ferramentas que repararam problemas de ajuste e permitiram um aumento na quantidade de séries temporais que podem ser ajustadas de maneira adequada (U.S. Census Bureau, 2015).

Um procedimento contido no X-13ARIMA-SEATS que merece destaque é o pré-ajuste da série temporal, isto é, uma correção antes de ser feito, de fato, o ajuste sazonal. Alguns eventos atípicos e/ou não sazonais como, por exemplo, efeitos do calendário (*trading days, working days, moving holidays* etc), greves, catástrofes, entre outros, podem afetar o padrão sazonal da série temporal e, consequentemente, gerar um ajuste de qualidade inferior. O tratamento desses eventos (pré-ajuste) deve ser feito, se necessário. Um exemplo da aplicação de ajuste sazonal a partir do X-13ARIMA-SEATS com a utilização de *trading days* pode ser encontrado em Livsey et al. (2014).

Caso o leitor queira aprofundar-se a respeito do programa, recomendamos, além da literatura oficial, uma nota técnica produzida por nós sobre o mesmo tema, dessa vez aplicado às séries temporais da Sondagem da Indústria da Transformação (FGV IBRE) (Ferreira *et al.*, 2015).

5.3 Instalação dos pacotes necessários

Para que seja possível dessazonalizar uma série temporal no R com o X-13, é necessário apenas instalar e carregar o pacote **seasonal**, este desenvolvido por Sax (2015a). Nas primeiras versões implementadas, o usuário deveria fazer o *download* do programa executável do X-13 no site do Census (https://www.census.gov/srd/www/x13as/). Atualmente, no entanto, o *download* desse arquivo é feito automaticamente ao instalar o pacote, como é feito no código a seguir.

```
> install.packages("seasonal")
> library(seasonal)
```

Sugerimos que após a instalação e o carregamento do pacote, o leitor verifique se, de fato, poderá utilizar o X-13. Para isso, utilize a função checkX13() do pacote **seasonal**. Se a instalação funcionou corretamente, a função retorna a mensagem vista a seguir.

```
> checkX13()
seasonal is using the X-13 binaries provided by x13binary
X-13 installation test:
 - X13_PATH correctly specified
 - binary executable file found
 - command line test run successful
 - command line test produced HTML output
 - seasonal test run successful
Congratulations! 'seasonal' should work fine!
```

5.4 Algoritmo de ajuste sazonal

Após executar os passos da seção 5.3, podemos iniciar as etapas de um ajuste sazonal que, segundo a literatura sugere, são:

1. Análise gráfica;
2. Execução do X-13ARIMA-SEATS no modo automático;
3. Avaliação do ajuste sazonal em (2);
4. Correção do ajuste sazonal em (2) (se necessário).

A análise gráfica de uma série temporal permite visualizar suas características para uma boa modelagem, por exemplo: seu padrão sazonal, quebras estruturais, possíveis *outliers*, se há necessidade (e possibilidade) de usar transformação logarítmica nos dados.

O X-13 funciona, basicamente, em duas etapas: pré-ajuste e ajuste sazonal. Na primeira, o *software* pode corrigir a série de efeitos determinísticos. É nesta etapa que o usuário pode especificar, por exemplo, *outliers* (*additive, level shift e temporary change*) e efeitos do calendários (Páscoa, Carnaval etc). Na segunda etapa é feita a estimação da componente sazonal e dessazonalização.

A execução do programa no modo automático pode trazer um ajuste sazonal de boa qualidade. Nesse modo, o programa verifica, entre outras coisas, se há necessidade de transformação logarítmica nos dados; se existem *outliers*; a ordem do modelo ARIMA; se há efeitos de calendário. Essas verificações automáticas podem poupar o tempo do usuário e ajudá-lo na escolha de um bom modelo, principalmente na etapa do pré-ajuste. No entanto, este modelo precisa ser avaliado e o X-13ARIMA-SEATS fornece algumas ferramentas[1] para essa finalidade:

- **QS statistic:** verifica a existência de sazonalidade em uma série temporal. A tabela 5.1 resume em quais séries temporais o programa calcula o teste de sazonalidade. Em um bom ajuste sazonal, o diagnóstico dado pela estatística QS permitiria concluir indícios de sazonalidade somente na série original (corrigida por *outliers*) e não nas restantes.

É importante saber que se a série possui mais de 8 anos de dados mensais (96 observações) o teste de sazonalidade é executado na série temporal inteira e também nos últimos oito anos; caso contrário, é executado apenas na série completa.

Codificação	Significado
qsori	série original
qsorievadj	série original corrigida por *outliers*
qsrsd	resíduos do modelo SARIMA
qssadj	série com ajuste sazonal
qssadjevadj	série com ajuste sazonal corrigida por *outliers*
qsirr	componente irregular
qsirrevadj	componente irregular corrigida por *outliers*

Tabela 5.1: Séries temporais disponíveis para o diagnóstico dado pela estatística QS.

---

[1] Há uma gama de recursos oferecidos pelo X-13ARIMA-SEATS que não ainda não foram explorados neste capítulo. Mais informações ver X-13ARIMA-SEATS Reference Manual Acessible HTML Output Version (U.S. Census Bureau, 2015).

- **Ljung-Box statistic:** o teste de Ljung & Box (1978) verifica a existência de autocorrelação (hipótese nula) em uma série temporal. O X-13 mostra o resultado desse teste aplicado aos resíduos do modelo SARIMA estimado na defasagem 24. Espera-se que os resíduos não sejam autocorrelacionados.
- **Shapiro-Wilk statistic:** o teste de Shapiro & Wilk (1965) verifica se a distribuição de um conjunto de dados é normal (hipótese nula). O X-13 mostra o resultado desse teste aplicado aos resíduos do modelo SARIMA. Espera-se que os resíduos sigam distribuição normal.
- **Gráfico SI ratio:** útil para verificar se a decomposição das componentes da série temporal foi feita adequadamente. Espera-se que os fatores sazonais acompanhem o SI (componentes sazonal e irregular agregadas[2]), indicando que o SI não é dominado pela componente irregular.
- **Gráfico Espectral:**[3] é uma ferramenta que alerta se a série temporal possui influência de efeitos sazonais e de *trading days*. O gráfico é feito para a série original, para a série com ajuste sazonal (se o ajuste sazonal for executado), para a série da componente irregular e para os resíduos do modelo SARIMA. Se o objetivo é realizar um ajuste sazonal na série temporal, então é esperada a identificação de efeitos sazonais no gráfico espectral da série original. Se o ajuste sazonal foi feito adequadamente, espera-se que tais efeitos não sejam encontrados nas séries disponíveis restantes.

Após a análise de todas as ferramentas de diagnóstico, caso alguma não conformidade seja detectada no modelo automático, o usuário deve reajustar o modelo e diagnosticá-lo novamente. Algumas alterações que podem ajudar a melhorar o ajuste são: rever a necessidade de transformação nos dados (isso pode estabilizar a variância); modificar a ordem do modelo SARIMA; e inserir ou retirar *outliers* e/ou variáveis de regressão.

5.5 Aplicação no Índice de Produção Industrial

Nesta seção o leitor aprenderá a dessazonalizar a série temporal do Índice de Produção Industrial (IBGE, 2015a). Escolhemos essa variável pois a produção industrial de uma região geralmente é afetada pelas épocas do ano. Por volta de outubro, por exemplo, é esperado um aumento no nível de produção devido às comemorações natalinas em dezembro. Nos meses seguintes, no entanto, é

---
[2]Se for utilizada a decomposição aditiva (sem transformação *log*) então SI é a soma da componente sazonal e da componente irregular S+I. Caso contrário, usa-se a multiplicação: SxI.
[3]Veja mais detalhes sobre o gráfico espectral em U.S. Census Bureau (2015) (capítulo 6).

esperada uma queda desse nível. Com ajuste sazonal, a série de produção industrial poderá ser interpretada sem os efeitos do calendário, permitindo realizar comparações entre os meses de forma adequada.

O índice de produção industrial geral do Brasil é estimado mensalmente pelo Instituto Brasileiro de Geografia e Estatística (IBGE) pela Pesquisa Industrial Mensal - Produção Física (PIM-PF), desde a década de 1970. Os dados podem ser descritos como um índice sem ajuste sazonal com base fixa em 2012 (média de 2012 = 100) e compreendem o espaço de tempo de janeiro de 2002 a dezembro de 2014, totalizando 156 observações.

Os dados podem ser extraídos do sistema SIDRA do IBGE e também em github.com/pedrocostaferreira/timeseries. Após o *download* em formato .csv, leia o arquivo no R com a função `read.csv2()` e, em seguida, transforme-o em um objeto de séries temporais utilizando a função `ts()`, assim como é feito nos próximos comandos:

```
> pim <- read.csv2("https://git.io/vyDPQ")
> pim.ts <- ts(pim, start = c(2002,1), freq = 12)
```

Agora podemos executar os quatro passos do algoritmo da seção 5.4.

5.5.1 Análise gráfica

Para esboçar de forma simples o gráfico de uma série temporal, utiliza-se a função `plot()`. Outro gráfico que pode ajudar a entender o comportamento de séries temporais é dado pela função `monthplot()`. Nele é possível comparar a série histórica de cada mês do ano.

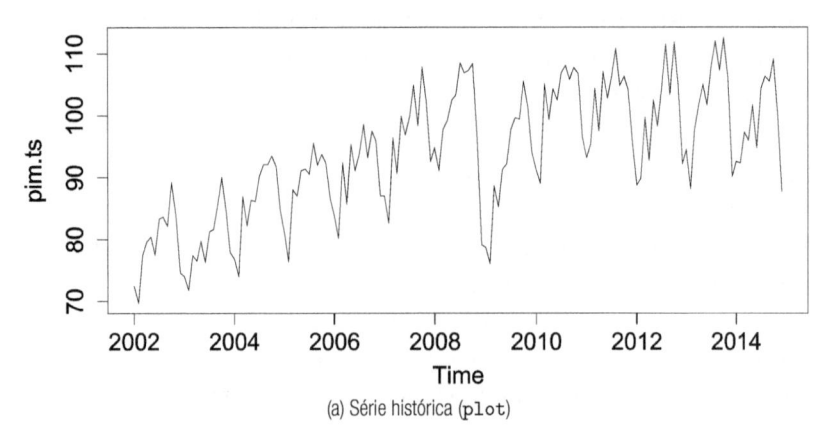

(a) Série histórica (`plot`)

Ajuste sazonal

(b) Série histórica por mês (`monthplot`)
Figura 5.1: Análise gráfica do índice de produção industrial (IBGE, 2015).

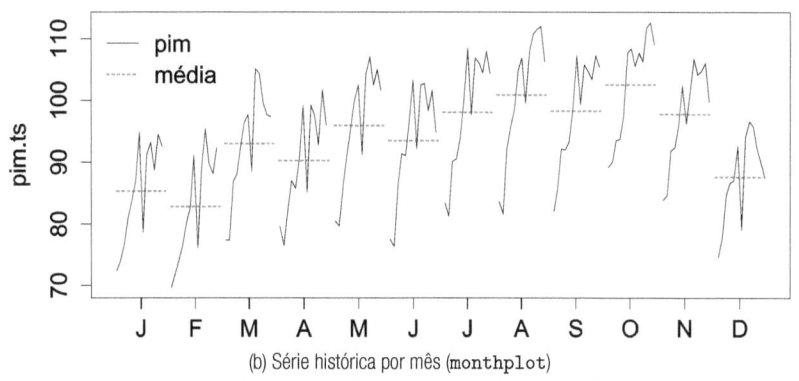

A análise gráfica da série temporal (figura 5.1) permite supor que o índice de produção industrial:
a) tem característica sazonal, uma vez que de janeiro a outubro o índice tem comportamento crescente e nos outros dois meses decrescente. Esse comportamento se repete em todos os anos;
b) apresentava uma tendência crescente antes da crise econômica (de 2008) e parece estar estável (sem crescimento ou quedas expressivas) após tal acontecimento;
c) parece ter variação constante, não necessitando que os dados sejam transformados para estabilizá-la;
d) foi extremamente afetado pela crise econômica de 2008. Notamos que o índice atingiu um valor discrepante em relação ao comportamento habitual.

Para esboçar a figura 5.1, o leitor pode executar os comandos a seguir.

```
> plot(pim.ts)
> monthplot(pim.ts, col.base = 2, lty.base = 2)
> legend("topleft", legend = c("pim", "média"),
+        lty = c(1,2), col = c(1,2), bty = "n")
```

5.5.2 Execução do X-13ARIMA-SEATS no modo automático

A função `seas()` do pacote **seasonal**[4] desempenhará o papel de efetuar o ajuste sazonal tanto no modo automático como com especificações definidas de acordo com a necessidade do usuário.

---
[4]Mais detalhes sobre o pacote ver Sax (2015b).

```
seas(x, xreg = NULL, xtrans = NULL, seats.noadmiss = "yes",
transform.function = "auto", regression.aictest = c("td",
"easter"), ...)
```

Especificamos os principais argumentos da função `seas()` a seguir.

- `x`: série temporal de interesse;
- `arima.model`: permite especificar o modelo SARIMA para a série de interesse;
- `outlier`: permite definir se o programa deve ou não detectar *outliers* automaticamente;
- `regression.variables`: permite especificar *outliers* e variáveis de calendário como Páscoa, *trading days*, ano bissexto, entre outras variáveis[5] já disponibilizadas pelo X-13;
- `regression.aictest`: permite definir se o programa deve ou não detectar automaticamente variáveis de regressão;
- `transform.function`: permite especificar a transformação que deve ser aplicada na série de interesse como, por exemplo, `log` (transformação logarítmica), `none` (nenhuma transformação) ou `auto` (o programa define se deve ser ou não aplicada a transformação *log*).

A função `seas()`, no entanto, requer apenas a série temporal em que se pretende fazer o ajuste sazonal para o seu funcionamento. Os outros argumentos, nem todos exemplificados anteriormente, funcionarão no modo automático. Logo, para executar o ajuste sazonal em um objeto de série temporal x no modo automático, o usuário pode utilizar `seas(x)`.

```
> (ajuste <- seas(pim.ts))

Call:
seas(x = pim.ts)

Coefficients:
Mon            Tue            Wed            Thu
0.0055494      0.0053673      0.0022694      0.0052843
Fri            Sat            Easter[1]      LS2008.Dec
0.0004402      -0.0002930     -0.0242646     -0.1334385
AO2011.Feb     AO2014.Feb     MA-Seasonal-12
0.0612578      0.0629949      0.6797172
```

---

[5]Outras variáveis predefinidas podem ser encontradas em X-13ARIMA-SEATS Reference Manual Acessible HTML Output Version (U.S. Census Bureau, 2015, cap. 7, pág. 144-147).

No modelo ajustado automaticamente foram detectados efeitos da Páscoa, de dias da semana e também de *outliers*. Foi detectado um outlier *level shift* no mês de dezembro de 2008 (LS2008.Dec), mês extremamente afetado pela crise econômica. Outros dois *outliers*, não esperados visualmente pela análise da figura 5.1, foram detectados em fevereiro de 2011 (AO2011.Feb) e 2014 (AO2014.Feb). Esses são do tipo aditivo. O próximo passo é avaliar esse ajuste.

5.5.3 Avaliação do ajuste automático

Para avaliar o ajuste sazonal feito no modo automático, precisaremos dos resultados do tópico 3 apresentados na seção 5.4. Um breve resumo desses resultados são obtidos pela função summary().

```
> summary(ajuste)

Call:
seas(x = pim.ts)

Coefficients:
Estimate Std. Error z value Pr(>|z|)
Mon              0.0055494  0.0023373   2.374   0.0176 *
Tue              0.0053673  0.0023757   2.259   0.0239 *
Wed              0.0022694  0.0022926   0.990   0.3222
Thu              0.0052843  0.0023300   2.268   0.0233 *
Fri              0.0004402  0.0023069   0.191   0.8487
Sat             -0.0002930  0.0023159  -0.127   0.8993
Easter[1]       -0.0242646  0.0043734  -5.548 2.89e-08 ***
LS2008.Dec      -0.1334385  0.0182778  -7.301 2.87e-13 ***
AO2011.Feb       0.0612578  0.0129029   4.748 2.06e-06 ***
AO2014.Feb       0.0629949  0.0140520   4.483 7.36e-06 ***
MA-Seasonal-12   0.6797172  0.0694161   9.792  < 2e-16 ***
---
Signif. codes:  0 '***' 0.001 '**' 0.01 '*' 0.05 '.' 0.1 ' ' 1

SEATS adj.  ARIMA: (0 1 0)(0 1 1)  Obs.: 156  Transform: log
AICc: 613.8, BIC: 646.9  QS (no seasonality in final):     0
Box-Ljung (no autocorr.): 23.4   Shapiro (normality): 0.9817 *
```

O leitor pode verificar que foi ajustado um modelo SARIMA(0 1 0)(0 1 1). O parâmetro MA-Seasonal-12 foi significativo ao considerar nível de significância de 5%. O mesmo pode ser dito para o efeito dos três *outliers* e da variável que reflete a Páscoa (Easter[1]). Embora nem todos os dias da semana sejam significativos considerando nível de 5% de significância, três dias foram (Mon, Tue e Thu), e isso é suficiente para mantê-los no modelo e concluir que há indícios de que a produção industrial seja afetada pelos dias da semana.

O leitor também pode observar que a hipótese de normalidade dos resíduos foi rejeitada com 95% de confiança e a transformação *log* foi aplicada na série original, embora no início tenhamos acreditado que isso não seria necessário ao analisarmos a série graficamente. O teste de Ljung & Box sugere não haver evidências de autocorrelação residual até o *lag* 24. Além desses resultados, tem-se o gráfico espectral (figura 5.2) para analisar se há efeitos da sazonalidade e de *trading days*.

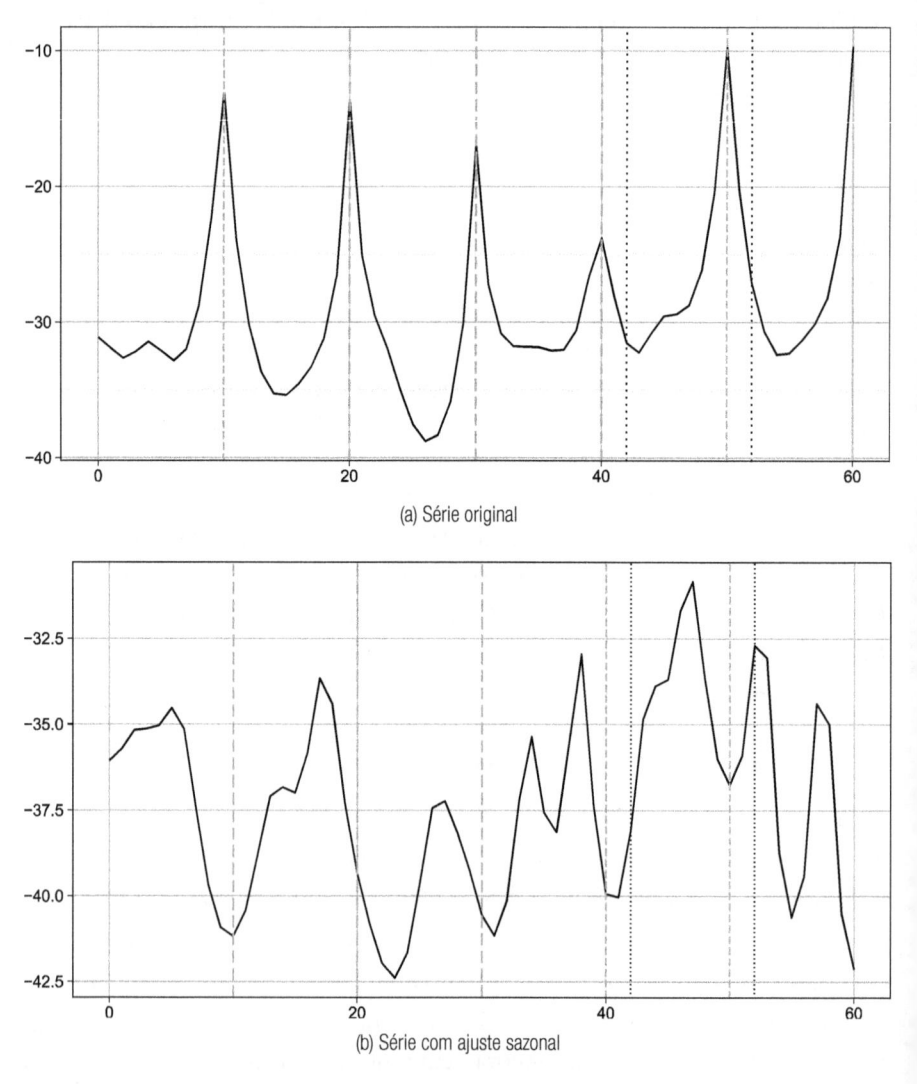

(a) Série original

(b) Série com ajuste sazonal

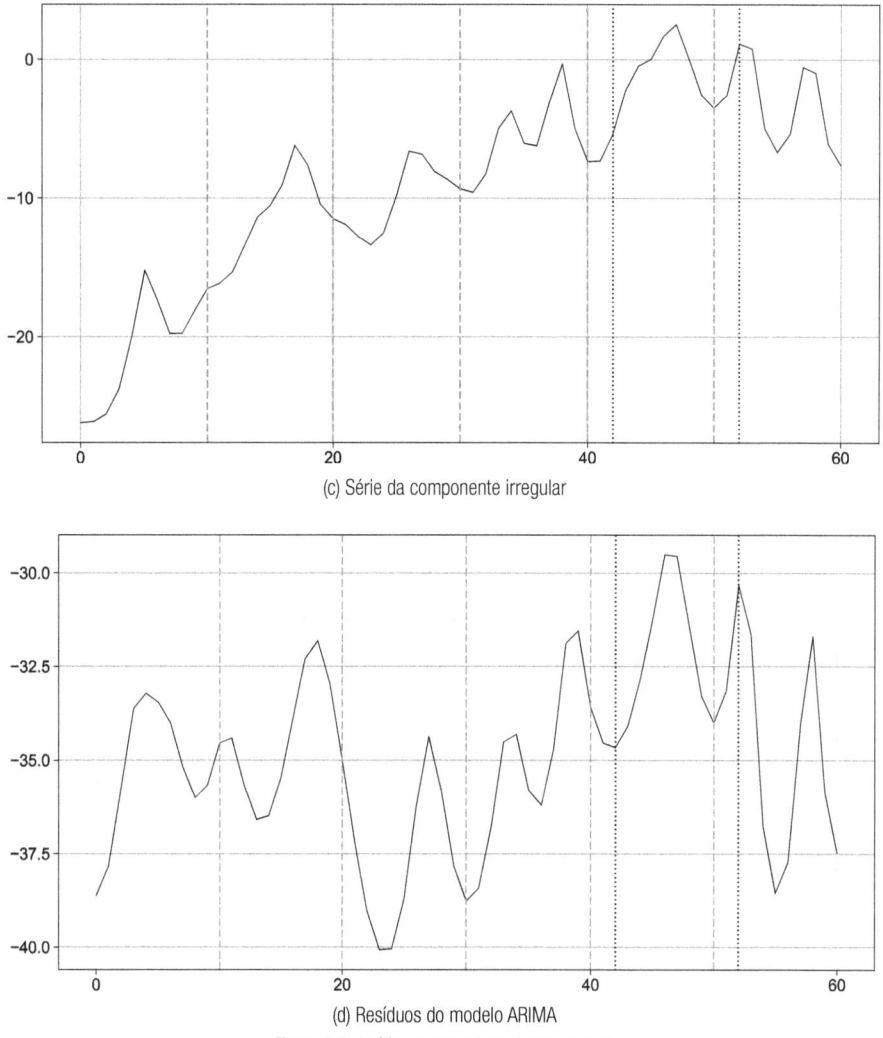

Ajuste sazonal

(c) Série da componente irregular

(d) Resíduos do modelo ARIMA
Figura 5.2: Análise espectral do ajuste sazonal.

O gráfico mostra indícios de efeitos de sazonalidade na série original (figura 5.a), visto que nas frequências sazonais (10, 20, 30, 40, 50) a série temporal toma forma de picos bem definidos. Já nas frequências de *trading days* (linha pontilhada preta, aproximadamente 42 e 52) não se pode concluir o mesmo pois não há forma de picos. Para as outras três séries não foram detectados picos de sazonalidade, porém, há leves indícios de efeitos de *trading days*, o que é estranho pois foi incluído o efeito de *trading days* no modelo do ajuste.

A figura 5.2 pode ser esboçada no R, utilizando o pacote **ggplot2**, após extrair o *espectral output* utilizando a função series() do pacote **seasonal** e transformá-lo em um objeto da classe data.frame. Você pode usar o código sp0 para extrair o *espectral output* para a série original.[6]

```
> spec.orig <- data.frame(series(ajuste, "sp0"))
> library(ggplot2)
> ggplot(aes(x = 0:60, y = X10.Log.Spectrum_AdjOri.),
+         data = spec.orig, colour = "black") +
+   geom_line() +
+   geom_vline(colour = "red", xintercept = c(10, 20, 30, 40, 50),
linetype = 5) +
+   geom_vline(colour = "blue", xintercept = c(42, 52), linetype
= 3) +
+   ylab(" ") + xlab(" ") + theme_bw() +
+   ggtitle("Spectral plot of the first-differenced original se-
ries") +
+   theme(plot.title = element_text(lineheight=2, face="bold",size
= 16))
```

As suposições de sazonalidade na série original não são rejeitadas com a análise da estatística QS. Os testes de sazonalidade nas demais séries (tabela 5.1 da seção 5.4), podem ser vistos utilizando a função qs() do pacote **seasonal**:
> qs(ajuste)

	qs	p-val
qsori	162.66893	0.00000
qsorievadj	236.53944	0.00000
qsrsd	0.02387	0.98814
qssadj	0.00000	1.00000
qssadjevadj	0.00000	1.00000
qsirr	0.00000	1.00000
qsirrevadj	0.00000	1.00000
qssori	81.40339	0.00000
qssorievadj	136.59753	0.00000
qssrsd	0.00000	1.00000
qsssadj	0.00000	1.00000
qsssadjevadj	0.00000	1.00000
qssirr	0.00000	1.00000
qssirrevadj	0.00000	1.00000

---

[6]Para observar a codificação para as outras séries além da série original ver (U.S. Census Bureau, 2015, cap. 7, pág. 194).

Ajuste sazonal

Uma vez que a série pim.ts apresenta mais de 96 observações, o teste de sazonalidade foi calculado para a série completa e para os 8 anos mais recentes. Nota-se que o p-valor é pequeno tanto para série original (qsori) como para a série original corrigida por *outliers* (qsorievadj), isto é, há evidências de que a série do índice de produção industrial seja sazonal. Nas demais séries, pelo p-valor ser próximo de 1, conclui-se o contrário: não há evidências de sazonalidade nas séries temporais. Assim, se tratando de sazonalidade, o X-13ARIMA-SEATS cumpriu bem o seu dever de removê-la.

Mais uma ferramenta para avaliar a qualidade do ajuste sazonal é dada pelo gráfico *SI ratio*. Para esboçá-lo, utiliza-se a função monthplot().

```
> monthplot(ajuste, col.base = 1, lty.base = 2, lwd.base = 2)
> legend("topleft", legend = c("SI", "Fator sazonal", "Média Fator
Sazonal FS"), cex = 0.7, lty = c(1,1,2), col = c(4,2,1),
lwd = c(1,2,2), bty = "n")
```

Seasonal Component, SI Ratio

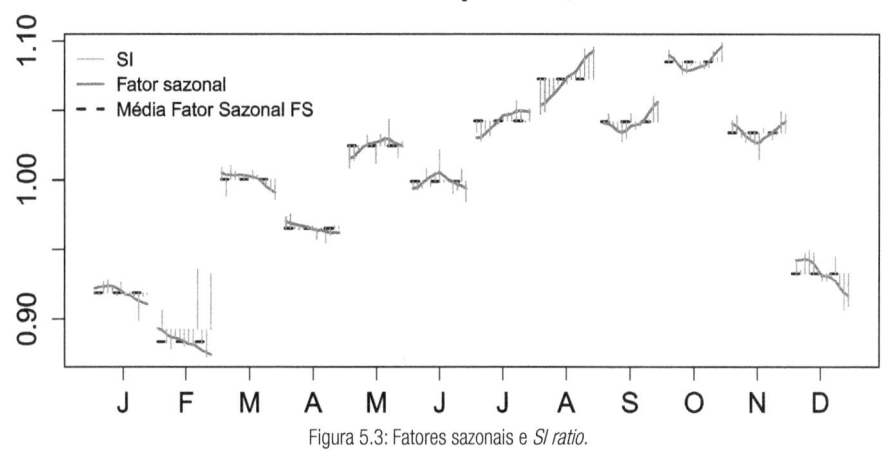

Figura 5.3: Fatores sazonais e *SI ratio*.

Na figura 5.3 as linhas cinza claro (verticais) referem-se à componente SI *ratio* (componentes sazonal e irregular agregadas). As linhas cinza escuro (realçadas) representam os fatores sazonais e a linha tracejada é a média dos fatores sazonais naquele mês. Pode-se observar que o fator sazonal tende a acompanhar o SI ratio. Isso significa que a componente SI *ratio* não é dominada pela componente irregular, isto é, os erros têm um comportamento estável em torno de zero e a decomposição das componentes não observáveis da série temporal foi feita adequadamente. No entanto, note que para o mês de fevereiro (em que dois *outliers* foram encontrados) o SI ratio é dominado pela componente irregular.

Pode-se concluir, então, que o ajuste sazonal automático já forneceu bons resultados, porém, como alguns pressupostos necessários (normalidade dos resíduos) não foram confirmados estatisticamente, o modelo precisa ser especificado com mais detalhes.

5.5.4 Correção do ajuste automático

Após a análise do ajuste sazonal automático, verificamos que o modelo precisava ser corrigido. O IBGE, utilizando o método X-12-ARIMA, adiciona ao modelo de ajuste sazonal, além de efeitos de *trading days* e Páscoa, o efeito do Carnaval (IBGE, 2015b). Esse efeito também será acrescentado e esperamos que as alterações corrijam a normalidade dos resíduos e o novo modelo tenha um critério de informação inferior ao do modelo automático.

Para criar a variável de carnaval, vamos utilizar a função genhol() do seasonal que apresenta os seguintes argumentos:

```
genhol(x, start = 0, end = 0, frequency = 12, center = "none")
```

- x: um vetor da classe Date, contendo as datas de ocorrência do feriado;
- start: inteiro, desloca o ponto inicial do feriado. Use valores negativos se o efeito começa antes da data específica;
- end: inteiro, desloca o ponto final do feriado. Use valores negativos se o efeito termina antes da data específica;
- frequency: inteiro, frequência da série temporal resultante.

Para os argumentos start e end escolhemos colocar uma janela de 3 dias antes e um dia após o feriado, uma vez que no Brasil o feriado dura quase uma semana, mas o leitor pode se sentir livre para alterar esses argumentos. Ao argumento frequency foi atribuído 12 pois os dados são mensais.

```
> dates <- c("02/12/2002","03/04/2003","02/24/2004","02/08/2005",
+            "02/28/2006","02/20/2007","02/05/2008","02/24/2009",
+            "02/16/2010","03/08/2011","02/21/2012","02/12/2013",
+            "03/04/2014","02/17/2015","02/09/2016","02/28/2017")
> carnaval.date <- as.Date(dates,    "%m/%d/%Y")
> carnaval <- genhol(carnaval.date, start = -3, end = 1, frequency = 12)
```

Para acrescentar a variável carnaval ao ajuste sazonal, precisamos especificar o argumento xreg = carnaval. Os *trading days* poderiam ser específicos para cada dia da semana, como foi feito no ajuste automático, ou apenas uma variável que combinasse essas informações específicas (ver nota de rodapé 5). Ambos os tipos foram testados com e sem o efeito do ano bissexto. E a opção que melhor[7] caracterizou o modelo foi apenas uma variável que indicasse efeitos do dia da semana mais o efeito de anos bissextos e esta é indicada por td1coef. É importante o leitor saber que a variável que representa os *trading days* é dada pelo programa e não é calculada considerando os feriados do calendário brasileiro.

```
> ajuste_novo <- seas(pim.ts, transform.function = "none",
+ xreg = carnaval, regression.variables = "td1coef")
> summary(ajuste_novo)
Call:
seas(x = pim.ts, xreg = carnaval, transform.function = "none",
regression.variables = "td1coef")

Coefficients:
Estimate Std. Error z value Pr(>|z|)
carnaval            -2.99294    0.48858   -6.126  9.02e-10 ***
Leap Year            2.41881    0.72837    3.321  0.000897 ***
Weekday              0.35307    0.03042   11.605   < 2e-16 ***
Easter[1]           -2.98161    0.41291   -7.221  5.16e-13 ***
AO2008.Nov          -6.80666    1.49598   -4.550  5.37e-06 ***
LS2008.Dec         -17.09895    1.79260   -9.539   < 2e-16 ***
AO2011.Dec           5.05730    1.18157    4.280  1.87e-05 ***
AR-Nonseasonal-01   -0.28065    0.07945   -3.533  0.000411 ***
MA-Seasonal-12       0.52322    0.07747    6.754  1.44e-11 ***
---
Signif. codes:  0 '***' 0.001 '**' 0.01 '*' 0.05 '.' 0.1 ' ' 1

SEATS adj. ARIMA: (1 1 0)(0 1 1)  Obs.: 156  Transform: none
AICc: 581.9, BIC: 609.8  QS (no seasonality in final):0.3735
Box-Ljung (no autocorr.): 20.46   Shapiro (normality): 0.9908
```

Com as mudanças inseridas na função seas(), o modelo SARIMA também foi modificado de (0 1 0)(0 1 1) para (1 1 0)(0 1 1) com todos os parâmetros significativos com 95% de confiança. As variáveis de regressão também foram significativas considerando o mesmo nível de confiança e, assim, podemos concluir que a quantidade de dias da semana e o ano bissexto influenciam na produção industrial brasileira.

---

[7]Como melhor, consideramos os parâmetros significativos e a redução do critério de informação BIC.

O leitor também deve ter reparado que as alterações nos permitiram concluir que os resíduos seguem distribuição normal, que os critérios de informação AICc e BIC são consideravelmente inferiores ao do ajuste automático e que o programa encontrou mais um *outlier* além dos relacionados a crise econômica de 2008 (AO2011.Dec). O teste de Ljung & Box não mostrou evidências de autocorrelação residual até o *lag* 24.

A análise do gráfico espectral (figura 5.4), de forma diferente da análise feita no tópico 3, não mostra indícios de efeitos de *trading days* na série com ajuste sazonal. Repare que, na figura 5.5, o mês de fevereiro foi melhor captado depois da correção. Note também o impacto dos *outliers* nos fatores sazonais de novembro de 2008 e de dezembro de 2011: a componente SI assume um valor discrepante comparado aos outros valores do mesmo mês.

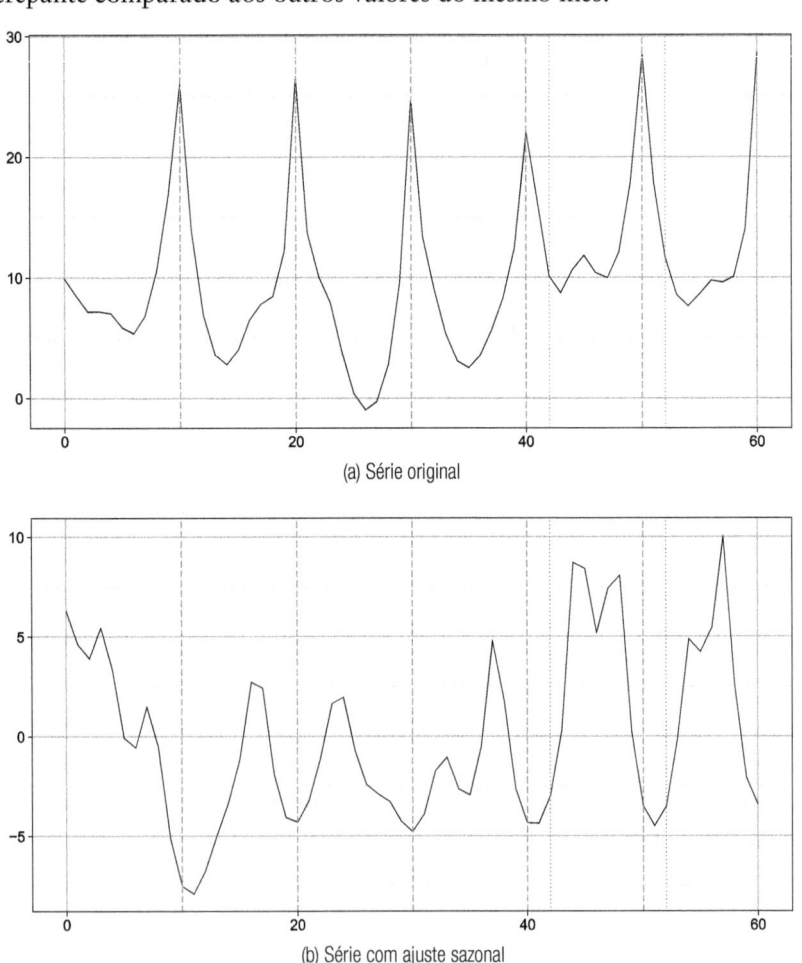

(a) Série original

(b) Série com ajuste sazonal

Ajuste sazonal

(c) Série da componente irregular

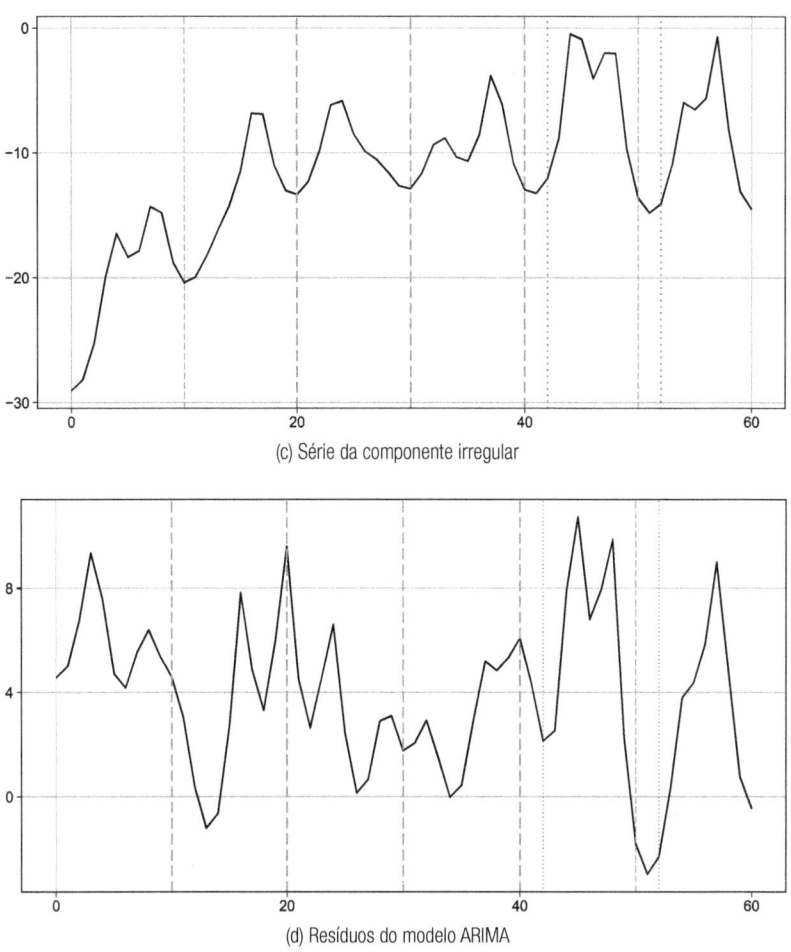

(d) Resíduos do modelo ARIMA

Figura 5.4: Análise espectral do ajuste sazonal corrigido.

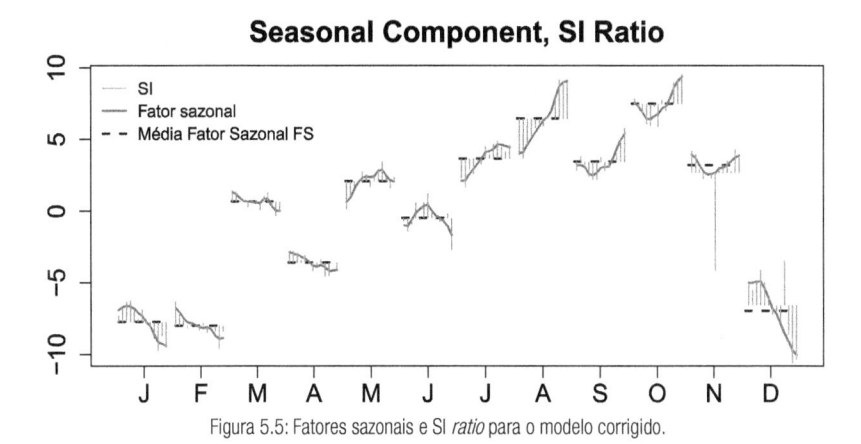

Seasonal Component, SI Ratio

- SI
- Fator sazonal
- - - Média Fator Sazonal FS

Figura 5.5: Fatores sazonais e SI *ratio* para o modelo corrigido.

A conclusão a respeito do teste de sazonalidade para o novo ajuste é semelhante à conclusão para o ajuste automático, também classificando este ajuste como adequado.

```
> qs(ajuste_novo)
                 qs       p-val
qsori        162.66893 0.00000
qsorievadj   230.29764 0.00000
qsrsd          0.00000 1.00000
qssadj         0.37351 0.82965
qssadjevadj    0.00000 1.00000
qsirr          0.00000 1.00000
qsirrevadj     0.00000 1.00000
qssori        81.40339 0.00000
qssorievadj  131.02081 0.00000
qssrsd         0.00000 1.00000
qsssadj        0.00186 0.99907
qsssadjevadj   0.00000 1.00000
qssirr         0.00000 1.00000
qssirrevadj    0.00000 1.00000
```

Por fim, temos o gráfico do índice de produção industrial com ajuste sazonal pelo X-13ARIMA-SEATS em que o leitor pode notar o comportamento decrescente do índice nos últimos meses.

```
> plot(ajuste_novo, main = "")
> legend("topleft", legend = c("Observada", "Com ajuste sazonal"),
+        lty = 1, col = c(1,2), lwd = c(1,2), bty = "n")
```

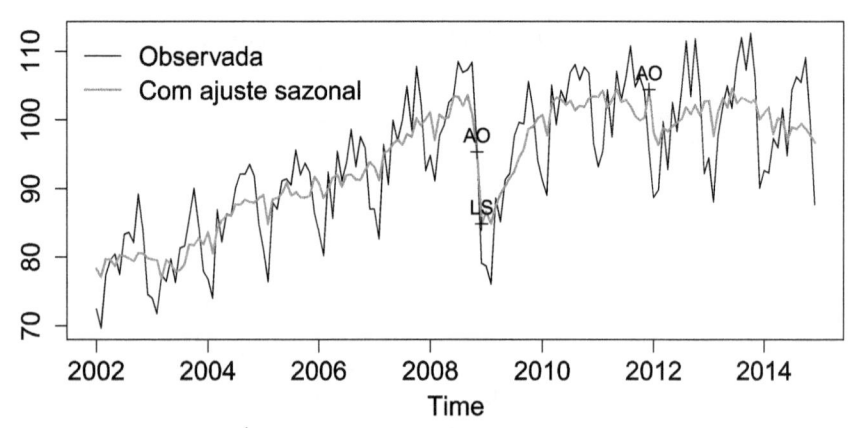

Figura 5.6: Índice de produção industrial geral do Brasil com ajuste sazonal.

5.6 Considerações finais

Neste capítulo aprendemos o que é o ajuste sazonal e a sua finalidade. Vimos que não há apenas uma maneira de dessazonalizar uma série temporal, embora tenhamos focado em apenas uma: o programa de ajuste sazonal X-13ARIMA-SEATS do U.S. Census Bureau. Aprendemos os passos necessários de como executar o X-13 no R e métodos de avaliar a qualidade do ajuste sazonal a partir de diversos diagnósticos. Além disso, vimos a utilidade da etapa de pré-ajuste no X-13, que permitiu a inserção de outras variáveis, aprimorando as avaliações do diagnóstico.

Apesar de ter sido uma experiência interessante, sabemos que ainda ficaram faltando alguns pontos a serem abordados. Por exemplo, o ajuste de diversas séries temporais simultaneamente, pois sabemos que há interesse em fazer isso para outras séries temporais além do índice de produção industrial. Também não abordamos as previsões da série com ajuste sazonal.

Nesse sentido, é importante que o leitor que estiver usando este manual para dessazonalizar séries temporais tenha ciência de suas limitações e busque, sempre que possível, aprofundar o seu conhecimento sobre o assunto consultando outras fontes.

Parte III

Análises de Séries Temporais: Modelos Multivariados

Box & Jenkins com função de transferência

Regressão dinâmica

Modelo vetorial autorregressivo

6

Box & Jenkins com função de transferência

Daiane Marcolino de Mattos
Pedro Guilherme Costa Ferreira

6.1 Introdução

Este capítulo é dedicado à apresentação dos modelos de Box & Jenkins com variáveis auxiliares. A utilização de variáveis auxiliares nesses modelos por meio de funções de transferência pode aperfeiçoar a modelagem e a previsão de séries temporais (ST).

O tema será exposto utilizando um exemplo clássico de Box & Jenkins (BJ) em que a produção de CO_2 (dióxido de carbono) é influenciada pela taxa de alimentação de metano. O exemplo é aplicado de forma simples e objetiva no *software* R, não necessitando que o leitor entenda profundamente sobre as variáveis. No entanto, saiba que esse tipo de modelagem é baseada na relação causal entre as STs, portanto o leitor precisa ter conhecimento sobre o tema de interesse ao generalizar esse estudo para outras STs.

Para que o leitor acompanhe o objetivo deste capítulo, este foi dividido em outras quatro seções: na seção 6.2 apresentamos a definição de função de transferência (FT); na seção 6.3 informamos as variáveis e os pacotes necessários para a modelagem em R; na seção 6.4 o leitor aprenderá sobre a metodologia; e na seção 6.5 discutimos algumas considerações finais.

6.2 Definição

Os modelos de Box & Jenkins (1970) podem incorporar variáveis auxiliares e a forma como essas variáveis auxiliares (X_{it}) influenciam a variável resposta (Y_t), isto é, como os movimentos dessas variáveis afetam o percurso da variável resposta, é dada por uma função de transferência $f(X_t)$:

$$Y_t = f(X_t) + \varepsilon_t, \qquad (6.1)$$

onde ε_t pode ser um ruído branco ou um modelo ARIMA completo.

A função pode agrupar valores passados e/ou presentes de uma ou mais séries temporais, que podem ser do tipo quantitativo ou binário (*dummy*) e essa distinção implica a forma de identificação de $f(X_t)$. No caso de uma ST quantitativa, a forma genérica de uma $f(X_t)$ pode ser denotada pela equação 6.2:

$$f(X_t) = \frac{(w_0 + w_1 L + w_2 L^2 + \ldots + w_s L^s)}{(1 - \delta_1 L - \delta_2 L^2 - \ldots - \delta_r L^r)} X_{t-b} \qquad (6.2)$$

Certamente o leitor notou que para identificar $f(X_t)$ é necessário descobrir os valores de r, s e b e estimar os parâmetros $w_i, i = 0,\ldots, s$ e δ_j, $j = 1,\ldots, r$. Esclareceremos, na seção seguinte, como isso pode ser feito aplicando a metodologia a um exemplo clássico extraído de Box & Jenkins (1970).

6.3 Dados e pacotes necessários

Para a modelagem de Box & Jenkins com função de transferência (BJFT) no R, os seguintes pacotes devem ser instalados:

- `install.packages("devtools")`: Tools to Make Developing R Packages Easier (Wickham *et al.*, 2017);
- `install.packages("forecast")`: *Forecasting Functions for Time Series and Linear Models* (Hyndman *et al.*, 2012);
- `install.packages("TSA")`: *Time Series Analysis* (Chan & Ripley, 2012);
- `install.packages("tseries")`: *Time Series Analysis and Computational Finance* (Hornick et al., 2017);
- `install.packages("FinTS")`: *Companion to Tsay (2005) Analysis of Financial Time Series* (Graves, 2014);
- `install.packages("BETS")`: *Brazilian Economic Time Series* (Ferreira *et al.*, 2016).

É importante o leitor saber que outros pacotes também serão utilizados na modelagem BJFT. No entanto, não há necessidade de instalá-los pois já estão incluídos na versão base do R, como exemplo podemos citar o pacote **stats** usado no cálculo das funções de autocorrelação e na extração de resíduos dos modelos, e o pacote **graphics** usado na elaboração de gráficos.

Para identificar e estimar a função de transferência $f(X_t)$, será utilizado um exemplo clássico extraído de Box & Jenkins (1970). Tal exemplo investiga a otimização adaptativa de um aquecedor a gás, isto é, foi utilizada uma combinação de ar e metano para formar uma mistura de gases contendo CO_2 (dióxido de carbono). A alimentação de ar foi mantida constante, mas a taxa de alimentação de metano poderia ser variada de qualquer maneira desejada. Após a combinação, a concentração de CO_2 resultante nos gases de exaustão foi medida. A finalidade do exemplo é encontrar a forma como a variável taxa de alimentação de metano (X_t) se relaciona com a concentração de CO_2 (Y_t). Cada variável representa uma série temporal de 296 observações e os dados podem ser baixados diretamente pelo R executando as linhas de comando a seguir.

```
> gas <- ts(read.csv("https://git.io/vyDXC"))
> gas
```

As colunas do objeto gas referem-se à variável independente X_t e à variável dependente Y_t, nessa ordem.

Observamos na figura 6.1 o comportamento de ambas as séries em análise. Como visto no capítulo sobre a modelagem BJ, as séries não apresentam um comportamento estacionário em todo o espaço de tempo, com variações não constantes e uma leve tendência[1] de queda para X_t e crescimento para Y_t.

```
> plot(gas, main = "")
```

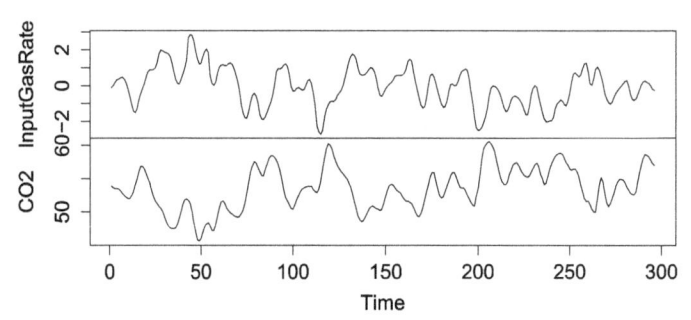

Figura 6.1: *Input gas rate* (X) e CO_2 (Y).

6.4 Metodologia

A metodologia BJFT pode ser dividida nos quatro passos a seguir.

1. Calcular a função de correlação cruzada entre Y_t e X_t;
2. Identificar r, s e b;
3. Estimar o modelo com função de transferência;
4. Verificar se o modelo é adequado.

Discutiremos cada etapa nas seções seguintes.

---
[1]Lembre-se que para confirmar essa afirmação o mais correto é fazer um teste de raiz unitária.

6.4.1 Função de correlação cruzada entre Y e X

Vimos que para identificar uma FT, inicialmente, basta estipularmos valores para r, s e b (lembre-se que estamos trabalhando apenas com séries quantitativas). A identificação desses valores é feita calculando a função de correlação cruzada (CCF) entre Y_t e as variáveis auxiliares (apenas uma neste exemplo). A CCF entre as séries temporais Y_t e X_t mostra as correlações entre elas para diferentes defasagens no tempo, sendo definida na equação 6.3 como:

$$ccf(k) = \frac{c_{xy}(k)}{s_x s_y}, \quad k = 0, \pm 1, \pm 2, \ldots, \quad (6.3)$$

onde s_x e s_y representam, respectivamente, os desvios-padrão de X_t e Y_t; $c_{xy}(k)$ representa a covariância entre as duas variáveis no *lag* k:

$$c_{xy}(k) = \begin{cases} \dfrac{1}{n}\sum_{t=1}^{n-k}(x_t - \bar{x})(y_{t+k} - \bar{y}), & k = 0, 1, 2, \ldots \\ \dfrac{1}{n}\sum_{t=1}^{n+k}(y_t - \bar{y})(x_{t-k} - \bar{x}), & k = 0, -1, -2, \ldots \end{cases}$$

Para $k > 0$, a CCF mostra o relacionamento entre X no tempo t e Y no tempo futuro $t + k$. Em contrapartida, para valores negativos de k, tem-se o relacionamento entre X no tempo t e Y no tempo passado $t - k$.

É importante saber que a CCF é afetada pela autocorrelação de X_t e Y_t e, se as STs não forem estacionárias, o resultado da CCF não refletirá realmente o grau de associação entre elas (Hamilton (1994); Phillips & Perron (1988)). Para corrigir esse problema, Box & Jenkins sugeriram o método de pré-branqueamento.[2]

O pré-branqueamento permite eliminar a estrutura de tendência (determinística ou estocástica) presente numa série temporal. O método consiste nas seguintes etapas:

(a) Ajustar um modelo ARIMA para a série independente X_t;
(b) Filtrar Y_t pelo modelo encontrado em (a), isto é, o modelo de Y_t é o mesmo modelo de X_t (com os mesmos parâmetros estimados);
(c) Salvar os resíduos dos dois modelos;
(d) Calcular a CCF entre os resíduos obtidos em (c).

---

[2]Existe também o pré-branqueamento duplo, em que é ajustado para cada variável seu próprio modelo ARIMA. No entanto, por tornar as duas séries um ruído branco, a correlação entre elas pode ser puramente devida ao acaso.

A seguir discute-se cada etapa separadamente aplicando-as às STs disponíveis por BJ.

(a) Ajustar um modelo ARIMA para a série independente X_t:

Já aprendemos a identificar as ordens de um modelo ARIMA para X_t usando a função de autocorrelação (FAC) e a função de autocorrelação parcial (FACP)[3].

```
> BETS.corrgram(gas[,"InputGasRate"], lag.max = 36)
> BETS.corrgram(gas[,"InputGasRate"], lag.max = 36, type = "partial")
```

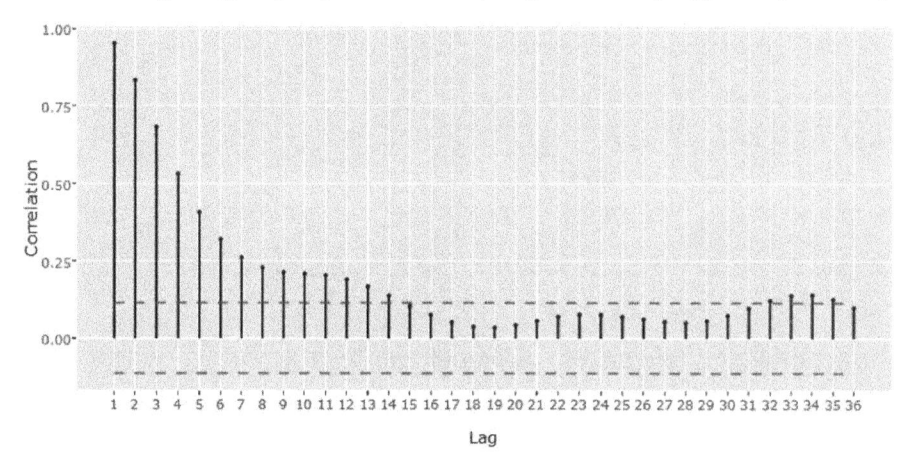

(a) FAC: *Input gas rate* (X)

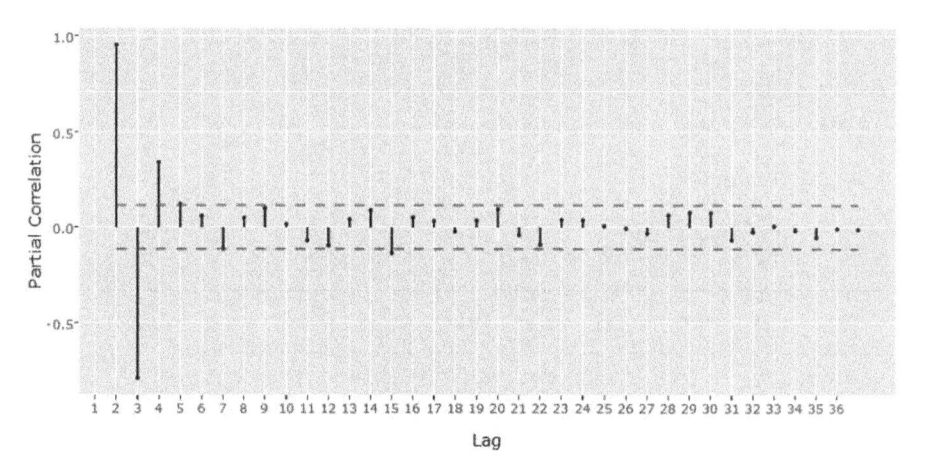

(b) FACP: *Input gas rate* (X)

Figura 6.2: FAC e FACP: *Input gas rate* (X).

---

[3]Um método que auxilia na identificação de modelos ARIMA são os critérios de informação, como por exemplo AIC (Akaike, 1973) e BIC (Schwarz *et al.*, 1978).

A queda exponencial da FAC e o corte brusco da FACP no *lag* 3 (figura 6.2) sugerem um modelo ARIMA(3,0,0). Ao ajustar o modelo ARIMA (função Arima() do pacote **forecast**), a constante não foi significativa, sendo esta excluída do modelo. Veja os códigos a seguir para a estimação do modelo.

```
> library("forecast")
> (modelo_x <- Arima(gas[,"InputGasRate"],
+                    order = c(3,0,0), include.mean = F))
Series: gas[, "InputGasRate"]
ARIMA(3,0,0) with zero mean

Coefficients:
ar1      ar2      ar3
1.9696  -1.3659  0.3399
s.e.    0.0544   0.0985  0.0543

sigma^2 estimated as 0.03531:  log likelihood=72.52
AIC=-137.04   AICc=-136.9   BIC=-122.27
```

(b) Filtrar Y_t pelo modelo encontrado em (a):

Para filtrar Y_t por meio do modelo de X_t também usaremos a função Arima(), no entanto, agora acrescentaremos o argumento model indicando o modelo já estimado anteriormente.

```
> (modelo_y <- Arima(gas[,"CO2"], model = modelo_x))
Series: gas[, "CO2"]
ARIMA(3,0,0) with zero mean

Coefficients:
        ar1      ar2      ar3
       1.9696  -1.3659  0.3399
s.e.   0.0000   0.0000  0.0000

sigma^2 estimated as 0.03567:  log likelihood=-756.47
AIC=1514.94   AICc=1514.96   BIC=1518.63
```

(c) Salvar os resíduos dos dois modelos:

Os resíduos podem ser obtidos pela função resid() e serão salvos em novos objetos alpha e beta para os modelos de X e Y, respectivamente.

```
> alpha <- resid(modelo_x)
> beta <- resid(modelo_y)
```

(d) Calcular a CCF entre os resíduos obtidos em (c):

Uma vez que as variáveis foram filtradas, podemos calcular a CCF (figura 6.3) entre os resíduos utilizando a função ccf() do pacote **stats**. A CCF nessa figura mostra o relacionamento entre Y_t e os *lags* defasados de X_t a partir dos coeficientes de correlação.

Veja que não há correlação significativa entre Y_t e X_t no tempo presente (t = 0) e a primeira correlação significativa é dada para t = 3, ou seja, entre Y no tempo presente e X defasada em 3 lags.

```
> ccf(beta, alpha, xlim = c(0,20))
```

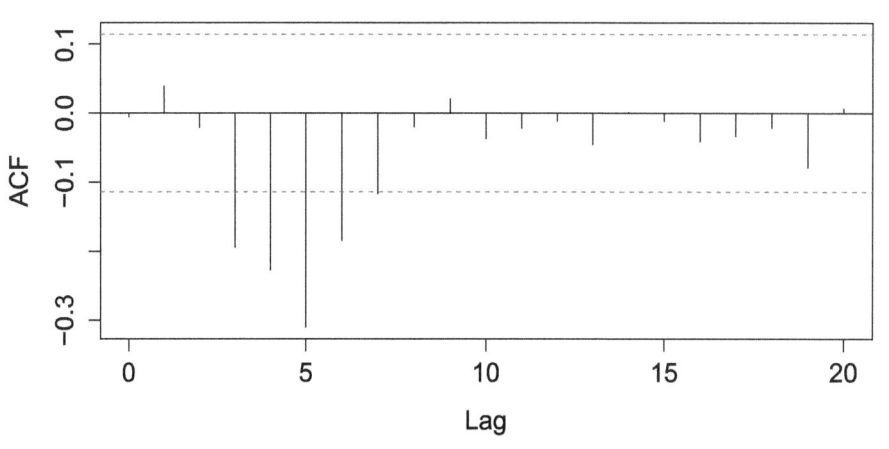

Figura 6.3: CCF: *Input gas rate* (X) and CO_2 (Y).

6.4.2 Identificar r, s e b

Com a CCF estimada, pode-se descobrir as ordens *r*, *s* e *b*:

- *b*: refere-se ao primeiro *lag* significativo. Representa a primeira defasagem de X que entrará no modelo. Neste caso, $b = 3$;
- *s*: número de *lags* crescentes depois de *b*. Representa as próximas defasagens de X que entrarão no modelo. Logo, $s = 2$;
- *r*: por haver queda exponencial[4] após os *lags* crescentes, $r = 1$.

Portanto, o modelo contém X_{t-3}, X_{t-4} e X_{t-5} e a $f(X_t)$ é definida como:

$$f(X_t) = \frac{(w_0 + w_1 L + w_2 L^2)}{(1 - \delta_1 L)} X_{t-3}$$

---

[4]Queda exponencial na CCF indica parâmetros no denominador (*r*), enquanto picos indicam parâmetros no numerador (*s*). Veja um exemplo em Box & Jenkins (1970) (figura 10.6).

6.4.3 Estimação do modelo com função de transferência

Uma vez que identificamos a forma de $f(X_t)$, passaremos para a etapa de estimação. Inicialmente, é preciso identificar a ordem do modelo ARIMA para a série Y_t, assim como foi feito para X_t.

```
> BETS.corrgram(gas[, "CO2"], lag.max = 36)
> BETS.corrgram(gas[, "CO2"], lag.max = 36, type = "partial")
```

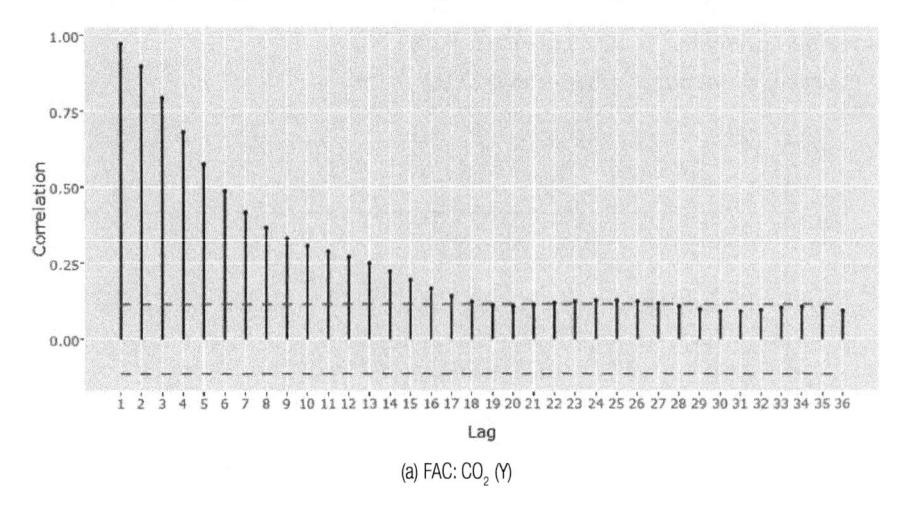

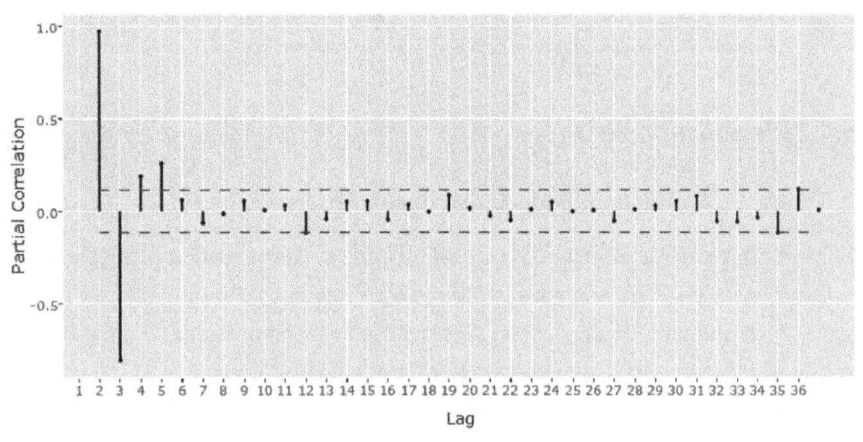

(a) FAC: CO_2 (Y)

(b) FACP: CO_2 (Y)
Figura 6.4: FAC e FACP: CO_2 (Y).

A queda exponencial da FAC e o corte brusco da FACP no *lag* 2 (figura 6.4) sugerem um modelo ARIMA(2,0,0).

Finalmente, estimaremos o modelo com função de transferência utilizando a função `arimax()` do pacote **TSA**.

```
Sintaxe: arimax(x, order = c(0, 0, 0), seasonal = list(order =
c(0, 0, 0), period = NA), xreg = NULL, include.mean = TRUE,
transform.pars = TRUE, fixed = NULL,init = NULL, method =
c("CSS-ML", "ML", "CSS"), n.cond, optim.control = list(),
kappa = 1e+06, io = NULL, xtransf, transfer = NULL)
```

Os argumentos que utilizaremos são:

- `x`: série dependente (Y_t);
- `order`: ordem do modelo ARIMA para Y_t;
- `xtransf`: série independente (X_t) já defasada no *lag b*;
- `transfer`: valores de *r* e *s* na forma `list(c(r,s))`.

Para defasar a variável X_t em três *lags*, o leitor pode usar a função `lag()` do pacote **stats**.

```
> x_novo <- lag(gas[,"InputGasRate"], k = -3)
```

Como três valores de X_t foram "perdidos" para estimar o modelo, é preciso cortar os três primeiros valores de Y_t para os dois conjuntos de dados terem o mesmo tamanho.

```
> gas_novo <- na.omit(cbind(x_novo, gas[,"CO2"]))
> colnames(gas_novo) <- c("InputGasRate", "CO2")
> head(gas_novo)

InputGasRate   CO2
    -0.109    53.5
     0.000    53.4
     0.178    53.1
     0.339    52.7
     0.373    52.4
     0.441    52.2
```

Com os dados na forma correta, estima-se um modelo para a variável dependente CO_2.

```
> (modelo_ft <- arimax(x = gas_novo[,"CO2"], order = c(2,0,0),
+                      xtransf = gas_novo[,"InputGasRate"],
+                      transfer = list(c(1,2))) )
Call:
arimax(x = gas_novo[, "CO2"], order = c(2, 0, 0), xtransf = gas_
novo[, "InputGasRate"], transfer = list(c(1, 2)))
```

```
Coefficients:
          ar1      ar2   intercept   T1-AR1   T1-MA0   T1-MA1   T1-MA2
       1.5272  -0.6288     53.3618   0.5490  -0.5310  -0.3801  -0.5180
s.e.   0.0467   0.0495      0.1375   0.0392   0.0738   0.1017   0.1086

sigma^2 estimated as 0.0571:  log likelihood = 2.08,  aic = 9.83
```

O modelo apresentado na saída do R pode ser representado pela seguinte equação:

$$Y_t = 53.4 + \frac{(-0.5310 - 0.3801L - 0.5180L^2)}{(1 - 0.5490L)} X_{t-3} + \frac{1}{1 - 1.5272L + 0.6288L^2} e_t$$

Uma vez estimado, o modelo sempre precisa ser avaliado. Se ao final verificarmos que o modelo não é adequado, então sua identificação foi incorreta e precisaremos corrigir essa etapa. Veremos na seção seguinte como avaliar a adequação do modelo BJFT.

6.4.4 Verificar se o modelo é adequado

Para avaliar se o modelo ajustado é adequado, vamos executar as seguintes análises:

- Calcular autocorrelação dos resíduos;
- CCF entre os resíduos e a variável auxiliar X_t pré-branqueada.

Pretendemos não encontrar padrões de correlação, pois isso sugere que o modelo não esteja bem especificado e que, consequentemente, deve ser modificado. A seguir temos a FAC dos resíduos e o teste de autocorrelação de Ljung & Box (1978) utilizando a função Box.test() do pacote stats.

```
> residuos <- resid(modelo_ft)
> BETS.corrgram(residuos, lag.max = 36)
> ccf(residuos, alpha, na.action = na.omit)
```

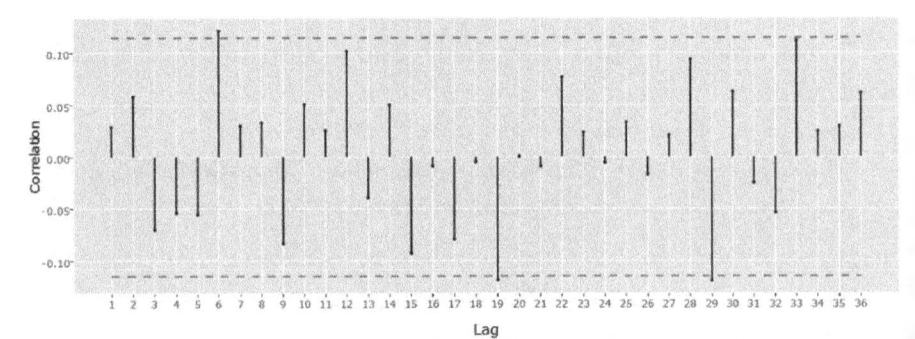

(a) FAC: resíduos

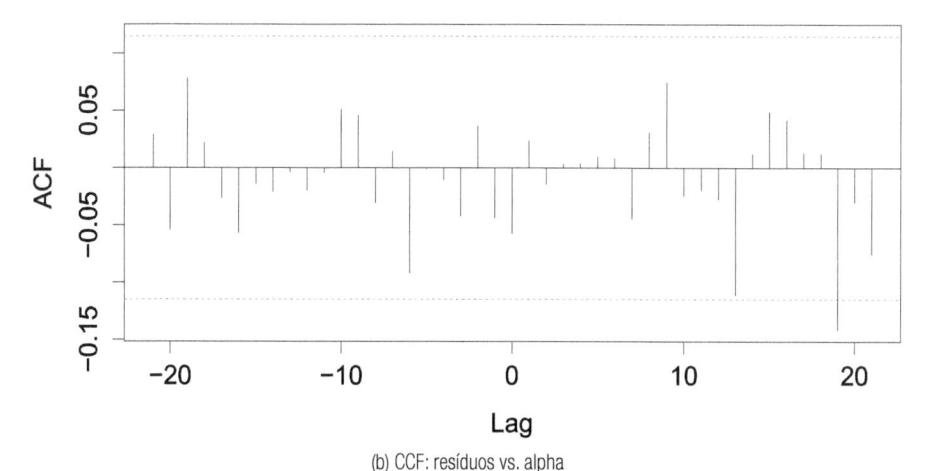

(b) CCF: resíduos vs. alpha
Figura 6.5: ACF resíduos e CCF entre resíduos e alpha.

```
> Box.test(residuos, type = "Ljung-Box", lag = 24)

        Box-Ljung test

data:  residuos
X-squared = 27.969, df = 24, p-value = 0.2613
```

A partir da análise das funções de correlação (figura 6.5) e do teste de autocorrelação residual de Ljung-Box, podemos concluir que não há evidências de autocorrelação residual e, portanto, esse modelo BJFT está adequado. O gráfico dos valores observados versus ajustados pelos modelos com e sem função de transferência é exposto na figura 6.6.

```
> modelo_y <- Arima(gas[,"CO2"], order = c(2,0,0), include.mean = T)
> ajustados <- modelo_y$fitted
> ajustados_ft <- fitted(modelo_ft)
> ts.plot(gas[,"CO2"], ajustados, ajustados_ft, lty = c(1,3,2),
+ lwd = c(1,3,2), col = c(1, "orangered","dodgerblue"))
> legend("bottomright", col = c(1,"dodgerblue", "orangered"),
+ legend = c("Observados", "Ajustados c/ FT", "Ajustados s/ FT"),
+ lty = c(1,2,3), lwd = c(1,2,2), cex = 0.7)
```

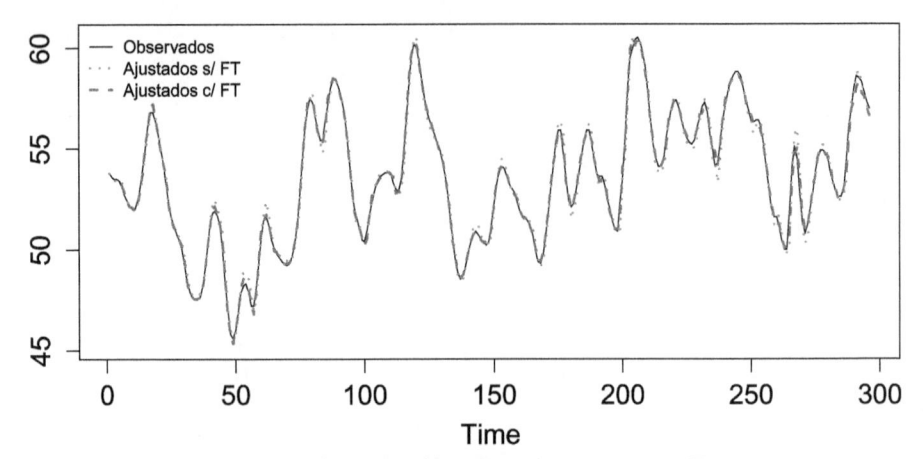

Figura 6.6: TS observada (CO_2) e valores ajustados com e sem FT.

A partir da análise dos modelos com e sem FT, vemos que ambos são adequados para a modelagem de CO_2 dentro da amostra. Se você aplicar a função summary() para os dois modelos, verá que o MAPE (*Mean Absolute Percent Error*) para o modelo com função de transferência é de 0,3% e para o outro modelo é de 0,5%, confirmando o melhor desempenho do modelo BJFT dentro da amostra. Outra forma de verificar qual dos dois modelos é mais eficiente é analisar suas respectivas previsões para fora da amostra. No entanto, a função arimax() não suportava previsões até o momento de edição deste livro.

6.5 Considerações finais

Neste capítulo aprendemos empiricamente, com base na metodologia proposta por Box & Jenkins, como modelar uma série temporal utilizando outra variável que possui um relacionamento causal com a variável de interesse. Aprendemos os passos para aplicar a metodologia, bem como filtrar as STs utilizadas para que as etapas possam ser aplicadas corretamente.

Abordamos os pacotes úteis para esse tipo de modelagem, discutimos algumas funções e chamamos a atenção para algumas limitações das mesmas. Apesar de ter sido uma experiência interessante, sabemos que ainda faltaram alguns pontos a serem tratados, como, por exemplo, a previsão das séries para fora da amostra e a identificação de variáveis do tipo binário na função de transferência.

Nesse sentido, é importante que o leitor que estiver usando este manual para construir o seu modelo ARIMA com função de transferência tenha ciência de suas limitações e busque, sempre que possível, aprofundar o seu conhecimento sobre o assunto.

7

Regressão dinâmica

Ingrid Christyne Luquett de Oliveira
Pedro Guilherme Costa Ferreira

7.1 Introdução

Modelos dinâmicos estudam a relação entre variáveis observadas em instantes de tempo diferentes. Podemos, por exemplo, investigar se o Índice de Preços ao Consumidor Amplo (IPCA)[1] em um determinado mês influencia a maneira como os consumidores brasileiros formam suas expectativas de inflação em meses subsequentes. Sob esta ótica, pretendemos neste capítulo explorar as implicações do emprego do modelo clássico de regressão linear em variáveis observadas ao longo do tempo e apresentar a metodologia de regressão dinâmica como alternativa ao uso dos modelos usuais.

As seções que seguem dividem-se da seguinte forma: na seção 7.2 descrevemos o modelo clássico de regressão linear, seus pressupostos e as consequências em violá-los; posteriormente, a seção 7.3 aborda especificamente a presença de correlação serial nos erros do modelo clássico de regressão e expõe maneiras para contornar o problema; sob outra perspectiva, na seção 7.4 tratamos as violações dos pressupostos como uma especificação inadequada do modelo e apresentamos os modelos autorregressivos com defasagens distribuídas; explorando o contexto de variáveis não estacionárias, a seção 7.5 discute o modelo de correção de erro; a seção 7.6 apresenta uma aplicação dos modelos na análise da formação da expectativa de inflação por parte dos consumidores brasileiros usando o IPCA como variável explicativa; por fim, a seção 7.7 resume todos os modelos apresentados.

---

[1]Divulgado pelo Instituto Brasileiro de Geografia e Estatística (IBGE).

7.2 Modelo clássico de regressão linear

Em diferentes contextos estamos interessados em estudar se o comportamento de uma determinada variável (dependente) é influenciado por uma ou mais variáveis (explicativas). A estrutura desta relação pode assumir diferentes formas e, em alguns casos, apresenta comportamento linear. Os modelos que assumem estrutura linear entre variável dependente e variáveis explicativas são chamados modelos de regressão linear ou modelos lineares.

Considere a variável dependente Y_t, observada ao longo do tempo, e k variáveis explicativas $X_{1,t}, X_{2,t}, \ldots X_{k,t}$. O modelo linear usualmente encontrado na literatura pode ser escrito como

$$Y_t = \beta_0 + \beta_1 X_{1,t} + \beta_2 X_{2,t} + \cdots + \beta_k X_{k,t} + \varepsilon_t, \tag{7.1}$$

onde β_0 é um nível global, os β_j's, $j \in \{1, 2, \ldots, k\}$ são os parâmetros correspondentes aos respectivos efeitos isolados de cada $X_{j,t}$ sobre Y_t, e ε_t é o erro do modelo no tempo t. Ao longo do capítulo a equação (7.1) será eventualmente referida como modelo estático.

A construção dos modelos de regressão linear é fundamentada na aceitação dos seguintes pressupostos sobre o erro ε_t:

1. **Exogeneidade estrita:** as variáveis explicativas X_k são estritamente exógenas com respeito ao termo de erro ε_t de maneira que

$$E(\varepsilon_t \mid X) = 0, \quad t = 1, 2, \ldots, T, \tag{7.2}$$

onde X inclui todas as k variáveis explicativas e todos os instantes de tempo t:

$$X = \begin{bmatrix} X_{1,1} & X_{2,1} & \cdots & X_{k-1,1} & X_{k,1} \\ X_{1,2} & X_{2,2} & \cdots & X_{k-1,2} & X_{k,2} \\ \vdots & \vdots & \ddots & \vdots & \vdots \\ X_{1,T} & X_{2,T} & \cdots & X_{k-1,T} & X_{k,T} \end{bmatrix}.$$

2. **Ausência de colinearidade perfeita:** nenhuma variável explicativa X_k é constante ou pode ser expressa como uma função linear de outras covariáveis.
3. **Homocedasticidade:** a variância do erro é a mesma para todas as observações, ou seja, $Var(\varepsilon_t \mid X) = \sigma^2$, $t = 1, 2, \ldots, T$.

4. **Ausência de correlação serial:** os termos de erro são independentes (condicionalmente a X), ou seja, $Cov(\varepsilon_t, \varepsilon_{t-s} \mid X) = 0$, $s = 1, 2, \ldots, T-1$.
5. **Normalidade:** os ε_t's são identicamente distribuídos com $\varepsilon_t \sim N(0, \sigma^2)$.

Se as duas primeiras condições forem satisfeitas, o estimador de mínimos quadrados ordinários (MQO) será não viesado. Ainda, caso vigorem as suposições 3 e 4 o estimador de MQO da variância do estimador dos coeficientes do modelo também será não viesado. Caso os pressupostos de 1 a 4 sejam satisfeitos, o estimador de MQO será o melhor estimador linear não viesado (em inglês, *BLUE*). Por fim, se o pressuposto 5 for observado, tem-se que os β_k's seguem distribuição gaussiana e a razão entre cada coeficiente e seu erro padrão segue distribuição t-Student.

Os pressupostos expostos acima são razoáveis em contextos onde as observações são independentes. Na análise de séries temporais, entretanto, algumas suposições frequentemente não são satisfeitas. Em particular, a suposição de que as variáveis explicativas são independentes de toda a história de Y (exogeneidade estrita) e que choques em Y no período t não persistem em $t+1$ (correlação serial) são usualmente violadas.

O emprego de modelos estáticos em séries temporais requer, portanto, que sejamos capazes de lidar com a violação dos pressupostos 1 e 4. A suposição de exogeneidade estrita pode ser relaxada em situações onde as variáveis em análise são ergódicas, sendo necessário somente independência contemporânea entre os erros e X (exogeneidade fraca), ou seja, $E(\varepsilon_t \mid X_{1,t}, X_{2,t}, \ldots, X_{k,t}) = 0$. Se, além disso, a amostra for grande o suficiente, o estimador de mínimos quadrados terá as propriedades assintóticas desejadas.

Caso as suposições 1-3 sejam satisfeitas, mesmo na presença de correlação serial no vetor de erros $\varepsilon = \{\varepsilon_1, \varepsilon_2, \ldots, \varepsilon_T\}$, os estimadores de MQO serão consistentes. Entretanto, o mesmo não ocorre com respeito à eficiência, ou seja, existe algum estimador cuja variância é menor do que a variância do estimador de MQO (Pindyck & Rubinfeld, 1998). Como consequência, a inferência acerca dos coeficientes do modelo pode conduzir a conclusões incorretas uma vez que as distribuições usadas para testar as hipóteses sobre os coeficientes não estarão corretas.

7.3 Correlação serial

Vimos que a presença de correlação serial nos erros afeta a inferência do modelo, impossibilitando a realização dos testes usuais sobre os parâmetros. Devemos, portanto, verificar se os pressupostos do modelo estático são satisfeitos antes de tirar qualquer conclusão. A subseção 7.3.1 aborda metodologias para diagnosticar a presença de correlação serial enquanto a subseção 7.3.2 apresenta caminhos para a correção do problema.

7.3.1 Testes de correlação serial

A violação do pressuposto 4 ocorre quando $Cov(\varepsilon_t, \varepsilon_{t-s}) \neq 0$ para algum $s \neq 0$. Para testar a hipótese nula de ausência de correlação serial de ordem s nos erros ($H_0 : Cov(\varepsilon_t, \varepsilon_{t-s}) = 0$) é necessário que os estimadores de ε_t sejam consistentes. A escolha natural é utilizar os resíduos $\hat{\varepsilon}_t$ do modelo (7.1), estimado via MQO, de forma que os testes envolverão a análise da correlação entre $\hat{\varepsilon}_t$ e $\hat{\varepsilon}_{t-s}$ para s positivo até algum valor máximo arbitrado p. A literatura dispõe de ínumeros testes de correlação serial, todavia focaremos na descrição de dois deles: (i) Durbin-Watson[2] e (ii) Breusch-Godfrey.[3]

Teste de Durbin-Watson

A estatística de Durbin-Watson é dada por

$$d = \frac{\sum_{t=2}^{T} (\hat{\varepsilon}_t - \hat{\varepsilon}_{t-1})^2}{\sum_{t=1}^{T} \hat{\varepsilon}_t^2}, \qquad (7.3)$$

onde $\hat{\varepsilon}_t$, $t = 1, \ldots, T$ são os resíduos da estimação de (7.1) por mínimos quadrados ordinários.

Após algumas aproximações, tem-se que $d \approx 2(1 - \hat{\rho})$, onde $\hat{\rho}$ é a correlação de primeira ordem de $\hat{\varepsilon} = \{\hat{\varepsilon}_1, \ldots, \hat{\varepsilon}_T\}$. Como $-1 \leq \hat{\rho} \leq 1$, a estatística d pertence ao intervalo entre 0 e 4, sendo a ausência de correlação serial correspondente a d próximo a 2.

Dados os limites inferior e superior da região de rejeição, d_L e d_U respectivamente, podemos concluir sobre a correlação serial segundo a figura 7.1.

---

[2]Durbin & Watson (1950, 1951, 1971).
[3]Breusch (1978), Godfrey (1978).

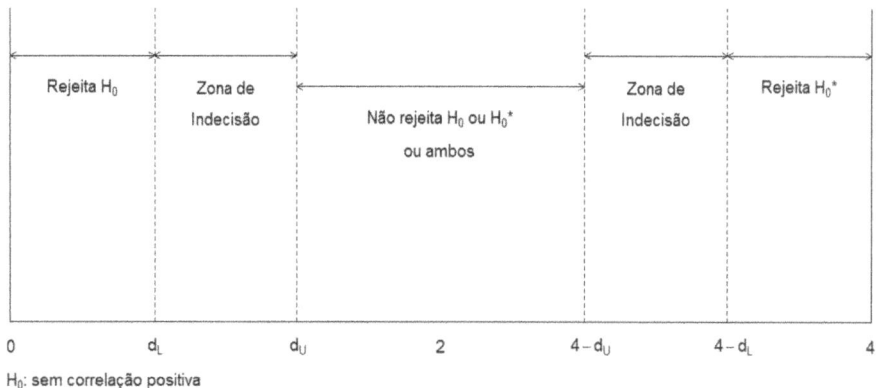

Figura 7.1: Regiões do teste de Durbin-Watson.

A aplicação do teste de Durbin-Watson apresenta, entretanto, algumas limitações: (*i*) os valores críticos d_L e d_U dependem das covariáveis do modelo e não podem ser obtidos para o caso geral; (*ii*) o teste é inválido na presença da variável dependente defasada no lado direito da equação (7.1);[4] e (*iii*) o teste somente aborda correlação de primeira ordem, não sendo aplicável a correlações de maior ordem.

Existem no R diferentes maneiras de obter a estatística do teste de Durbin-Watson, entre as quais podemos citar: dwtest() no pacote **lmtest** (Zeileis & Hothorn, 2002), durbinWatsonTest() no pacote **car** (Fox & Weisberg, 2011), test.DW() no pacote **dcv** (Li, 2010), etc.

Teste de Breusch-Godfrey ou teste LM

O segundo teste de correlação serial é o teste de Breusch-Godfrey, que permite a inclusão de variáveis dependentes defasadas no modelo além de poder ser usado para testar correlações de ordem p, $p \geq 1$.

A hipóteste nula do teste é de que os erros são ruídos brancos. Se de fato essa hipótese for verdadeira, então os resíduos $\hat{\varepsilon}_t$ obtidos da estimação da equação (7.1) via MQO são independentes dos resíduos defasados $\hat{\varepsilon}_{t-1}, \ldots, \hat{\varepsilon}_{t-p}$. Deste modo, para avaliar a presença de correlação serial de ordem p o teste baseia-se no modelo

$$\hat{\varepsilon}_t = \gamma_1 \hat{\varepsilon}_{t-1} + \cdots + \gamma_p \hat{\varepsilon}_{t-p} + \beta_0 + \beta_1 X_{1,t} + \beta_2 X_{2,t} + \cdots + \beta_k X_{k,t} + \nu_t, \qquad (7.4)$$

onde $\hat{\varepsilon} = \{\hat{\varepsilon}_1, \ldots, \hat{\varepsilon}_T\}$ são os resíduos da equação (7.1) e ν_t é o erro do modelo.

---

[4]Durbin (1970, p. 200) propõe uma modificação do teste de Durbin-Watson que permite a inclusão da variável dependente defasada no modelo.

A estatística de teste é calculada como

$$BG(p) = (T - p)R^2, \qquad (7.5)$$

onde R^2 é o coeficiente de determinação do modelo (7.4). A ausência de correlação serial e o baixo poder explicativo de $\hat{e}$ pelas variáveis independentes implicam valores pequenos do coeficiente R^2 e, consequentemente, da estatística $BG(p)$, levando à não rejeição da hipótese nula de que os resíduos são ruídos brancos.

Computacionalmente, a estatística do teste de Breusch-Godfrey pode ser obtida no R pela função `bgtest()` do pacote lmtest (Zeileis & Hothorn, 2002).

7.3.2 Correção da correlação serial

Identificada a presença de correlação serial nos erros através dos métodos apresentados na seção anterior, precisamos encontrar alternativas ao modelo estático para lidar com tal problema. Nos limitaremos, nesta seção, à descrição de duas abordagens: (*i*) inclusão de estrutura para os termos de erro no modelo (7.1); e (*ii*) aplicação do método de Newey-West para correção dos erros padrão das estimativas de MQO.

Assuma que as suposições do modelo de regressão linear são satisfeitas, porém os erros não são independentes ao longo do tempo. Supondo um processo autorregressivo de primeira ordem, denotado por AR(1), para descrever o comportamento dos erros de regressão, temos o modelo

$$Y_t = \beta_0 + \beta_1 X_{1,t} + \beta_2 X_{2,t} + \cdots + \beta_k X_{k,t} + \varepsilon_t \qquad (7.6a)$$

$$\varepsilon_t = \rho \varepsilon_{t-1} + v_t, \qquad (7.6b)$$

onde $0 \leq |\rho| < 1$, v_t tem distribuição $N(0, \sigma_v^2)$ e é independente de v_j, para $j \neq t$. De modo similar, $\varepsilon_t \sim N(0, \sigma_\varepsilon^2)$ porém os termos de erro são correlacionados ao longo do tempo. O termo ρ reflete a correlação entre ε_t e ε_{t-1} de modo que $\rho = 0$ implica ausência de autocorrelação nos erros e $|\rho|$ próximo a 1 resulta em correlação serial de primeira ordem. Cabe destacar que, pela construção do modelo em (7.6a)-(7.6b), o efeito de ε_t será sentido em todos os períodos posteriores, com magnitude descrescente ao longo do tempo.

Podemos reescrever as equações (7.6a)-(7.6b) em uma única equação. Para tal, multiplicamos o termo $(1 - \rho L)$ em todos os termos da equação (7.6a), obtendo-se a equação (7.7a) a seguir:

$$Y_t^* = \beta_1(1 - \rho) + \beta_1 X_{1,t}^* + \beta_2 X_{2,t}^* + \cdots + \beta_k X_{k,t}^* + v_t, \qquad (7.7a)$$

onde L é o operador de defasagem tal que $LY_t = Y_{t-1}$ e

$$Y_t^* = Y_t - \rho Y_{t-1}, \tag{7.7b}$$

$$X_{j,t}^* = X_{j,t} - \rho X_{j,t-1}, j = 1,\ldots,k \tag{7.7c}$$

$$v_t = \varepsilon_t - \rho \varepsilon_{t-1}. \tag{7.7d}$$

Por construção, o modelo em (7.7a) possui erros independentes e identicamente distribuídos com média 0 e variância constante. Deste modo, se ρ for conhecido podemos aplicar o método de mínimos quadrados ordinários para obter estimativas eficientes de todos os parâmetros do modelo. Cabe a ressalva de que o intercepto é estimado como $\beta_0^* = \beta_0(1-\rho)$, de onde obtemos β_0 por $\beta_0 = \frac{\beta_0^*}{1-\rho}$. É usual, entretanto, não conhecermos o valor de ρ, sendo necessária a adoção de procedimentos para estimação desse parâmetro.

Um primeiro método atribui-se a Cochrane & Orcutt (1949) e consiste na estimação iterativa de ρ considerando o conceito de correlação entre termos adjacentes normalmente atribuído a esse parâmetro. O procedimento é descrito pelos seguintes passos:

1. Estimar os parâmetros do modelo (7.1) via mínimos quadrados ordinários;
2. Obter os resíduos $\hat{\varepsilon}_t, t = 1,\ldots, T$, a partir do passo 1;
3. Estimar ρ via MQO na equação $\hat{\varepsilon}_t = \rho \hat{\varepsilon}_{t-1} + v_t$;
4. Transformar as variáveis do modelo usando
$X_{j,t}^* = X_{j,t} - \hat{\rho} X_{j,t-1}, j = 1,\ldots,k$ e
$Y_t^* = Y_t - \hat{\rho} Y_{t-1}$;
5. Estimar os coeficientes da equação (7.7a) via MQO;
6. Obter os resíduos do modelo ajustado em 5;
7. Repetir os passos 3 - 6 até que a diferença entre as estimativas de ρ para duas iterações consecutivas seja inferior a algum limite de convergência arbitrado.

Note que o procedimento de Cochrane-Orcutt elimina a primeira observação ao transformar as variáveis (passo 4), o que não implica perda significativa de informação à medida que a amostra cresce. Computacionalmente, podemos obter as estimativas dos coeficientes por meio da função `cochrane.orcutt()` no pacote **orcutt** (Spada *et al.*, 2012).

Outro método de estimação do modelo (7.6a)-(7.6b) foi introduzido por Prais & Winsten (1954) como uma modificação do procedimento de Cochrane-Orcutt no sentido de que não é necessária a exclusão da primeira observação. O algoritmo de estimação assemelha-se ao anteriormente apresentado, com a exceção de que no passo 4 as variáveis no primeiro instante de tempo são construídas como $Y_1^* = \sqrt{1-\hat{\rho}^2}\, Y_1$ e $X_{j,1}^* = \sqrt{1-\hat{\rho}^2}\, X_{j,1}$, $j \in \{1,\ldots,k\}$. Este método se mostra mais eficiente em amostras pequenas, visto que não elimina nenhuma observação da amostra. No R encontra-se disponível a função prais.winsten() do pacote **prais** (Mohr, 2015).

Os procedimentos tratados acima dependem da suposição de que os resíduos são estimadores consistentes do termo de erro, o que requer estimativas consistentes dos coeficientes usados no cálculo dos resíduos. Um caso importante onde os resíduos não são estimados consistentemente aparece em contextos onde a variável dependente defasada é usada como regressora no modelo e os erros são autocorrelacionados. Para situações dessa natureza, os resíduos obtidos via MQO não podem ser usados para estimar ρ. Uma alternativa aos métodos anteriores aparece em Hildreth & Lu (1960), cujo estimador procura o valor de ρ, $-1 \leq \rho \leq 1$, que minimiza a soma dos quadrados dos resíduos no modelo (7.7a).

Todas as metodologias descritas exigem cautela em sua realização, uma vez que os algoritmos podem resultar em mínimos locais ao invés de globais.

A segunda abordagem para lidar com a correlação serial dos erros segue em direção oposta ao apresentado anteriormente, tornando a inferência válida através da correção dos erros padrão dos estimadores de MQO pelo método descrito em Newey & West (1987) ao invés de introduzir uma estrutura para o erro. É importante frisar que tal correção somente é válida em casos onde o termo de erro não é correlacionado com nenhuma das variáveis explicativas do modelo. A implementação do método pode ser realizada através do pacote **sandwich** (Zeileis, 2004) do R, todavia maior detalhamento do método encontra-se fora do escopo do presente capítulo.

7.3.3 Exemplo com dados artificiais

Apresentaremos agora um breve exemplo com dados artificiais para ilustrar a situação em que o modelo de regressão clássico não satisfaz a suposição de ausência de correlação serial dos erros.

A seguir temos o início da nossa base de dados, que contém 4 variáveis ao longo do tempo num total de 30 observações (cons, price, income, temp).

```
> head (dados)
  cons price income temp
1 0.39  0.27     78   41
2 0.37  0.28     79   56
3 0.39  0.28     81   63
4 0.42  0.28     80   68
5 0.41  0.27     76   69
6 0.34  0.26     78   65
```

Regressão dinâmica

Iniciamos o exemplo estimando a regressão

$$\text{Cons}_t = \beta_0 + \beta_1 \text{Price}_t + \beta_2 \text{Income}_t + \beta_3 \text{Temp}_t + \varepsilon_t \quad (7.8)$$

através da função lm(). Como o modelo não considera defasagens da variável dependente no lado direito de (7.8), podemos estimar $\varepsilon = \{\varepsilon_1, \ldots, \varepsilon_T\}$ consistentemente a partir dos resíduos da estimação de (7.8) via MQO.

```
> # Estimando a Regressão Linear Clássica
> reg <- lm(cons ~ price + income + temp, data = dados)
```

Lembrando que tanto o teste de Durbin-Watson quanto o de Breusch-Godfrey tem como hipótese nula a ausência de correlação serial dos erros, conduzimos no R ambos os testes considerando autocorrelação de primeira ordem e os resíduos da regressão acima. Assumindo nível de significância igual a 5%, os dois testes rejeitam a hipótese nula uma vez que os p-valores de ambos são inferiores a 0,05 (p-valor$_{DW}$ = 0,04 % e p-valor$_{BG}$ = 4,7%).

```
> # Testando correlação serial de primeira ordem
> require(lmtest)
> # Durbin-Watson
> dw_reg <- dwtest(cons ~ price + income + temp, data = dados)
> dw_reg

        Durbin-Watson test

data: cons ~ price + income + temp
DW = 1.0384, p-value = 0.0003768
alternative hypothesis: true autocorrelation is greater than 0

> # Breusch-Godfrey
> bg_reg <- bgtest(cons ~ price + income + temp, data = dados)
> bg_reg

        Breusch-Godfrey test for serial correlation of order up to 1

data: cons ~ price + income + temp
LM test = 3.928, df = 1, p-value = 0.04749
```

Devido à presença de correlação serial de primeira ordem nos erros do modelo (7.8), surge a necessidade de incluirmos uma estrutura em ε_t que reflita tal comportamento. Assumimos, então, o modelo

$$\text{Cons}_t = \beta_0 + \beta_1 \text{Price}_t + \beta_2 \text{Income}_t + \beta_3 \text{Temp}_t + \varepsilon_t \quad (7.9a)$$

$$\varepsilon_t = \rho \varepsilon_{t-1} + v_t. \quad (7.9b)$$

Explicitamos na seção 7.3.2 dois procedimentos de estimação do modelo (7.9a)-(7.9b): Cochrane-Orcutt e Prais-Winsten. Ambos foram implementados no R e os resultados são apresentados a seguir:

```
> # Estimação do modelo com estrutura no erro
> # Cochrane-Orcutt
> require(orcutt)
> co_reg = cochrane.orcutt(reg)
> co_reg
Cochrane-orcutt estimation for first order autocorrelation

Call:
lm(formula = cons ~ price + income + temp, data = dados)

number of interaction: 12
rho 0.378894

Durbin-Watson statistic
(original):    1.03843 , p-value: 3.768e-04
(transformed): 1.56224 , p-value: 5.49e-02

coefficients:
(Intercept)        price          income           temp
   0.242411    -1.192702        0.003182       0.003557
> # Prais-Winsten
> require(prais)
> pw_reg <- prais.winsten(cons ~ price + income + temp, data = dados)
> pw_reg

[[1]]
Call:
lm(formula = fo)

Residuals:
     Min         1Q    Median         3Q        Max
-0.079171 -0.017838 -0.000846  0.010029   0.080424

Coefficients:
            Estimate Std. Error t value Pr(>|t|)
Intercept  5.709e-01  2.594e-01   2.201 0.036834 *
price     -1.297e+00  6.756e-01  -1.920 0.065873 .
income     6.857e-05  1.928e-03   0.036 0.971899
temp       3.076e-03  6.847e-04   4.492 0.000128 ***
---
Signif. codes:  0 '***' 0.001 '**' 0.01 '*' 0.05 '.' 0.1 ' ' 1
```

```
Residual standard error: 0.03255 on 26 degrees of freedom
Multiple R-squared:  0.9435,     Adjusted R-squared:  0.9348
F-statistic: 108.5 on 4 and 26 DF,  p-value: 7.947e-16

[[2]]
      Rho  Rho.t.statistic  Iterations
0.7018387       4.481754        49
```

Na tabela 7.1 resumimos os valores estimados dos parâmetros pelos três diferentes métodos abordados. Note que os coeficientes para o modelo clássico de regressão e para o método de Cochrane-Orcutt são bastante similares para todo β_k, $k = 0,1,2,3$, mesmo que ρ seja estimado diferente de zero. Já o procedimento de Prais-Winsten apresenta resultados ligeiramente diferentes. Como o número de observações é pequeno, o procedimento de Prais-Winsten parece mais eficiente ao incluir a primeira observação.

Parâmetro	Prais-Winsten	Cochrane-Orcutt	Regressão clássica
β_0	0,5709	0,2424	0,2672
β_1	-1,2973	-1,1927	-1,2528
β_2	0,0001	0,0032	0,0032
β_3	0,0031	0,0036	0,0034
ρ	0,7018	0,3789	-

Tabela 7.1: Estimativas dos coeficientes.

Nesse exemplo tentamos ilustrar a implementação dos testes de correlação serial e dos procedimentos de estimação do modelo estático com estrutura autorregressiva de primeira ordem para os erros. Ainda que os dados não sejam reais e pouca, ou nenhuma, interpretação possa ser dada a eles, nosso intuito foi expor a sintaxe das funções no R e prover base para maior aprofundamento do leitor.

7.4 Modelos autorregressivos com defasagens distribuídas

Até o momento tratamos a correlação serial de $\varepsilon = \{\varepsilon_1, \ldots, \varepsilon_T\}$ como uma violação das suposições do modelo clássico de regressão linear. Podemos, em contrapartida, enxergar tal comportamento dos erros como um indício de incorreção na especificação do modelo.

O impacto sobre Y de um choque em determinada variável explicativa X pode não ocorrer imediatamente, sendo Y afetado somente após alguns instantes de tempo, ou mesmo Y pode afetar seu próprio valor em tempos posteriores.

A omissão dessa dinâmica pode induzir correlação serial nos erros, sendo interessante nessas circunstâncias optar pelo uso de modelos dinâmicos.

Quando a dinâmica do modelo é ditada pelo comportamento das variáveis independentes defasadas nos referimos a modelos com defasagens distribuídas, sendo as defasagens responsáveis por explicar Y. Se somente os valores passados de Y determinam seu valor em t, a dinâmica de Y pode ser descrita segundo modelos autorregressivos. É possível, ainda, combinar os dois modelos anteriores em uma única equação, originando os chamados modelos autorregressivos com defasagens distribuídas (do inglês, ADL - Autoregressive Distributed Lag)[5].

A forma geral do modelo ADL com p defasagens para Y e q defasagens para X, denotado por ADL(p,q), é dada por

$$\phi(L)Y_t = \alpha + \theta(L)X_t + v_t, \qquad (7.10)$$

onde $\phi(L) = 1 - \phi_1 L - \phi_2 L^2 - \cdots - \phi_p L^p$ cujas raízes não pertencem ao círculo unitário, o que significa dizer que Y é estacionário, $\theta(L) = \theta_0 + \theta_1 L + \theta_2 L^2 + \cdots + \theta_q L^q$ e L é um operador de defasagem tal que $L^k Y_t = Y_{t-k}$.

Podemos reescrever (7.10) como

$$Y_t = \alpha + \phi_1 Y_{t-1} + \cdots + \phi_p Y_{t-p} + \theta_0 X_t + \theta_1 X_{t-1} + \cdots + \theta_q X_{t-q} + v_t. \qquad (7.11)$$

Note que o modelo em (7.11) considera somente uma variável explicativa, detonada por X, podendo ser generalizado para k variáveis explicativas.

Supondo que os erros $v = \{v_1, \ldots, v_T\}$ são ruídos brancos, o modelo (7.11) pode ser estimado via mínimos quadrados ordinários. A função `dynlm()` (Zeileis, 2016) do pacote de mesmo nome permite a inclusão de defasagens e diferenças das variáveis no modelo, retornando as estimativas de MQO dos parâmetros.

Escolhendo as defasagens p e q:

O emprego do modelo ADL requer a especificação *a priori* do número de defasagens de X e Y. Entretanto, são raras as situações onde a teoria nos informa sobre os valores exatos de p e q, sendo necessário determiná-los empiricamente. Diferentes métodos estão disponíveis para avaliar o número apropriado de defasagens no modelo, não existindo um "método correto". A escolha é, portanto, usualmente feita pela combinação de métodos.

Um primeiro método trata da especificação da defasagem através de testes de significância dos parâmetros. Podemos começar com um número elevado de

---

[5] O capítulo se restringe à descrição do modelo ADL, sendo os outros dois modelos casos particulares deste. Mais detalhes sobre os modelos podem ser vistos em Greene (2003).

defasagens e avaliar a significância do coeficiente associado à maior defasagem, segundo um nível de significância arbitrado. Caso esse coeficiente seja estatisticamente significativo, optamos por esse modelo, em contrapartida, se o coeficiente não for significativo, estimamos o modelo com uma defasagem a menos e continuamos o processo até que o coeficiente associado à maior defasagem seja significativo. O caminho contrário também pode ser empregado, ou seja, começamos pelo modelo com a menor defasagem e inserimos novas defasagens até que o coeficiente para a variável de maior defasagem não seja mais significativo.

Outro método de determinação de p e q envolve o cálculo de critérios de informação. Tais critérios mensuram a quantidade de informação sobre a variável dependente contida no conjunto de variáveis independentes, considerando o erro padrão das estimativas dos coeficientes e penalizando pelo número de parâmetros do modelo. A literatura dispõe de uma gama de critérios de informação, figurando entre os mais utilizados o critério de informação de Akaike (AIC) e o critério de informação bayesiano (BIC). Por meio dessa metodologia, escolhemos o número de defasagens com base no modelo que retorna o menor valor desses critérios. Cabe a ressalva que o cálculo dessas medidas deve considerar o mesmo intervalo de tempo para todos os modelos a fim de torná-los comparáveis.

Os procedimentos apresentados acima podem ser aplicados tanto na escolha de p, defasagens da variável dependente, quanto de q, defasagens das variáveis independentes. É importante enfatizar, ainda, que usualmente nenhuma defasagem até p e q é omitida. No R, a função `glmulti()` do pacote **glmulti** (Calcagno, 2013) recebe as variáveis dependentes e independentes do modelo e seleciona automaticamente o melhor modelo segundo o critério de informação escolhido.

7.5 Modelo de correção de erro

Por todo este capítulo descrevemos diferentes metodologias para lidar com variáveis observadas ao longo do tempo. Os modelos apresentados supõem que tais variáveis são estacionárias. É comum, entretanto, encontrarmos situações onde esse pressuposto não é satisfeito como, por exemplo, contextos onde há uma quebra estrutural em determinado instante de tempo ou mesmo quando a variável apresenta tendência.

Supor estacionariedade das variáveis em modelos de regressão linear quando de fato esse pressuposto é violado pode conduzir a conclusões inapropriadas. Mesmo que duas variáveis não sejam relacionadas, ocasionalmente a estimação via mínimos quadrados ordinários resulta em coeficiente de determinação (R^2) elevado, significando que a covariável conseguiu explicar bem a variável dependente, e estatísticas de teste que levam à conclusão de significância dos parâmetros. Esse é um exemplo de regressão espúria, introduzido por Granger & Newbold (1974).

Existem diferentes abordagens para variáveis não estacionárias, porém nos concentraremos naquelas para variáveis integradas. Lembre-se que uma variável Z é dita integrada de ordem k se sua k-ésima diferença for estacionária, ou seja, $Z_t \sim I(k)$ se $\Delta^k Z_t = (1-L)^k Z_t$ e então $\Delta^k Z_t \sim I(0)$.

Considere um modelo de regressão com apenas duas variáveis integradas de primeira ordem, $Y_t \sim I(1)$ e $X_t \sim I(1)$, dado por $Y_t = \phi X_t + \nu_t$. Uma alternativa para contornar os problemas induzidos pela não estacionariedade consiste em realizar a regressão tomando a primeira diferença das variáveis, isto é, $\Delta Y_t = \beta \Delta X_t + \eta_t$, onde ΔY_t e ΔX_t são estacionárias. Um aspecto negativo dessa metodologia decorre da perda de eventual informação de longo prazo entre as variáveis.

Um caso de especial interesse em econometria surge quando a combinação linear de duas variáveis integradas de primeira ordem resulta em um termo de erro estacionário. Retornando ao exemplo do parágrafo anterior, teríamos $Y_t, X_t \sim I(1)$, mas $\nu_t \sim I(0)$. Este caso define o conceito de cointegração, que em economia usualmente está relacionado ao conceito de equilíbrio de longo prazo. A presença de cointegração entre X e Y permite que os modelos clássicos de regressão sejam estimados corretamente pelo método de mínimos quadrados ordinários.

Quando duas séries são cointegradas, perturbações em qualquer uma delas provocam alterações em sua relação de longo prazo. A taxa à qual o sistema retorna ao equilíbrio após tais perturbações pode ser estimada a partir dos chamados modelos de correção de erro (ECM),[6] escritos como:

$$\Delta Y_t = \beta \Delta X_t + \gamma (Y_t - \phi X_t) + \eta_t, \qquad (7.12)$$

onde a taxa de retorno ao equilíbrio é γ, $\gamma < 0$, e β nos informa sobre os efeitos de curto prazo de X_t sobre Y_t.

Note que o modelo de correção de erro é "balanceado" no sentido que todas as variáveis no lado direito de (7.12) são estacionárias e, portanto, o método de mínimos quadrados é aplicável.

Equivalência entre ADL(1,1) e ECM:

Considere o modelo ADL(1,1) dado pela equação

$$Y_t = \beta_0 X_t + \beta_1 X_{t-1} + \rho Y_{t-1} + \eta_t. \qquad (7.13)$$

---

[6]Os modelos de correção de erro não são aplicados, necessariamente, a variáveis não estacionárias (Keele & De Boef, 2004).

Regressão dinâmica

Subtraindo Y_{t-1} em ambos os lados e substituindo X_t por $\Delta X_t + X_{t-1}$ temos

$$\Delta Y_t = \beta_0 \Delta X_t + (\beta_0 + \beta_1)X_{t-1} + (\rho - 1)Y_{t-1} + \eta_t. \tag{7.14}$$

Rearrumando a equação (7.14) encontramos

$$\Delta Y_t = \beta_0 \Delta X_t + (\rho - 1)\left[Y_{t-1} + \left(\frac{\beta_0 + \beta_1}{\rho - 1}\right)X_{t-1}\right] + \eta_t. \tag{7.15}$$

Fazendo $\gamma = (\rho - 1)$, $\phi = \left(\frac{\beta_0 + \beta_1}{\rho - 1}\right)$ e $\beta = \beta_0$ em (7.15) chegamos ao modelo de correção de erro na equação (7.12).

Note que a equivalência não é exata, visto que alguns parâmetros são escritos em função de outros, como é o caso de γ e ϕ.

Estimação do modelo:

O modelo de correção de erro apresentado em (7.12) pode ser estimado de duas maneiras diferentes. O primeiro método consiste no procedimento de Engle-Granger e segue as seguintes etapas:

1. Estimar o modelo $Y_t = \phi X_t + v_t$;
2. A partir dessas estimativas obter os resíduos $\hat{v}_t = Y_t - \hat{\phi}X_t$;
3. Estimar o modelo $\Delta Y_t = \beta_0 + \beta_1 \Delta X_t + \gamma \hat{v}_{t-1} + \eta_t$.

Na segunda metodologia nos valeremos da equivalência entre o modelo ADL(1,1) e o ECM e obteremos as estimativas dos coeficientes do modelo de equação única:

$$\Delta Y_t = \beta \Delta X_t + \gamma Y_{t-1} - \gamma \phi X_{t-1}. \tag{7.16}$$

7.6 Aplicação à expectativa de inflação dos consumidores

Apresentados os conceitos relacionados à regressão dinâmica, trataremos nessa seção da implementação desses modelos à expectativa de inflação dos consumidores brasileiros bem como da aplicação dos testes de estacionariedade e de correlação cabíveis.

Desde 2005, o Instituto Brasileiro de Economia (FGV IBRE) inclui na Sondagem do Consumidor uma pergunta quantitativa sobre a expectativa de inflação individual para os próximos 12 meses. Pretendemos estimar um modelo de correção de erro baseado nos dois procedimentos da seção 7.5, com a expectativa de inflação sendo explicada pelo Índice de Preços ao Consumidor Amplo (IPCA - IBGE). Os dados aplicados no exemplo pertencem ao período entre setembro de 2005 e dezembro de 2013 e são parcialmente ilustrados na tabela 7.2.

Data	Expectativa de inflação do consumidor	IPCA
Set/2005	9,44	6,04
Out/2005	9,50	6,36
Nov/2005	9,13	6,22
⋮	⋮	⋮
Nov/2013	9,01	5,77
Dez/2013	9,25	5,91

Tabela 7.2: Resumo dos dados.

O primeiro passo de nossa análise contempla o teste de estacionariedade das variáveis em questão. A literatura dispõe de diversos testes, entretanto somente realizaremos o teste de Dickey-Fuller Aumentado (ADF).[7] Esse teste tem como hipótese nula a presença de raiz unitária e pode ser aplicado no R através da função ur.df() do pacote urca (Pfaff *et al.*, 2016).

Iniciaremos os testes de estacionariedade com a expectativa de inflação. A seguir temos os resultados do teste ADF aplicado a essa variável, assumindo defasagem máxima igual a 12 e adotando o AIC como critério de escolha da defasagem. O teste retornou defasagem igual a 1 e estatística 0,5713. Como a estatística de teste é maior que o valor crítico ao nível de 5% de confiança, a saber -1,95, aceitamos a hipótese nula e, portanto, a variável em questão não é estacionária.

```
> # Expectativa de Inflação
> adf_expinf <- ur.df(expinf_cons, type = "none", lags = 13,
selectlags = "AIC")
> summary(adf_expinf)

###################################################
# Augmented Dickey-Fuller Test Unit Root Test #
###################################################
Test regression none

Call:
lm(formula = z.diff ~ z.lag.1 - 1 + z.diff.lag)

Residuals:
     Min      1Q  Median      3Q     Max
-1.00779 -0.27690  0.02725  0.25452  1.07022
```

---

[7]Para mais detalhes sobre testes de estacionariedade consultar Enders (2008).

```
Coefficients:
            Estimate  Std. Error  t value  Pr(>|t|)
z.lag.1     0.003152   0.005518    0.571    0.5694
z.diff.lag -0.190529   0.104648   -1.821    0.0722 .
---
Signif. codes:  0 '***' 0.001 '**' 0.01 '*' 0.05 '.' 0.1 ' ' 1

Residual standard error: 0.4045 on 84 degrees of freedom
Multiple R-squared:  0.04016,    Adjusted R-squared:  0.01731
F-statistic: 1.757 on 2 and 84 DF,  p-value: 0.1788

Value of test-statistic is: 0.5713
Critical values for test statistics:
     1pct  5pct 10pct
tau1 -2.6 -1.95 -1.61
```

Para avaliar se o teste ADF foi conduzido corretamente, a figura 7.2 analisa a presença de autocorrelação nos resíduos do modelo utilizado pelo teste e a consequente necessidade de inclusão de mais defasagens no modelo. Como podemos observar, não existe autocorrelação significativa de nenhuma ordem e o teste parece correto.

```
> BETS.corrgram(adf_expinf@res, lag.max=15)
```

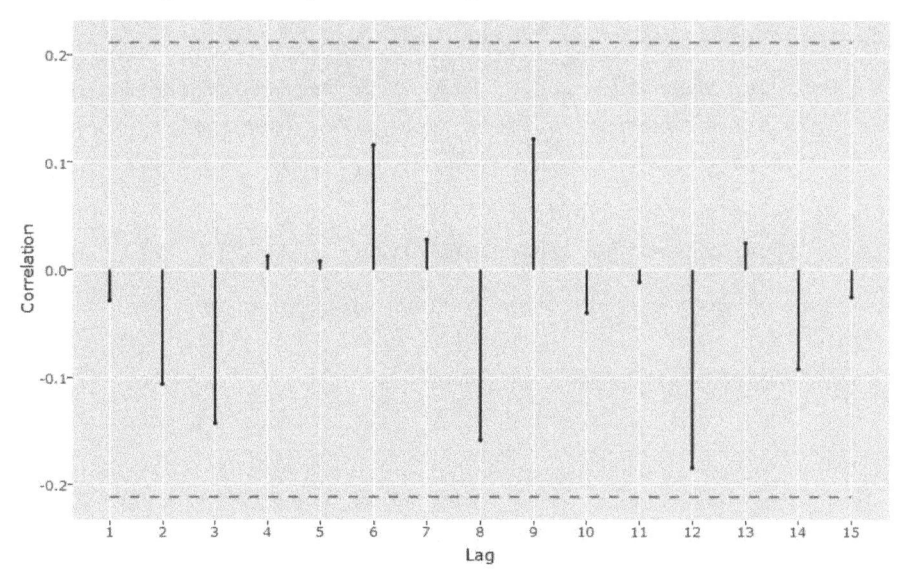

Figura 7.2: ACF dos resíduos do teste ADF - expectativa de inflação.

Passaremos à análise do IPCA. A seguir apresentamos os resultados do teste ADF e a correspondente função de autocorrelação dos resíduos do teste (figura 7.3). Novamente assumimos defasagem máxima igual a 12 e seleção do *lag* via AIC.

```
> # IPCA
> adf_ipca <- ur.df(ipca, type = "none", lags = 12, selectlags = "AIC")
> summary(adf_ipca)

###################################################
# Augmented Dickey-Fuller Test Unit Root Test #
###################################################
Test regression none
Call: lm(formula = z.diff ~ z.lag.1 - 1 + z.diff.lag)

Residuals:
     Min       1Q   Median       3Q      Max
-0.54453 -0.10688  0.04011  0.15284  0.41034

Coefficients:
           Estimate Std. Error t value Pr(>|t|)
z.lag.1    0.0004985  0.0042074   0.118    0.906
z.diff.lag 0.5559689  0.0905489   6.140 2.55e-08 ***
---
Signif. codes:  0 '***' 0.001 '**' 0.01 '*' 0.05 '.' 0.1 ' ' 1

Residual standard error: 0.2096 on 85 degrees of freedom
Multiple R-squared:  0.3104,	Adjusted R-squared:  0.2942
F-statistic: 19.13 on 2 and 85 DF,  p-value: 1.378e-07

Value of test-statistic is: 0.1185
Critical values for test statistics:
      1pct  5pct 10pct
tau1  -2.6 -1.95 -1.61

> BETS.corrgram(adf_ipca, lag.max=15)
```

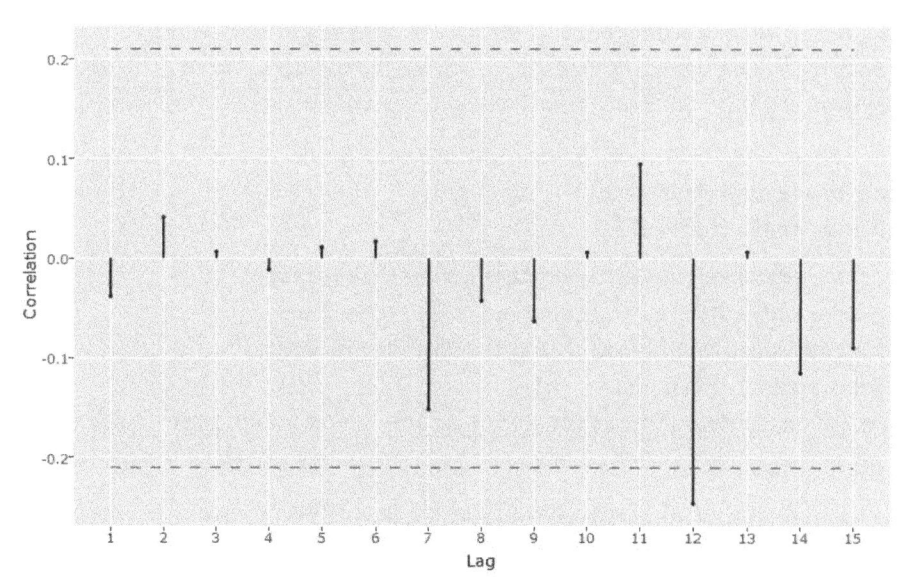

Figura 7.3: ACF dos resíduos do teste ADF - IPCA.

O teste retornou o modelo com apenas uma defasagem sendo este modelo de menor AIC e estatística de teste (0,1185) que nos leva à conclusão de não rejeição da hipótese nula, ou seja, a variável IPCA não é estacionária. Corroborando os resultados encontrados, a função de autocorrelação dos resíduos (figura 7.3) não fornece indícios de incorreção do teste.

Tendo concluído pela não estacionaridade das variáveis em estudo, os modelos clássicos de regressão linear não podem ser empregados. O próximo passo é, então, verificar se as variáveis são cointegradas. Esse teste avaliará se os resíduos da regressão $\text{ExpInf}_t = \alpha + \beta \text{IPCA}_t + \varepsilon_t$ são estacionários via teste ADF.

```
> # Expectativa de Inflação x IPCA
> ajuste_coin1 <- lm(expinf_cons ~ ipca - 1)
> summary(ajuste_coin1)

Call: lm(formula = expinf_cons ~ ipca - 1)

Residuals:
    Min      1Q  Median      3Q     Max
-2.8746 -0.4482  0.0905  0.8496  2.1819

Coefficients:
     Estimate Std. Error t value Pr(>|t|)
ipca  1.47992    0.01979   74.78   <2e-16 ***
---
Signif. codes:  0 '***' 0.001 '**' 0.01 '*' 0.05 '.' 0.1 ' ' 1
```

Residual standard error: 1.06 on 99 degrees of freedom
Multiple R-squared: 0.9826,   Adjusted R-squared: 0.9824
F-statistic: 5593 on 1 and 99 DF, p-value: < 2.2e-16

> adf_coin1 <- ur.df(ajuste_coin1$residuals, "none", lags = 12,
selectlags = "AIC")
> summary(adf_coin1)

##
Augmented Dickey-Fuller Test Unit Root Test
##
Test regression none
Call: lm(formula = z.diff ~ z.lag.1 - 1 + z.diff.lag)

Residuals:
    Min   1Q   Median   3Q   Max
-1.37125 -0.31229 0.07097 0.36439 0.84176

Coefficients:
           Estimate Std. Error t value Pr(>|t|)
z.lag.1   -0.14800   0.05163 -2.867 0.00523 **
z.diff.lag 0.07835   0.10577   0.741 0.46092

Signif. codes: 0 '***' 0.001 '**' 0.01 '*' 0.05 '.' 0.1 ' ' 1

Residual standard error: 0.4942 on 85 degrees of freedom
Multiple R-squared: 0.0884,   Adjusted R-squared: 0.06695
F-statistic: 4.121 on 2 and 85 DF, p-value: 0.01957

Value of test-statistic is: -2.8666

Critical values for test statistics:
     1pct 5pct 10pct
tau1 -2.6 -1.95 -1.61

> acf(adf_coin1@res, main = "")

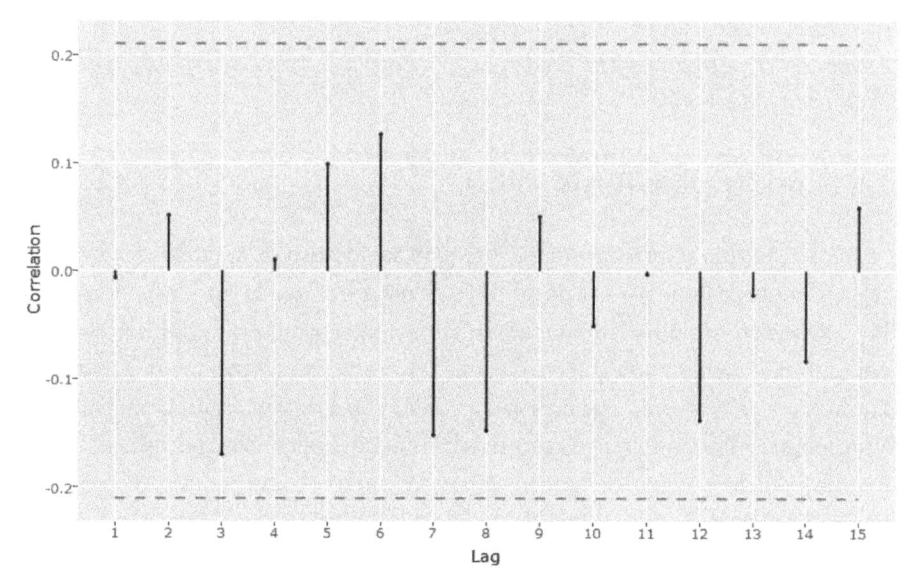

Figura 7.4: ACF dos resíduos do teste ADF – regressão.

A análise da estatística do teste ADF (-2,8666) nos leva à rejeição da hipótese nula e os resíduos do teste não apresentam autocorrelação significativa (figura 7.4). Portanto, concluímos que as variáveis são cointegradas. Assim, podemos estimar o modelo de correção de erro para encontrar as relações de longo e curto prazo entre elas. A tabela 7.3 apresenta os valores estimados dos parâmetros usando as duas metodologias descritas na seção 7.5. Como esperado, ambos os procedimentos resultam em estimativas similares.

Parâmetro	Única equação	Duas equações
β	0,2862	0,2860
γ	-0,0933	-0,0933
ϕ	1,4829	1,4799

Tabela 7.3: Estimativas do modelo de correção de erros.

Para finalizar, apresentamos o código em R que gerou as estimativas da tabela 7.3.

```
> # Estimação do modelo
> require(dynlm)
> # Procedimento em duas etapas
> reg1 <- lm(expinf_mensal$x ~ IPCA$x - 1)
> res <- ts(reg1$residuals, start = c(2005,09), freq = 12)
> reg2 <- dynlm(d(expinf_cons, 1) ~ d(ipca, 1) + L(res, 1) -1 )
```

```
> # Procedimento em única etapa
> reg <- dynlm(d(expinf_cons, 1) ~ d(ipca, 1) + L(expinf_cons, 1)
+ L(ipca, 1) -1)
```

7.7 Considerações finais

Neste capítulo exploramos as consequências do uso de modelos clássicos de regressão linear quando a variável dependente é observada ao longo do tempo. Em particular, nos aprofundamos na presença de correlação serial nos resíduos e discutimos duas frentes para solucionar o problema: (*i*) incluir uma estrutura autoregressiva nos erros e aplicar os procedimentos de Cochrane-Orcutt e Prais-Winsten; ou (*ii*) tratar a correlação serial como um indício de especificação incorreta do modelo e incluir defasagens tanto das variáveis independentes quanto da variável dependente pelo emprego dos modelos autorregressivos com defasagens distribuídas (ADL). Um exemplo com dados artificiais contribuiu para o entendimento dos métodos em (*i*) e expôs os códigos utilizados no *software* R.

Os procedimentos descritos até a seção 7.4 pressupõem estacionariedade de todas as variáveis. Em contextos em que essa suposição não é razoável, podemos incorrer em conclusões equivocadas. Apesar das diferentes formas de não estacionariedade, nos restringimos a variáveis integradas e apresentamos o modelo de correção de erro (ECM) como possível solução para problemas associados a regressões espúrias. Na tabela 7.4 encontra-se um resumo dos modelos cabíveis a diferentes situações de estacionariedade e não estacionariedade.

Variável independente	Variável dependente	Erro	Método de estimação
I(0)	I(0)	I(0)	ADL
I(1)	I(0)	I(1)	Modelo mal especificado
I(1)	I(1)	I(1)	Primeira diferença em todas as variáveis. Modelo ADL
I(1)	I(1)	I(0)	Variáveis cointegradas. ECM

Tabela 7.4: Resumo dos modelos.

Por fim, ilustramos o emprego dos modelos ADL e ECM na modelagem da série histórica das expectativas de inflação dos consumidores brasileiros usando o IPCA como variável explicativa.

8

Modelo vetorial autorregressivo

Pedro Guilherme Costa Ferreira

8.1 Introdução

É comum, principalmente para modelos econômicos, que existam fortes evidências de que uma variável seja definida dentro de um sistema; um exemplo básico são os modelos macroeconômicos de curto prazo onde PIB, consumo, investimento e gastos governamentais são determinados simultaneamente.

Nestes casos, é um erro de especificação modelar esses processos de maneira puramente autorregressivo, ou não controlando a dinâmica temporal, dado que podem existir relações entre os choques contemporâneos. Assim, surgiram os modelos de função de transferência (cap. 6 deste livro), onde se assumia uma relação unidirecional entre séries de tempo. Todavia, essa hipótese não corresponde a muitos casos de interesse, como no exemplo do parágrafo acima.

Uma solução surge com os modelos VAR (do inglês, *Vector Autoregressive*) no trabalho seminal de Christopher Sims, *Macroeconomics and Reality* (Sims, 1980), que propõe tratar todas as variáveis do sistema simetricamente, sem fazer hipóteses sobre a estrutura de correlação entre elas.

A abordagem de Sims despertou o interesse teórico e aplicado na possibilidade de se verificar a relação entre as váriaveis do sistema, o que é comumente feito através das funções de impulso-resposta e decomposição de variância; relacionadas ao interessante resultado que nos permite representar o VAR como um processo de médias móveis infinitas.

Entretanto, como em muitos casos é interessante que o modelo possua sentido econômico, o que é de certa maneira sacrificado pela ausência de uma estrutura de causalidade na especificação reduzida, vários esforços surgiram na busca por meios de se identificar os parâmetros estruturais após a estimação do VAR, o que deu origem aos modelos SVAR (do inglês *structural VAR*).

A abordagem vetorial permite também uma análise muito mais detalhada das relações de cointegração, advindas da extensão do importante trabalho em Engle & Granger (1987), que dá origem aos modelos VECM (do inglês *vector error correction model*), dos quais o método de estimação proposto por Engle & Granger (1987), é a principal referência.

O conteúdo deste capítulo está baseado principalmente nos livros de Pfaff (2008a), Enders (2008) e Lütkepohl (2005). A não ser quando explicitamente mencionado, fazem parte do pacote vars (Pfaff *et al.*, 2013). Ademais, todos os códigos R e dados utilizados para produção deste capítulo, alguns antes dos resultados apresentados, estão todos disponíveis em github.com/pedrocostaferreira/timeseries.

Este capítulo está estruturado da seguinte forma: após esta introdução, a seção 8.2 define o modelo VAR e apresenta suas principais propriedades, como estabilidade e representação em médias móveis. Na seção 8.3 são abordadas a estimação e previsão, assim como algumas ferramentas de análise do modelo, como funções de impulso-resposta e Granger-causalidade. As duas seções seguintes, 8.4 e 8.5 apresentam as versões mais robustas do modelo - estrutural (SVAR) e de correção de erro (VECM) - que permitem a identificação de relações estruturais e de longo prazo, respectivamente. Finalmente, a seção 8.6 apresenta um breve exemplo da metodologia, aplicada a dados de investimento e confiança da economia brasileira.

8.2 O Modelo VAR

8.2.1 Definição

Abordaremos os principais aspectos dos modelos VAR estudando uma especificação bivariada simples, com a média do processo sendo o único termo determinístico; o que não afeta a generalidade do que será exposto. Tal abordagem auxilia a abstração e facilita a compreensão de vários aspectos da metodologia.

Assim, partindo da perspectiva de modelos dinâmicos, e seguindo a apresentação feita por Enders (2008, p. 264), olhamos primeiramente para o que seria um modelo em sistema bivariado (equação 8.1). A ideia é que se não sabemos se há *feedback*,[1] partimos de um modelo em que as inovações contemporâneas de um processo afetam o outro.

---

[1]Relação onde há causalidade mútua.

$$y_{1,t} = \alpha_1 - \delta_2 y_{2,t} + \beta_1 y_{1,t-1} + \beta_2 y_{2,t-1} + e_{1,t}, \tag{8.1a}$$

$$y_{2,t} = \alpha_2 - \delta_1 y_{1,t} + \beta_2 y_{2,t-1} + \beta_1 y_{1,t-1} + e_{2,t}, \tag{8.1b}$$

No sistema 8.1, os termos $y_{1,t}$ e $y_{2,t}$ representam a dinâmica contemporânea, relaxando a hipótese de restrição de *feedback*. O modelo acima está no que chamamos forma estrutural, devido à presença do termo contemporâneo no lado direito de cada equação.

Para colocá-lo na forma reduzida, escrevemos o modelo na forma matricial a partir do rearranjo:

$$y_{1,t} + \delta_2 y_{2,t} = \alpha_1 + \beta_1 y_{1,t-1} + \beta_2 y_{2,t-1} + e_{1,t}, \tag{8.2a}$$

$$y_{2,t} + \delta_1 y_{1,t} = \alpha_2 + \beta_2 y_{2,t-1} + \beta_1 y_{1,t-1} + e_{2,t}, \tag{8.2b}$$

a partir do qual obtemos:

$$\begin{bmatrix} 1 & \delta_2 \\ \delta_1 & 1 \end{bmatrix} \begin{bmatrix} y_1 \\ y_2 \end{bmatrix}_t = \begin{bmatrix} \alpha_1 \\ \alpha_2 \end{bmatrix} + \begin{bmatrix} \beta_1 & \beta_2 \\ \beta_2 & \beta_1 \end{bmatrix} \begin{bmatrix} y_1 \\ y_2 \end{bmatrix}_{t-1} + \begin{bmatrix} e_1 \\ e_2 \end{bmatrix}_t, \tag{8.3}$$

que podemos simplificar como:

$$A y_t = \alpha + B^* y_{t-1} + e_t, \tag{8.4}$$

bastando apenas pré-multiplicar a equação (8.3) por:[2]

$$A^{-1} = \begin{bmatrix} 1 & \delta_2 \\ \delta_1 & 1 \end{bmatrix}^{-1} = \frac{1}{1 - \delta_1 \delta_2} \begin{bmatrix} 1 & -\delta_1 \\ -\delta_2 & 1 \end{bmatrix} \tag{8.5}$$

donde obtemos:

$$y_t = a + B y_{t-1} + \varepsilon_t, \tag{8.6}$$

a chamada forma reduzida, em que $a = A^{-1} \alpha$, $B = A^{-1} B^*$ e $\varepsilon_t = A^{-1} e_t$.

Vale observar que a pré-multiplicação acima torna os termos de erro da equação (8.6) (i.e. ε_t) combinações lineares dos erros puros (e_t), da equação (8.3). Essa transformação tem consequências importantes, principalmente quando se deseja estudar características estruturais das variáveis contidas no modelo.

---

[2] Lembrando que se pode obter a inversa de uma matriz como o produto do inverso de seu determinante e sua adjunta.

De fato, os erros estarem correlacionados de forma contemporânea cria a necessidade de retornarmos ao modelo na forma (8.4) a partir de um modelo reduzido estimado caso desejemos realizar análises estruturais. Obtendo a matriz A, por exemplo. Para essa identificação (i.e. obter os parâmetros da versão estrutural a partir da reduzida) recorremos a restrições, que dão origem aos modelos estruturais (SVAR), que estudaremos melhor na seção 8.4.

8.2.2 Estabilidade e estacionariedade

Um dos primeiros aspectos de modelos VAR a serem tratados em livros-texto é sua estabilidade. Da mesma forma que para modelos univariados, a definição das condições de estabilidade de modelos VAR tem direta relação com a possibilidade de estimação e realização de inferência do modelo.

Similarmente com a condição de que as raízes do polinômio definido nos operadores de defasagem de um modelo univariado estejam fora do círculo unitário (Enders, 2008, p. 28), para modelos multivariados verificamos uma condição a partir dos autovalores da matriz de coeficientes (Enders, 2008, p. 267).

Para ver o porquê disso mais claramente, sigamos o desenvolvimento de Lütkepohl (2005) e olhemos para a evolução da equação (8.6), assumindo que este se inicia em $t = 1$:

$$y_1 = a + By_0 + \varepsilon_1,$$

$$y_2 = a + By_1 + \varepsilon_2,$$

$$= a + B(a + By_0 + \varepsilon_1) + \varepsilon_2,$$

$$= (I + B)a + B^2 y_0 + B\varepsilon_1 + \varepsilon_2, \qquad (8.7)$$

$$\vdots$$

$$y_t = (I + B + B^2 + \cdots + B^{t-1})a + B^t y_0 + \sum_{i=0}^{t-1} B^i \varepsilon_{t-i}$$

$$\vdots$$

Agora, se pudermos assumir que este processo se iniciou no que alguns autores chamam de "passado infinito", reescrevendo a última equação de 8.7 temos:

$$y_t = (I + B + B^2 + \cdots + B^k)a + B^{k+1} y_{t-k-1} + \sum_{i=0}^{k} B^i \varepsilon_{t-i} \qquad (8.8)$$

Modelo vetorial autorregressivo

Daí fica claro que o sistema só converge caso B^k desapareça à medida que $k \to \infty$ (por isso a hipótese do "passado infinito", que nos permite assumir estarmos em um presente onde k é suficientemente grande). Neste caso, teremos que $(I + B + B^2 + \cdots + B^k) \to (1-B)^{-1}$, o que permite representar o VAR como um processo de médias móveis:

$$y_t = \bar{y} + \sum_{i=0}^{\infty} B^i \varepsilon_{t-i} \tag{8.9}$$

onde $\bar{y} = \frac{a}{(I-B)}$.

Por outro lado, para que essa convergência ocorra é necessário que os autovalores da matriz B (que chamaremos λ) sejam menores que 1 em módulo. Dado que estes satisfazem $det(I\lambda - B) = 0$, definindo $z = 1/\lambda$ (o recíproco de λ) temos a condição para estabilidade de um modelo VAR em (8.10). Ou seja, se as raízes do determinante de $B(z) = I - Bz$ estão fora do círculo unitário, o VAR em questão é estável.[3]

$$det(I - Bz) \neq 0, \quad \text{para} \quad |z| \leq 1 \tag{8.10}$$

Para exemplificar, tomemos o processo a seguir, um VAR(1) em três dimensões:

$$\begin{bmatrix} y_1 \\ y_2 \\ y_3 \end{bmatrix}_t = \begin{bmatrix} a_1 \\ a_2 \\ a_3 \end{bmatrix} + \begin{bmatrix} .5 & 0 & 0 \\ .1 & .1 & .3 \\ .0 & .2 & .3 \end{bmatrix} \begin{bmatrix} y_1 \\ y_2 \\ y_3 \end{bmatrix}_{t-1} + \begin{bmatrix} u_1 \\ u_2 \\ u_3 \end{bmatrix}_t \tag{8.11}$$

Vericando a condição em (8.10) temos que:

$$det\left(\begin{bmatrix} 1 & 0 & 0 \\ 0 & 1 & 0 \\ 0 & 0 & 1 \end{bmatrix} - \begin{bmatrix} .5 & 0 & 0 \\ .1 & .1 & .3 \\ .0 & .2 & .3 \end{bmatrix} z \right) = det\left(\begin{bmatrix} 1-0.5z & 0 & 0 \\ -0.1z & 1-0.1z & -0.3z \\ 0 & -0.2z & 1-0.3z \end{bmatrix} \right) \tag{8.12a}$$

$$= (1-0.5z)[(1-0.1z)(1-0.3z) - (-0.3z)(-0.2z)] \tag{8.12b}$$
$$= (1-0.5z)(-0.03z^2 - 0.4z + 1) \tag{8.12c}$$
$$= 0.015z^3 + 0.17z^2 - 0.9z + 1 \tag{8.12d}$$

---
[3] O cálculo dos autovalores é implementado na função `roots()`, vista na próxima seção.

As raízes desse polinômio são $z_1 = -15.4858$, $z_2 = 2$ e $z_3 = 2.1525$. Como todos estão fora do círculo unitário, temos que seus recíprocos (os autovalores da matriz de coeficientes) estão dentro do círculo unitário, e, portanto, o modelo é estável.

Como dissemos, estacionariedade e estabilidade são duas propriedades fortemente relacionadas. No caso de modelos VAR, tal relação se dá pelo fato de que modelos VAR estáveis são sempre estacionários. A negativa dessa afirmação não é verdadeira (Lütkepohl, 2005, p. 25). Entretanto, processos instáveis (e.g. que "explodem" em uma determinada direção) não têm apelo econômico, e por isso, não são de interesse.

Simularemos agora um processo VAR e analisaremos suas propriedades de acordo com o que discutimos, seguindo Pfaff (2008a, p. 26).

Consideremos assim o modelo da equação (8.13), no qual por motivos que serão discutidos na seção seguinte, definimos que ε_2 é uma combinação linear de e_1 e e_2 - os termos de erro estruturais de y_1 e y_2, respectivamente. Esse processo está simulado na figura 8.1:

$$\begin{bmatrix} y_1 \\ y_2 \end{bmatrix}_t = \begin{bmatrix} 0.5 \\ 1.0 \end{bmatrix} + \begin{bmatrix} 0.7 & 0.4 \\ 0.2 & 0.3 \end{bmatrix} \begin{bmatrix} y_1 \\ y_2 \end{bmatrix}_{t-1} + \begin{bmatrix} \varepsilon_1 \\ \varepsilon_2 \end{bmatrix}_t \qquad (8.13)$$

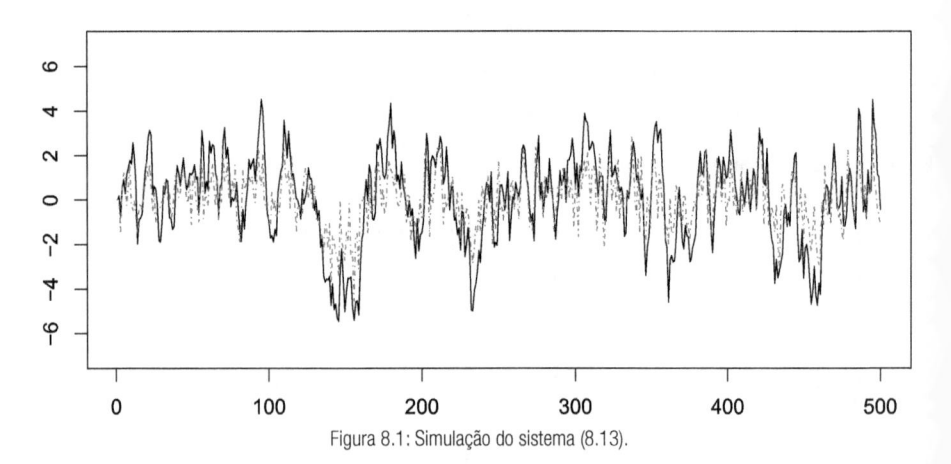

Figura 8.1: Simulação do sistema (8.13).

É fácil ver que os processos aparentam seguir uma dinâmica comum. Em contrapartida, podemos obter um processo não estável simplesmente forçando que as raízes de seu polinômio sejam unitárias:

$$\begin{bmatrix} y_1 \\ y_2 \end{bmatrix}_t = \begin{bmatrix} 1 & 0 \\ 0 & 1 \end{bmatrix} \begin{bmatrix} y_1 \\ y_2 \end{bmatrix}_{t-1} + \begin{bmatrix} \varepsilon_1 \\ \varepsilon_2 \end{bmatrix}_t \qquad (8.14)$$

Na figura 8.2 percebemos uma consequência imediata de processos instáveis: estes tendem a se "descolar", rompendo uma trajetória comum.

Esse processo, apesar da aparente instabilidade, apresenta uma característica interessante, exemplificada entre as observações de número 100 e 200: ainda que eles venham a romper uma trajetória comum, tendem a recuperá-la nos períodos seguintes. Esse fenômeno, visto com mais detalhes na seção 8.5, é conhecido como cointegração; presente, grosso modo, quando duas séries não estacionárias compartilham uma relação de longo prazo.

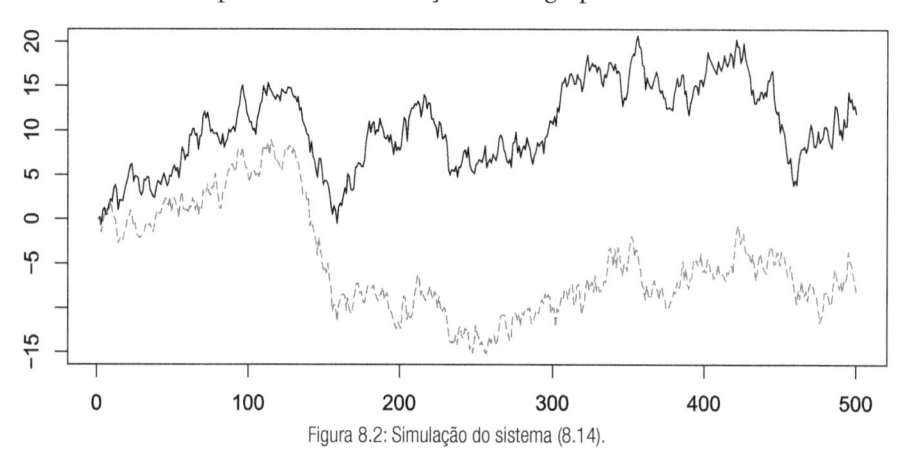

Figura 8.2: Simulação do sistema (8.14).

8.3 Estimação, análise e previsão

8.3.1 Estimação

Entre várias implicações relevantes da estabilidade, está a de que os coeficientes de um processo VAR estável de ordem infinita (representado como na equação (8.8)) convergem para zero rapidamente, o que implica ser possível aproximar satisfatoriamente o processo original a partir de um número finito de coeficientes.

Com base neste resultado, conforme em Pfaff (2008a, p. 25), a determinação da quantidade de defasagens do VAR se faz através de critérios de informação ou pelo erro final de previsão.

No R a função `VARselect()` informa os valores de três critérios (AIC, SC e HQ) e o erro final de previsão (FPE).

```
VARselect(y, lag.max = 10, type = c("const", "trend", "both",
"none"), season = NULL, exogen = NULL)
```

- y: objeto contendo as séries do modelo;
- lag.max: quantidade máxima de defasagens;
- type: parâmetros determinísticos;
- season: *dummies* sazonais;
- exogen: variáveis exógenas.

Para os dados simulados da equação (8.13), a função parametrizada com 6 defasagens máximas e sem componentes determinísticas retorna:

```
AIC(n)  HQ(n)  SC(n) FPE(n)
   1      1      1     1

criteria
               1          2          3          4          5          6
AIC(n) -0.5302180 -0.5186390 -0.5137012 -0.5055825 -0.4948419 -0.4949713
HQ(n)  -0.5168583 -0.4919197 -0.4736222 -0.4521439 -0.4280437 -0.4148134
SC(n)  -0.4961893 -0.4505818 -0.4116153 -0.3694680 -0.3246988 -0.2907995
FPE(n)  0.5884767  0.5953307  0.5982786  0.6031576  0.6096740  0.6096001
```

A primeira parte da saída indica o número de defasagens ótimo para cada critério, seguido pela tabela com o valor de cada um para cada defasagem. A defasagem ótima é sempre aquela para qual o critério apresenta o menor valor.

Na prática, dado que estamos suprimindo termos determinísticos, essa é toda informação que necessitamos para estimar um processo VAR. Como as funções que analisaremos a seguir necessitam de um processo, estimemos um VAR(1) para os dados que simulamos para a equação (8.13). Isso é possível com a função **VAR**:

```
VAR(y, p = 1, type = c("consplot(model1.irf, main=""t",
"trend", "both", "none"), season = NULL, exogen = NULL, lag.
max = NULL, ic = c("AIC", "HQ", "SC", "FPE"))
```

Além dos mesmos argumentos da função VARselect, a função recebe:

- x: número de defasagens do modelo;
- lag.max: número máximo de defasagens a ser testado pelo argumento de ic;
- ic: critério de informação usado por lag.max.

Estimando o modelo para os simulados (equação 8.13), obtemos:
```
VAR Estimation Results:
=======================

Estimated coefficients for equation y_1:
========================================
Call:
y_1 = y_1.l1 + y_2.l1

   y_1.l1    y_2.l1
0.6770019 0.3888598

Estimated coefficients for equation y_2:
========================================
Call:
y_2 = y_1.l1 + y_2.l1

   y_1.l1    y_2.l1
0.1983028 0.2227066
```
Observe que os coeficientes estimados estão bem próximos do original. Isso não ocorre simplesmente porque estamos trabalhando com dados simulados, mas sim pela eficiência do MQO para o caso onde os resíduos de cada equação são independentes e homocedásticos, dado que foram gerados a partir de uma distribuição normal.

De fato, a utilização do MQO é geralmente o motivo pelo qual a estacionariedade dos dados é propriedade de interesse na estimação de modelos VAR. Ainda assim, como visto em Enders (2008, p. 270), vários autores argumentam contra a diferenciação dos dados em caso de não estacionariedade, dada a possibilidade de existência de relações de longo prazo entre as variáveis em nível, o que estudaremos quando tratarmos de cointegração, na seção 8.5.

8.3.2 Diagnóstico

Após a estimação do modelo, seguimos naturalmente aos testes de diagnóstico, a fim de verificar se os resíduos satisfazem as hipóteses feitas para o método de estimação, que são em geral ideais para qualquer modelo. Nesse sentido, os testes mais comuns analisam a presença de correlação residual e heterocedasticidade, assim como a estabilidade dos parâmetros. Vamos apresentar algumas implementações desses testes, dos quais os detalhes podem ser vistos em Pfaff (2008a, p. 44).

A função `serial.test()` retorna o teste de Portmanteu clássico e ajustado, além do teste de Breusch-Godfrey, ambos com hipótese nula de ausência de correlação serial:

```
serial.test(x, type = c("PT.asymptotic", "PT.adjusted", "BG",
"ES", ...))
```

- x: modelo VAR estimado (i.e. um objeto do tipo varest);
- type: tipo de teste a ser realizado;

Os testes de heterocedasticidade e normalidade são implementados nas funções arch.test() e normality.test(), respectivamente. Além disso, a não ser pela possibilidade de definir a quantidade de defasagens em ambos os casos (uni e multivariado) presente no primeiro teste, os argumentos das funções são iguais:

```
arch.test(x, multivariate.only = TRUE, ...)
```

- x: modelo VAR estimado;
- multivariate.only: code TRUE retorna apenas a estatística multivariada, enquanto FALSE retorna também a de cada equação.

Finalmente, para verificar a estabilidade de um modelo estimado, podemos verificar a condição na equação (8.10), porém calculando os autovalores associados (o que nos permite facilmente avaliar a condição tendo em mente a definição de z), através da função roots(), assim como os processos de flutuação empírica disctutidos no capítulo 3 deste livro.

```
roots(x, modulus = TRUE)
```

- x: modelo VAR estimado;
- modulus: retorna o valor absoluto das raízes, caso contrário retorna tanto a parte real como complexa, caso haja.[4]

Para nosso modelo estimado, como sabemos que este é estável por construção, esperamos autovalores inferiores a 1 em valor absoluto:
[1] 0.80861328 0.09109521

Uma maneira rápida de verificar essa condição no caso de um sistema com várias variáveis é plotar os valores da função roots no círculo unitário (figura 8.3).

---

[4]Apesar do nome (raízes em inglês), a função retorna na verdade os autovalores associados à expressão em (8.10).

Modelo vetorial autorregressivo

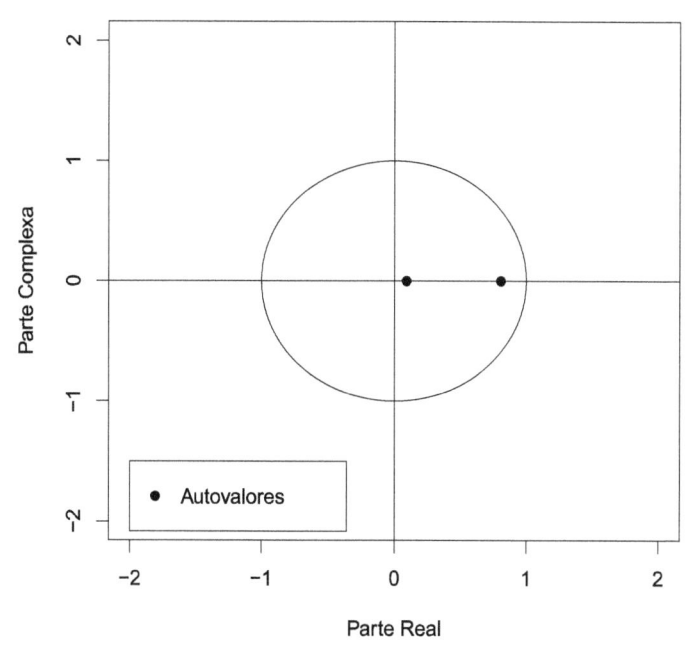

Figura 8.3: Autovalores de (8.13).

Dado que nosso VAR é bivariado, a saída nos apresenta dois autovalores, ambos corroborando a estabilidade do modelo.

8.3.3 Função impulso-resposta

Uma ferramenta útil na análise das interações das variáveis presentes em um modelo VAR pode ser obtida com algumas simples manipulações algébricas da representação em médias móveis. Se reescrevermos a equação (8.1) na forma da equação (8.9), obtemos a seguinte representação:

$$\begin{bmatrix} y_1 \\ y_2 \end{bmatrix}_t = \begin{bmatrix} \bar{y}_1 \\ \bar{y}_2 \end{bmatrix} + \sum_{i=0}^{\infty} B^i \begin{bmatrix} \varepsilon_1 \\ \varepsilon_2 \end{bmatrix}_{t-i} \qquad (8.15)$$

Agora, se voltarmos à estrutura do erro puro em 8.1, ou seja:

$$\begin{bmatrix} \varepsilon_1 \\ \varepsilon_2 \end{bmatrix}_{t-i} = \frac{1}{1-\delta_1\delta_2} \begin{bmatrix} 1 & -\delta_1 \\ -\delta_2 & 1 \end{bmatrix} \begin{bmatrix} e_1 \\ e_2 \end{bmatrix}_{t-i} \qquad (8.16)$$

temos,

$$\begin{bmatrix} y_1 \\ y_2 \end{bmatrix}_t = \begin{bmatrix} \bar{y}_1 \\ \bar{y}_2 \end{bmatrix} + \frac{1}{1-\delta_1\delta_2} \sum_{i=0}^{\infty} B^i \begin{bmatrix} 1 & -\delta_1 \\ -\delta_2 & 1 \end{bmatrix} \begin{bmatrix} e_1 \\ e_2 \end{bmatrix}_{t-i} \qquad (8.17)$$

que rearranjamos para encontrar:

$$\begin{bmatrix} y_1 \\ y_2 \end{bmatrix}_t = \begin{bmatrix} \bar{y}_1 \\ \bar{y}_2 \end{bmatrix} + \sum_{i=0}^{\infty} \begin{bmatrix} \phi_{1,1}(i) & \phi_{1,2}(i) \\ \phi_{2,1}(i) & \phi_{2,1}(i) \end{bmatrix} \begin{bmatrix} e_1 \\ e_2 \end{bmatrix}_{t-i} \qquad (8.18)$$

onde cada $\phi_{i,j}$ é uma função de impulso-resposta e seu gráfico é uma maneira prática de visualizar o comportamento de choques entre as variáveis do modelo. Em modelos estáveis, esperamos que as respostas a esses choques, que chamamos impulso, convirjam para zero em tempo finito, preferencialmente em poucos lags. Vale observar que $\phi_{i,j}(0)$, a resposta instantânea, é chamado de multiplicador de choque.

O gráfico de $\phi_{i,j}(t)$ é formado para uma sequência de valores de tempo (i.e. $t = 0, 1, 2, \ldots, n, \ldots$) assumindo na equação (8.18) que $\varepsilon_t = 1$. Dessa maneira a interpretação se inicia assumindo um choque de uma unidade na variável j, com a respectiva resposta na variável i dada pelo comportamento gráfico.

Essa função é implementada sob o nome `irf`:

```
irf(x, impulse = NULL, response = NULL, n.ahead = 10, ortho
= TRUE, cumulative = FALSE, ...)
```

- `x`: objeto contendo o modelo VAR estimado;
- `impulse`: vetor contendo variáveis de impulso;
- `response`: vetor contendo variáveis resposta;
- `n.ahead`: define para quantos passos será calculada a resposta ao impulso;
- `ortho`: permite calcular respostas ortogonais - livre de ruídos de outras variáveis - caso os resíduos de diferentes equações do modelo sejam correlacionados;[5]
- `cumulative`: permite calcular o efeito cumulativo do choque.

---

[5] De fato, essa é a realidade em geral e a solução empregada por esse argumento, que é a mais simples, é a realização de uma decomposição de Cholesky na matriz de variância e covariância dos resíduos.

Como exemplo, geraremos a função para o modelo da equação (8.13) (figura 8.4).

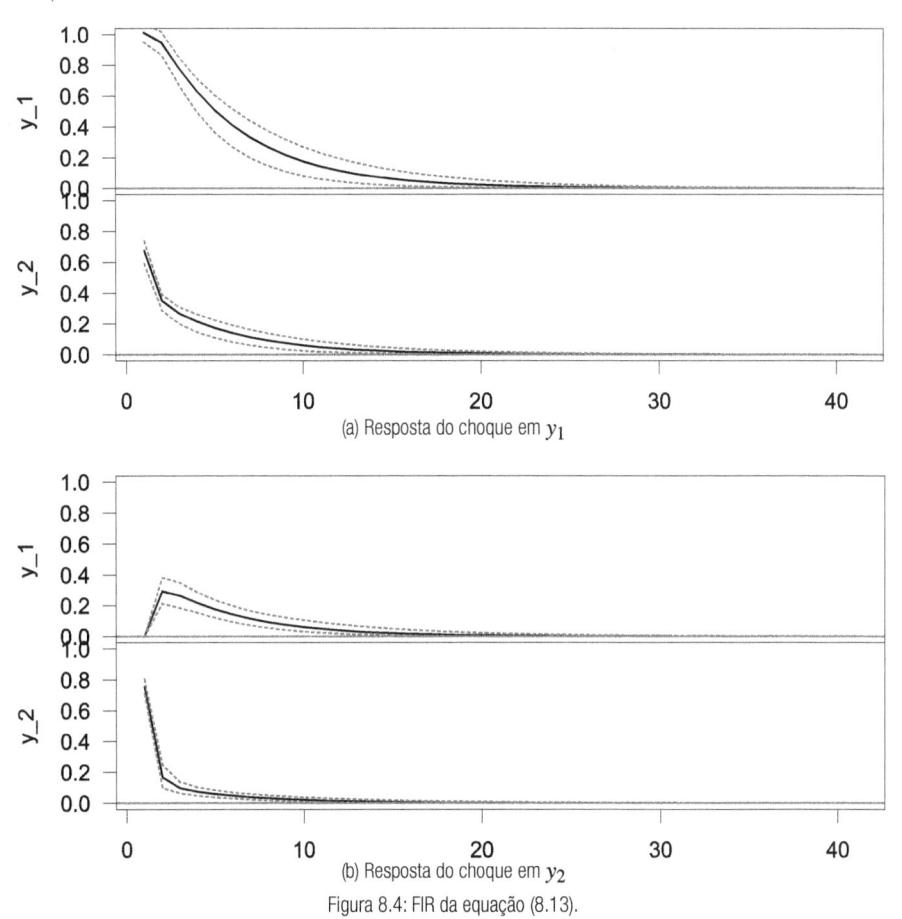

Figura 8.4: FIR da equação (8.13).

A interpretação é bastante direta: um choque de uma unidade na variável y_1 gera uma perturbação exponencialmente descrescente na variável y_2 (figura 8.4a), que desaparece completamente por volta do período 18. Já y_2 tem um efeito crescente em y_1 nos primeiros dois períodos (figura 8.4b), a partir daí caindo e desaparecendo também em torno do período 18.

Outra perspectiva é oferecida quando calculamos o efeito acumulado (figura 8.5, que nada mais é do que a soma dos choques em cada período. Como as funções convergem a zero,[6] o efeito cumulativo também apresenta truncagem. Na literatura, essa função é conhecida como *multiplicador de longo prazo*.

---

[6]A convergência da função de impulso-resposta é uma consequência direta da estabilidade do modelo.

(a) Resposta acumulada do choque em y_1

(b) Resposta acumulada do choque em y_2

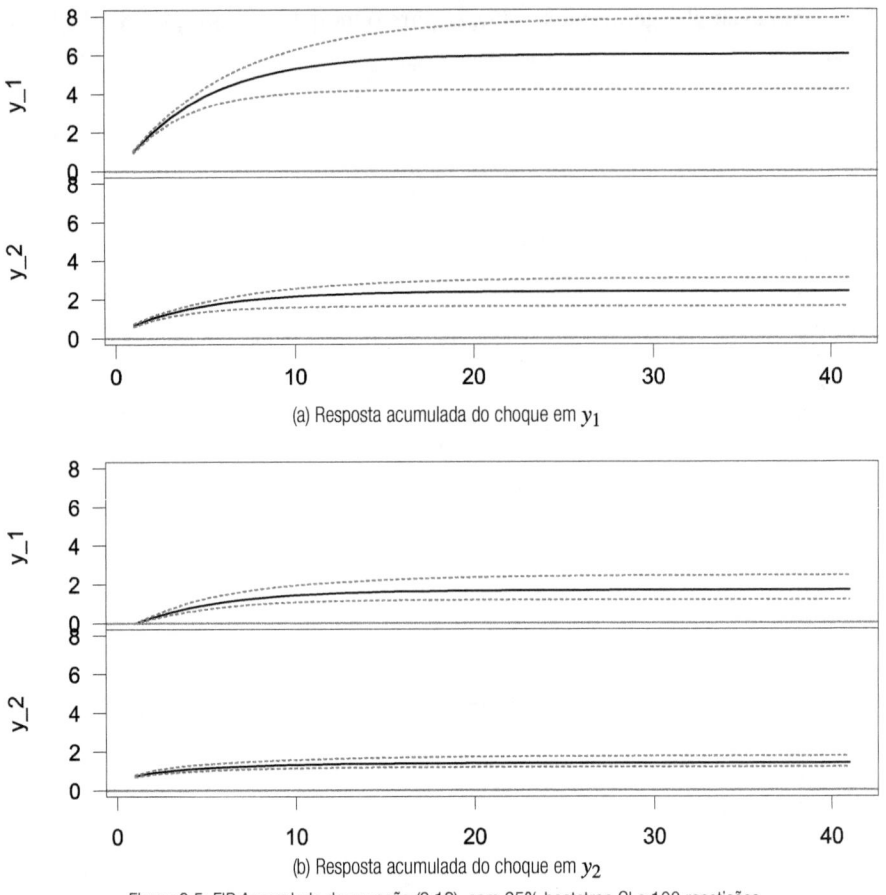

Figura 8.5: FIR Acumulada da equação (8.13), com 95% bootstrap CI e 100 repetições.

A interpretação neste caso, é a de que o choque de uma unidade em y_2 gera uma resposta acumulada (efeito de longo prazo) de 2 unidades em y_1.

8.3.4 Decomposição de variância

Outra técnica muito útil é a decomposição de variância dos erros de previsão, implementada na função `fevd()`:[7]

```
fevd(x, n.ahead=10, ...)
```

- `x`: modelo VAR estimado;
- `n.ahead`: quantidade de pontos de previsão.

---

[7]Do inglês: *Forecast Error Variance Decomposition*.

Modelo vetorial autorregressivo

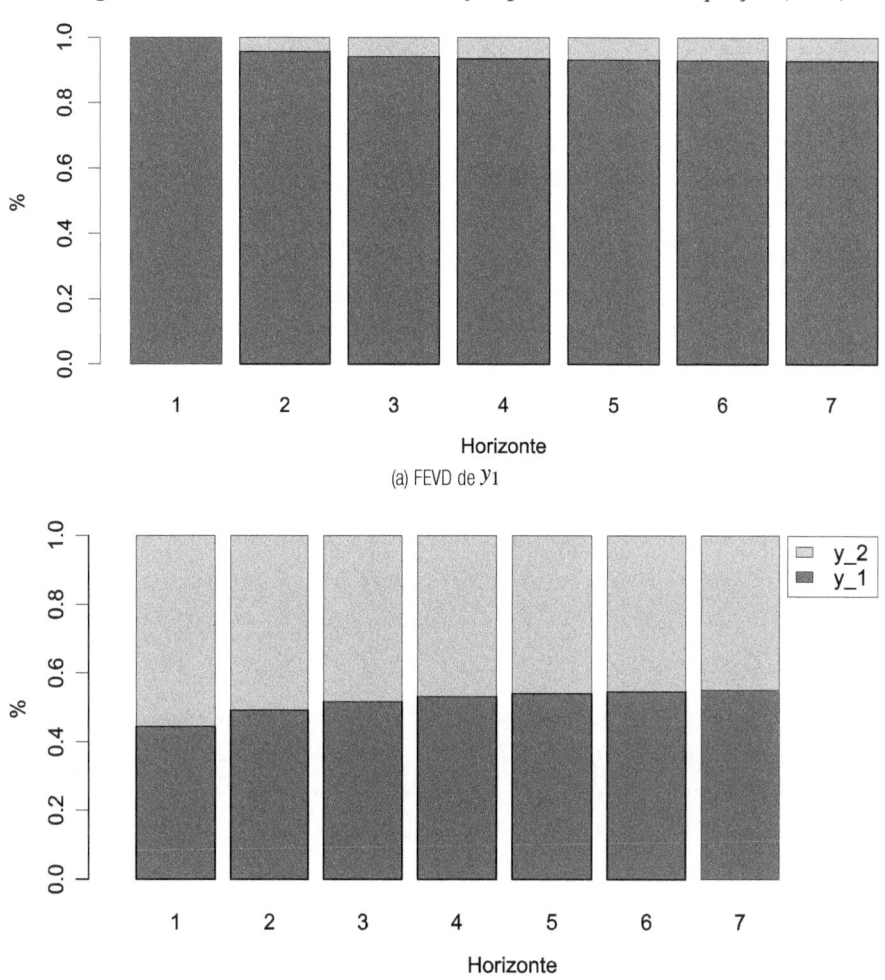

Na figura 8.6 temos o resultado da função para modelo da equação (8.13).

(a) FEVD de y_1

(b) FEVD de y_2
Figura 8.6: Decomposição de Variância da equação (8.13).

Em linhas gerais, a função retorna o quanto a variação (percentual) do erro de previsão é atribuída a cada variável para uma sequência de valores no tempo. Ou seja, a variância total dos erros de previsão é decomposta, no nosso caso, em duas componentes, uma relacionada a y_1 e a outra a y_2. Na prática, essa análise nos ajuda a verificar quais variáveis são realmente importantes quando o objetivo é realizar previsões. Quanto maior for a contribuição percentual de uma variável para a variação total de outra, mais importante ela é para realizarmos boas previsões da variável da qual realizamos a decomposição.

Assim, na decomposição da variância da equação (8.13), verificamos que por volta de 50% dos desvios da previsão de y_2 em relação aos valores observados se devem às oscilações de ε_1 (figura 8.6b), enquanto a mesma relação para ε_2 e y_1 é inferior a 10% (figura 8.6a). Tais efeitos eram esperados, dado que a parte estocástica de y_2 depende fortemente dos choques estruturais em y_1, como ressaltamos quando apresentamos o processo.

8.3.5 Previsões

Duas maneiras para gerar previsões estão implementadas em predict() e fanchart(), a primeira retorna os pontos médios dos intervalos de confiança para cada previsão, enquanto a segunda produz os intervalos como áreas sombreadas.

Várias parametrizações estão disponíveis (a maior parte similar às disponíveis em plot()). Abaixo segue a definição função fanchart():

```
fanchart(x, colors = NULL, cis = NULL, names = NULL, main =
NULL, ylab = NULL, xlab = NULL, col.y = NULL, nc, plot.type =
c("multiple", "single"), mar = par("mar"), oma = par("oma"),
...)
```

- x: um objeto predict, com cada observação e seu intervalo de confiança (I.C.).

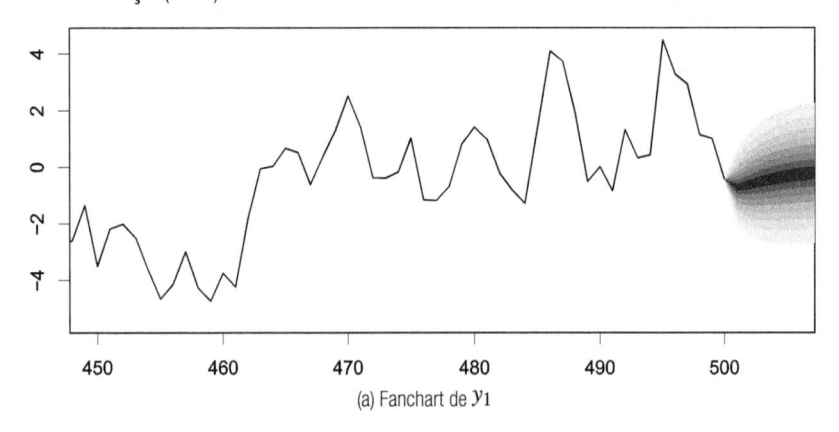

(a) Fanchart de y_1

Modelo vetorial autorregressivo

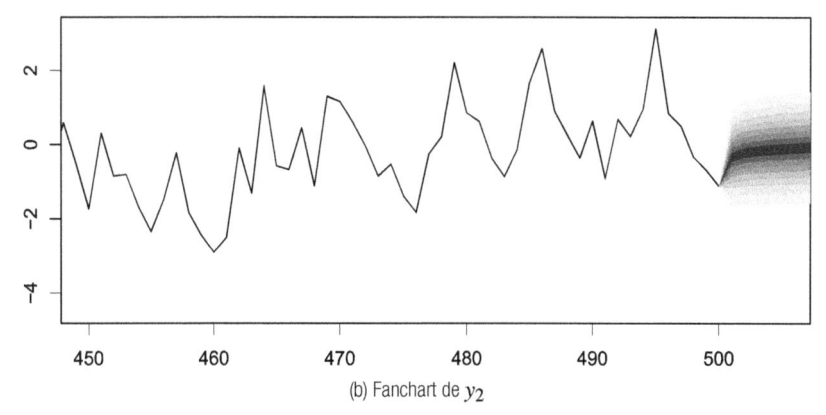

(b) Fanchart de y_2

Figura 8.7: Previsões para os dados simulados da equação (8.13).

As previsões (figura 8.7) foram geradas para 10 períodos à frente, com intervalo de confiança de 95%, onde a tonalidade mais escura indica maior probabilidade do valor a ser observado se encontrar naquela região. Novamente, dada a estabilidade do modelo, a partir de alguns passos as previsões truncam em um mesmo valor.

8.3.6 Causalidade de Granger

Entre os propósitos comuns na estimação de modelos VAR está a investigação de causalidade entre as variáveis. Uma metodologia muito utilizada para esse fim é a causalidade de Granger (Granger, 1969). Todavia, é importante salientar que essa metodologia se baseia em inferir se valores passados[8] de uma variável auxiliam na previsão de uma outra.

Dessa maneira, o teste não nos informa nada a respeito de causalidade em termos literais, mas, sim, oferece evidências estatísticas de que oscilações passadas de uma variável estão correlacionadas com as de uma outra.

Em um sistema bivariado, testar se y_2 Granger causa y_1 equivale a estimar, por exemplo, para a equação (8.19), se $\beta_{2,t-i} = 0, \quad \forall i = 1,\ldots,k$.

$$y_{1,t} = \mu_1 + \beta_{1,t-1} y_{1,t-1} + \cdots + \beta_{1,t-p} y_{1,t-p} + \beta_{2,t-1} y_{2,t-1} + \cdots + \beta_{2,t-k} y_{2,t-k} + \varepsilon_{1,t} \quad (8.19)$$

Este teste está implementado na função `causality()`:

```
causality(x, cause = NULL, vcov.=NULL, ....)
```

- x: objeto contendo o modelo VAR estimado;

---
[8] Assim, não vale associar a existência de Granger-causalidade com exogeneidade, dado que esta necessita da ausência de efeitos contemporâneos.

- `cause`: permite especificar a variável de "causa"; se não especificado, utiliza-se a primeira variável do `data frame`;
- `vcov.`: permite especificar manualmente a matriz de covariância;

Para o modelo da equação (8.13), o teste para Granger-causalidade de y_1 em y_2 retorna:

$Granger

```
        Granger causality H0: y_1 do not Granger-cause y_2
data:   VAR object model1
F-Test = 34.861, df1 = 1, df2 = 994, p-value = 4.857e-09
```

Como o p-valor é praticamente 0, rejeitamos a hipótese nula de que observações passadas de y_1 não afetam de maneira estatisticamente significativa o valor presente de y_2. Ou seja, y_1 Granger-causa y_2. O que, novamente, é esperado dado a maneira como construimos o processo.

A saída do teste apresenta também uma estatística acerca de relações contemporâneas, que pode ser visto com mais detalhe em Pfaff (2008a, p. 36).

8.4 VAR estrutural (SVAR)

8.4.1 Definição

Ainda que os modelos VAR resolvam as limitações da rigidez de *feedback* dos modelos de funções de transferência, tratando todas as variáveis simetricamente, tal abordagem, como enfatiza Enders (2008), é "desprovida de qualquer conteúdo econômico".

O problema se encontra quando se deseja extrair conclusões econômicas a partir do modelo estimado. Como vimos na definição teórica do modelo, os erros da forma reduzida são combinações lineares dos erros da forma irrestrita, o que na prática pode se traduzir em correlações significativas entre os termos de erro de diferentes equações, de maneira que não somos capazes de isolar os choques (e assim analisar relações causais).

Além do problema da interpretação econômica, como na maioria das vezes um modelo reduzido será sobreparametrizado, para fins de predição modelos estruturais são também mais atrativos, dado que as restrições permitem a redução do número de parâmetros do modelo, aumentando os graus de liberdade das estimativas.

Uma maneira de abordar essa limitação é estruturar a dinâmica dos resíduos de maneira recursiva, o que se traduz em trasformar a matriz da variância e covariância dos erros numa forma triangular. No sistema bivariado em (8.3), um exemplo desse tipo de restrição é impor $\delta_{2,1} = 0$, o que após pré-multiplicação do sistema por A^{-1}, resulta em uma dinâmica recursiva nos resíduos.

$$\begin{bmatrix} \varepsilon_1 \\ \varepsilon_2 \end{bmatrix}_{t-i} = \begin{bmatrix} 1 & -\delta_{1,1} \\ 0 & 1 \end{bmatrix} \begin{bmatrix} e_1 \\ e_2 \end{bmatrix}_{t-i} \qquad (8.20)$$

Ou seja, o termo de erro do processo $y_{1,t}$ é uma composição dos erros estruturais, o que na literatura costuma-se chamar *choques puros*. Todavia, o ponto importante é que através dessa especificação somos capazes de recuperar o modelo estrutural.

De fato, a decomposição triangular (também conhecida como *decomposição de Cholesky*), é muito comum em trabalhos empíricos. Porém, um problema que surge é a ordenação dos choques. No sistema (8.20), por exemplo, estamos impondo que ε_2 precede ε_1 uma vez que o primeiro entra diretamente na equação do segundo, que apenas afeta y_2 no período seguinte. Esse ordenamento pode não ser tão fácil quando se trata de várias variáveis, o que acaba criando a necessidade de encontrar justificativas teóricas para se impor tais restrições.

Todavia, a importância da ordenação é mais relevante caso a correlação entre os resíduos seja alta e estatisticamente significante, uma vez que as variáveis seriam, portanto, mais sensíveis a choques em outras. Entretanto, no caso de sistemas de variáveis econômicas, é comum que muitas apresentem relações contemporâneas, o que impede assumir hipóteses de não correlação.

Formalmente, o modelo VAR estrutural difere da forma reduzida se a matriz A, na equação (8.21), difere da identidade.[9]

$$Ay_t = B_1^* y_{t-1} + B_2^* y_{t-2} + \cdots + B_p^* y_{t-p} + Be_t \qquad (8.21)$$

onde as matrizes B_i contêm os coeficientes estruturais.

A estimação da forma estrutural pode ser vista como restrições na matriz e de variância-covariância do modelo reduzido, dada por $\Sigma_\varepsilon = A^{-1} BB' A^{-1'}$ (dado que $\varepsilon_t = A^{-1} Be_t$). Assim, são possíveis restrições nas matrizes A (comumente chamada de matriz de relações contemporâneas), B ou em ambas.[10] Sendo assim, é condição necessária, mas não suficiente, que em um modelo VAR de n variáveis sejam impostas $(n(n-1))/2$ restrições no modelo estrutural para ser possível recuperá-lo a partir da estimação da forma reduzida.[11]

---

[9] É simples ver a consequência disso considerando o modelo na equação (8.3).
[10] Mais detalhes podem ser vistos em Pfaff (2008a, p. 45).
[11] Isso no caso de restrições em apenas uma matriz, seja B ou A. Para identificação em ambas as matrizes o número de restições é $n^2 + (n(n-1))/2$.

8.4.2 Exemplo

Para apresentar o procedimento de estimação, reproduziremos o exemplo em Pfaff (2008a, p. 45) e estimaremos um VAR estrutural a partir de dados da simulação do seguinte modelo:

$$\begin{bmatrix} 1 & -0.7 \\ 0.8 & 1 \end{bmatrix} \begin{bmatrix} y_1 \\ y_2 \end{bmatrix}_t = \begin{bmatrix} 0.5 & 0.2 \\ -0.2 & -0.5 \end{bmatrix} \begin{bmatrix} y_1 \\ y_2 \end{bmatrix}_{t-1} + \begin{bmatrix} -0.3 & -0.7 \\ -0.1 & 0.3 \end{bmatrix} \begin{bmatrix} y_1 \\ y_2 \end{bmatrix}_{t-2} + \begin{bmatrix} e_1 \\ e_2 \end{bmatrix}_t \quad (8.22)$$

Para exemplificar, simulamos o modelo da equação (8.22), onde uma matriz do tipo **A**, pré-multiplicando o lado direito, define as relações contemporâneas entre y_1 e y_2 (neste exemplo, $B = I$). Partimos em seguida para a estimação da matriz **A**. Primeiro realizamos a estimação do modelo VAR, e em seguida impomos as restrições na matriz $\mathbf{A}^{12}$ (argumento Amat), que já sabemos quais são dado que o modelo foi simulado:

varest <- VAR(data, p=2, type="none")

Amat <- diag(2)
Amat[2,1] <- NA
Amat[1,2] <- NA

Neste exemplo supomos que conhecemos os valores dos coeficientes das diagonais, e com base nisso queremos estimar os outros dois, fora das diagonais. No R podemos representar essas restrições criando uma matriz diagonal e então inserindo NA's nas entradas que não conhecemos,[13] que é exatamente o que faz o código acima.

Finalmente, utilizamos a função SVAR()[14] para estimar o modelo de acordo com as restrições que estabelecemos:

SVAR(x, Amat = NULL, Bmat = NULL, ...)

- x: se refere ao modelo VAR originalmente estimado;
- Amat e Bmat: recebem as matrizes nas quais se quer realizar as restrições;

svar.A <- SVAR(varest, estmethod="direct",
              Amat=Amat, hessian=TRUE)

---

[12]Como observado, também são permitidas restrições na matriz **B**, que no caso requer hipóteses sobre a estrutura da matriz de covariância do modelo.

[13]De fato, as funções de estimação estruturais geralmente reconhecem um NA como um coeficiente não restrito.

[14]A função permite uma série de parametrizações, principalmente porque a estimação é realizada através do método de log-verossimilhança, dos quais os detalhes sugerimos ao leitor consultar diretamente no manual do pacote **vars**.

Abaixo, a saída resumida da estimação (sem os detalhes da otimização e resíduos), que esperamos corresponder à matriz **A** que definimos na equação (8.22):

```
SVAR Estimation Results:
========================

Estimated A matrix:
       y1      y2
y1 1.0000 -0.6975
y2 0.8571  1.0000
```

De fato, os valores $A(1,2) = -0.6975$ e $A(2,1) = 0.8571$ estão bastante próximos dos valores verdadeiros de -0.7 e 0.8, respectivamente. Como no modelo VAR, podemos aplicar funções de impulso-resposta e decomposição de variância para um modelo SVAR, com a vantagem, como mencionado antes, de que não precisamos nos preocupar com a ordenação das variáveis.

8.5 Não estacionariedade e cointegração

Como visto nas seções anteriores, a proposta original dos modelos VAR era apenas a obtenção de evidências estatísticas acerca da existência de relações entre variáveis de um sistema. Porém, dado o forte interesse de se poder mensurar essas relações preservando seu sentido econômico e os reflexos de choques de uma variável nas outras do sistema, surgiu a proposta dos modelos estruturais, que permitiam recuperar as relações contemporâneas entre as variáveis.

Ainda que não sugerida pelo autor da metodologia, a estacionariedade das variáveis do sistema foi largamente imposta em diversos trabalhos empíricos, principalmente pela possibilidade de assim se utilizar MQO para estimação do modelo.

O problema, como observa Pfaff (2008a), é que a maioria das deduções de longo prazo em modelos macroeconômicos surge de modelos com variáveis em nível, o que impõe grande desafio em avaliar resultados empíricos a partir de modelo com variáveis diferenciadas, que é a solução mais comum quando se trabalha com variáveis não estacionárias.

Por outro lado, modelos lineares estimados por métodos clássicos utilizando variáveis não estacionárias geram problemas ainda mais sérios, como as notáveis regressões espúrias reveladas em Yule (1926).

8.5.1 Engle-Granger

O problema apresentado anteriormente foi uma das motivações do trabalho seminal de Engle & Granger (1987), que possibilitou uma abordagem endógena da não estacionariedade, onde apontam que em alguns casos é possível representar a tendência estocástica presente nas variáveis como uma função linear delas mesmas, o que tem como principal consequência a possibilidade de estimar relações de longo prazo com variáveis não estacionárias.

Mais precisamente, os autores provaram que é possível que a combinação linear de dois processos, como no sistema 8.23 com ordem de integração maior ou igual a **1** tenha ordem de integração inferior. A definição abaixo (8.23) é uma das contribuições dos autores:

$$y_t = \alpha_1 + \sum_{i=1}^{k} \beta_{1,i} y_{t-1} + \sum_{i=1}^{l} \delta_{1,i} x_t + \varepsilon_{1,t},$$
$$x_t = \alpha_2 + \sum_{i=1}^{p} \beta_{2,i} x_{t-1} + \sum_{i=1}^{q} \delta_{2,i} y_t + \varepsilon_{2,t}, \quad (8.23)$$

Definição 8.5.1 *Os componentes de um vetor x_t são ditos cointegrados de ordem(d,b) se: i) todos os componentes são integrados de ordem d e ii) existe um vetor não nulo α tal que $\alpha' x_t$ é cointegrado de ordem $d - b$, com $b > 0$. Nesse caso, α é chamado de vetor de cointegração.*

De maneira simplificada, a solução prática do teorema é a inclusão dos resíduos ($\hat{z}_t$) da regressão (8.24) nas equações do sistema 8.23:

$$y_t = \sum_{i=1}^{k} \alpha_i x_{t,i} + z_t \quad (8.24)$$

Como $\hat{z}_t$ representa as oscilações em relação ao comportamento de equilíbrio de longo prazo das variáveis, em teoria espera-se que sejam estacionários; o que deve ser testado antes de imputá-los no sistema.

O resultado final (sistema 8.25), é chamado Modelo de Correção de Erros (ECM, do inglês *error-correction model*) uma vez que os desvios em $t-1$ são corrigidos em t dada a presença de z_t; do qual o coeficiente estimado, portanto, deve ser sempre negativo.

$$\Delta y_t = \phi_1 + \lambda_1 z_t + \sum_{i=2}^{k} \beta_{1,i} \Delta y_{t-1} + \sum_{i=2}^{l} \delta_{1,i} \Delta x_t + \varepsilon_{1,t},$$
$$\Delta x_t = \phi_2 + \lambda_2 z_t + \sum_{i=2}^{p} \beta_{2,i} \Delta x_{t-1} + \sum_{i=2}^{q} \delta_{2,i} \Delta y_t + \varepsilon_{2,t}, \quad (8.25)$$

8.5.2 VECM

Uma clara limitação da abordagem de Engle-Granger surge quando o sistema contém mais de duas variáveis. Se um sistema possui n variáveis, é fácil verificar que se pode obter até $n-1$ relações de cointegração. Assim, à medida que n cresce estimar essas relações fica mais trabalhoso.

Assumindo hipóteses análogas às de Engle-Granger, Campbell & Shiller (1987) definem cointegração de maneira mais generalizada.

Definição 8.5.2 *Um vetor y_t de dimensão n é dito cointegrado se existir pelo menos um vetor β de mesma dimensão tal que $\beta' y_t$ é tendência-estacionário. Se existirem* r *vetores cointegrantes (dois a dois L.I.[15]) dizemos que y_t é cointegrado com posto[16] de integração* r *e definimos a matriz $B = (\beta_1, \beta_2 \ldots \beta_r)$ com dimensão ($n \times r$) de vetores cointegrantes, de maneira que os* r *elementos do vetor $\beta' y_t$ são tendência-estacionários.*

Apresentamos agora o modelo de correção na forma vetorial.[17] Para isso, estabelecemos novamente o modelo em nível como na equação (8.26):

$$y_t = \mu + \sum_{i=1}^{p} \Pi_i y_{t-i} + \Phi D_t + \varepsilon_t, \tag{8.26}$$

onde Π_i e D_t são a matriz de coeficientes das variáveis defasadas – sobre a qual inferiremos a existência dos vetores de cointegração – e componentes determinísticos, respectivamente.

A partir dessa estrutura, e da definição 8.5.2, extraímos duas versões de um modelo de correção vetorial, que não afetam a análise sobre a matriz Π. A primeira (equação 8.27) com os impactos cumulativos de longo prazo, dados pelas matrizes Γ_i e a presença de y_t em nível com $t - p$ defasagens.

$$\Delta y_t = \mu + \sum_{i=1}^{p-1} \Gamma_i \Delta y_{t-i+2} + \Pi_i y_{t-p} + \Phi D_t + \varepsilon_t \tag{8.27a}$$

$$\Gamma_i = -(I - \Pi_1 - \cdots - \Pi_i) \tag{8.27b}$$

$$\Pi_i = -(I - \Pi_1 - \cdots - \Pi_p) \tag{8.27c}$$

A segunda especificação (equação 8.28) por sua vez mede os impactos transitórios, através de uma diferente especificação das matrizes Γ_i e a presença de y_t em nível com apenas uma defasagem.

---

[15] Linearmente independentes (i.e. $\sum_i^r \alpha_i \beta_i = 0 \iff \alpha_i = 0, \forall i = 1 \ldots r$).
[16] O posto se refere à quantidade de linhas linearmente independentes de uma matriz.
[17] Para mais detalhes, sugerimos ao leitor consultar Pfaff (2008a).

$$\Delta y_t = \mu + \sum_{i=1}^{p-1} \Gamma_i \Delta y_{t-i+2} + \Pi_i y_{t-1} + \Phi D_t + \varepsilon_t \quad (8.28a)$$

$$\Gamma_i = -(\Pi_{i+1} - \cdots - \Pi_p) \quad (8.28b)$$

$$\Pi_i = -(I - \Pi_1 - \cdots - \Pi_p) \quad (8.28c)$$

Existem três casos possíveis para estrutura de Π, com implicações nas relações de cointegração do modelo. O primeiro é quando o posto de Π é igual a k. Nesses casos existem k combinações lineares possíveis, todas L.I. Isso ocorre se todas as variáveis no vetor y_t são estacionárias, de forma que um VAR em nível é a especificação adequada.

O caso em que o posto é nulo não é interessante, nesse caso somente a solução trivial é estacionária (i.e. não há relação de cointegração), de maneira que o VAR em diferenças é a alternativa natural.

Finalmente, quando o posto da matriz é maior que zero e menor que k existem relações de cointegração não triviais (i.e. Πy_t forma um sistema estacionário). De fato, dado que a matriz Π é singular,[18] podemos escrevê-la como $\alpha \beta'$, ambas de dimensão $(r \times k)$. Na literatura chama-se α de matriz de ajuste, dado que seus elementos determinam a velocidade com a qual os processos voltam a seu comportamento de longo prazo. Como exposto anteriormente, as colunas de β são os vetores de cointegração do sistema.

8.5.3 Método de Johansen

A estimação dos modelos de cointegração vetorial tem como referência o trabalho em Johansen (1988) que desencadeou uma série de outros que consolidaram a metodologia atual.

Sucintamente, os resultados dos trabalhos nos fornecem duas estatísticas que permitem realizar um procedimento sequencial[19] para inferência da quantidade de vetores de cointegração. A primeira, acerca da quantidade de vetores de cointegração, proposta em Johansen (1988), chamada estatística do traço:[20]

$$-2\ln(Q) = -T \sum_{i=r+1}^{n} (1 - \hat{\lambda}_i) \quad (8.29)$$

---

[18] Diz-se que uma matriz é singular se não possui inversa, condição equivalente a ter posto menor que sua dimensão.
[19] No sentido de que aumentamos a quantidade testada em cada passo.
[20] Às vezes referida como estatística do posto.

A segunda, de comparação entre dois valores r e $r+1$, proposta em Johansen & Juselius (1990), chamada estatística do máximo autovalor:

$$-2\ln(Q; r|r+1) = -T\ln(1 - \hat{\lambda}_{r+1}) \tag{8.30}$$

Um detalhe importante é a utilização dos valores críticos adequados para cada especificação de componentes determinísticos, tarefa que orienta-se basicamente na comparação com as simulações realizadas pelos autores.

Para exemplificar, simularemos um sistema composto por três processos, no qual dois deles são AR(1) com uma componente linear do terceiro processo, que é um passeio aleatório. Ou seja, as três variáveis são I(1). O gráfico do processo está na figura 8.8.

$$\begin{aligned} x_t &= 0.75 x_{t-1} + 0.8 z_t + \varepsilon_{x,t}, \\ y_t &= -0.3 y_{t-1} - 0.3 z_t + \varepsilon_{y,t}, \\ z_t &= \sum_{i=0}^{t} \varepsilon_i + \varepsilon_{z,t}, \end{aligned} \tag{8.31}$$

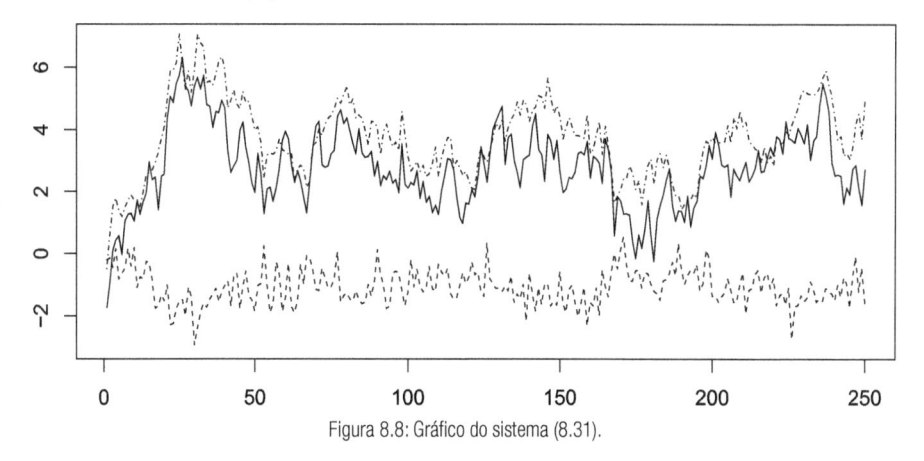

Figura 8.8: Gráfico do sistema (8.31).

A função ca.jo() estima as matrizes β e α, além das estatísticas de teste para os dois métodos. De fato, a estimação dos modelos VEC utilizando o pacote **vars** é feita em duas etapas, na primeira se estima, por máxima verossimilhança, as relações de cointegração, e em seguida, com mínimos quadrados, os coeficientes dos termos determinísticos e de defasagem.

```
ca.jo(x, type = c("eigen", "trace"), ecdet = c("none",
"const", "trend"), K = 2, spec=c("longrun", "transitory"),
season = NULL, dumvar = NULL)
```

- x: objeto contendo séries a serem testadas;
- type: o teste *default* eigen retorna resultados para a estatística do máximo autovalor, enquanto trace para a estatística do traço;
- ecdet: componentes determinísticos;
- K: ordem de defasagem do teste;
- spec: tipo de estrutura de representação (longrun ou transitory);
- season: frequência das *dummies* sazonais;
- dumvar: variáveis *dummy* arbitrárias.

Nos resultados abaixo, $r = 0$ equivale à hipótese nula de não existência de relações de cointegração, enquanto $r \leq i$ equivale à de i ou menos relações de cointegração.

```
######################
# Johansen-Procedure #
######################

Test type: maximal eigenvalue statistic (lambda max),
without linear trend and constant in cointegration

Eigenvalues (lambda):
[1] 3.357938e-01 1.410541e-01 4.949758e-02 7.842278e-19

Values of teststatistic and critical values of test:

          test  10pct  5pct   1pct
r <= 2 |  12.59  7.52   9.24  12.97
r <= 1 |  37.71 13.75  15.67  20.20
r = 0  | 101.47 19.77  22.00  26.81
```

Temos que as estatísticas de teste rejeitam as duas hipóteses nulas iniciais ($r = 0$ e $r \leq 1$) a 1% de significância, enquanto a existência de duas relações apenas a 5%.[21] Como temos apenas 3 variáveis, haverá no máximo duas relações de cointegração.

Para o teste do traço, obtemos resultados semelhantes:

---

[21]A interpretação natural para cada linha da tabela (de baixo pra cima) é de que se a hipótese nula de i ou menos vetores de cointegração é rejeitada, existem portanto mais do que i vetores; o que verificamos com a estatística da linha imediatamente superior.

```
######################
# Johansen-Procedure #
######################
Test type: trace statistic,
without linear trend and constant in cointegration

Eigenvalues (lambda):
[1] 3.357938e-01 1.410541e-01 4.949758e-02 7.842278e-19

Values of teststatistic and critical values of test:

          test  10pct  5pct   1pct
r <= 2 |  12.59  7.52   9.24  12.97
r <= 1 |  50.30  17.85  19.96 24.60
r = 0  |  151.77 32.00  34.91 41.07
```

Por padrão, a saída da função ca.jo() apresenta os vetores de cointegração, porém normalizados para a primeira variável, uma transformação proposta por Johansen, explicada com mais detalhe em Pfaff (2008a, p. 83), que permite identificarmos esses vetores de acordo como aparecem na relação original. Finalmente, para se estimar os demais coeficientes do modelo utilizamos, com base na quantidade de relações de cointegração, a função cajorls().[22]

```
cajorls(z, r = 1, reg.number = NULL)
```

- z: objeto estimado por ca.jo();
- r: posto de cointegração;
- reg.number: quantas relações queremos que ele retorne (a ordem é definida pela magnitude do autovalor associado a cada uma).

A saída da função retorna não só os vetores com as relações de longo prazo (beta), assim como a matriz de coeficientes do modelo (rlm) e os termos de ajuste (ect), componentes de α:

```
Coefficients:
         y1.d      y2.d      y3.d
ect1    -0.28617  -0.04983   0.03755
ect2    -0.05629  -0.88156  -0.07667
y1.dl1  -0.22437  -0.10328   0.07510
y2.dl1   0.08227  -0.80306   0.01229
y3.dl1   0.07289  -0.05364  -0.16650
```

---

[22]Existe também a função cajols que estima apenas os coeficientes dos termos de defasagens, sem a restrição da quantidade de relações de cointegração.

```
$beta
              ect1           ect2
y1.12      1.0000000   6.938894e-18
y2.12      0.0000000   1.000000e+00
y3.12     -0.8333508   2.676756e-0
constant   0.3157532   6.741008e-02
```

Na seção correspondente aos vetores de cointegração (beta), temos duas colunas, cada uma com um vetor de cointegração. Como estão normalizados, podemos facilmente encontrar a contrapartida com os coeficientes do processo gerador (equação 8.31).

Na primeira coluna, encontramos a correspondência da estrutura AR(1) dada a relação de 1 para 1 entre y_1 e si mesmo. Como y_2 não está na equação de y_1, o coeficiente estimado foi nulo. Já a relação com y_3 foi estimada em -0.8333, bem próxima da verdadeira que é -0.8.[23]

8.5.4 VEC estrutural (SVEC)

Assim como observado para os modelos VAR, o problema de identificação de choques e incorporação de teoria econômica também é persistente nos modelos vetoriais de correção de erro, afinal esses são apenas generalizações do primeiro. Não obstante, enquanto nos modelos reduzidos as hipóteses subsidiam justificativas para restrições nas relações de curto prazo (a matriz A da equação (8.21), nos modelos de correções de erro as hipóteses tentam justificar a existência de impactos de longo prazo a partir dos choques estruturais. São evidências, empíricas ou teóricas, sobre a existência ou não de ambos esses efeitos que auxiliam na especificação das matrizes de restrição nos modelos SVEC, que são usualmente chamadas de LR e SR, abreviações dos termos em inglês *long run* e *short run*.

Analogamente ao modelo SVAR, o SVEC surge se considerarmos a representação de efeitos transitórios do VECM, mais especificamente de modo que o termo ε_t da equação (8.28) possa ser escrito como o resultado da pré-multiplicação de uma matriz B por um vetor de erros estruturais, por hipótese independente e identicamente distribuídos, u_t:

---

[23] Os coeficientes estão com sinais trocados pois na identificação proposta por Johansen estes termos aparecem do lado esquerdo da equação.

$$\Delta y_t = \mu + \sum_{i=1}^{p-1} \Gamma_i \Delta y_{t-i+2} + \Pi_i y_{t-1} + \Phi D_t + B u_t \tag{8.32a}$$

$$\Gamma_i = -(\Pi_{i+1} - \cdots - \Pi_p) \tag{8.32b}$$

$$\Pi_i = -(I - \Pi_1 - \cdots - \Pi_p) \tag{8.32c}$$

Ao contrário do que se imaginaria, não é a informação contida nos vetores de cointegração que permite a identificação das restrições de longo prazo, isso porque a representação necessária do VECM, em um VAR em nível, impede que essas relações apareçam na forma final do SVEC.[24] Dessa maneira, assim como apresentado em Pfaff (2008b), utiliza-se a decomposição de Beveridge-Nelson (equação 8.33) para obter informação acerca das relações de longo prazo das variáveis.

$$\mathbf{y_t} = \Theta \sum_{i=1}^{t} u_i + \sum_{j=0}^{\infty} \Theta_j^* u_{t-j} + \mathbf{y_0}^* \tag{8.33}$$

O resultado associado a esta decomposição é a possibilidade de separar as partes I(1) e I(0) da série temporal. No contexto vetorial, as partes não estacionárias, que portanto acumulam choques pela ausência da reversão à média, representadas pelo primeiro termo do lado direito da equação 8.33, compõem as "tendências comuns". Os outros termos não possuem efeito de longo prazo, dado que um é I(0) e um vetor de constantes, respectivamente.

Finalmente, a matriz Θ tem, por consequência de sua definição (equação 8.34), posto igual ao da matriz Π, ou seja, $K - r$. Dado que r é o número de relações de cointegração, a conclusão natural é que esse será também o número de erros estruturais que têm apenas efeitos transitórios, dado que os outros serão de natureza não estacionária e, portanto, passíveis de apresentarem efeitos permanentes. De fato, essa observação fornece r possíveis restrições em Θ, que para um modelo SVEC devem somar $\frac{1}{2}K(K-1)$, sendo que $r(K-r)$ também são herdadas da estrutura de cointegração e $\frac{r(r-1)}{2}$ devem ser impostas na matriz de B, de efeitos contemporâneos.

Assim, combinando as conclusões do modelo VECM e a decomposição de Beveridge-Nelson, chegamos à representação $Bu_t = \Theta B \sum_{t=1}^{\infty} \varepsilon_t$, que nos fornece a mesma estrutura de identificação que obtemos no modelo SVAR do tipo B.

$$\Theta = \beta_\perp \left[\alpha_\perp^\top \left(I_K - \sum_{i=1}^{p-1} \Gamma_i \right) \beta_\perp \right]^{-1} \alpha_\perp^\top \tag{8.34}$$

---

[24]Uma explicação mais detalhada pode ser encontrada em Lütkepohl (2006).

8.5.5 Exemplo

Para exemplificar a metodologia, consideraremos um sistema simples, contendo as séries mensais do IIEBR (Indicador de Incerteza da Economia Brasileira (FGV)), da taxa Selic mensal, do IPCA e do PIB (monitor do PIB (FGV)). As séries variam de dez/2003 a dez/2016.

Para estimarmos um SVEC utlizando o pacote **vars** necessitamos primeiro as estimativas para a matriz Π, o que fazemos com a função ca.jo do pacote **urca**, processo que já foi discutido na seção anterior:
vec <- ca.jo(data, type = "trace", ecdet = "const", K = 2, spec = "transitory")

Nos argumentos da função, solicitamos o teste do traço e incluímos um *drift* como componente determinístico. A especificação da representação transitória é escolhida pois nos permite utilizar a distribuição das restrições com base na decomposição de Beveridge-Nelson. A não ser pela inclusão de um termo de tendência, nenhuma especificação diferente muda a conclusão final de que não deve existir mais de uma relação de cointegração, que utilizamos na função cajorls, que estima os coeficientes do VEC (r=1).

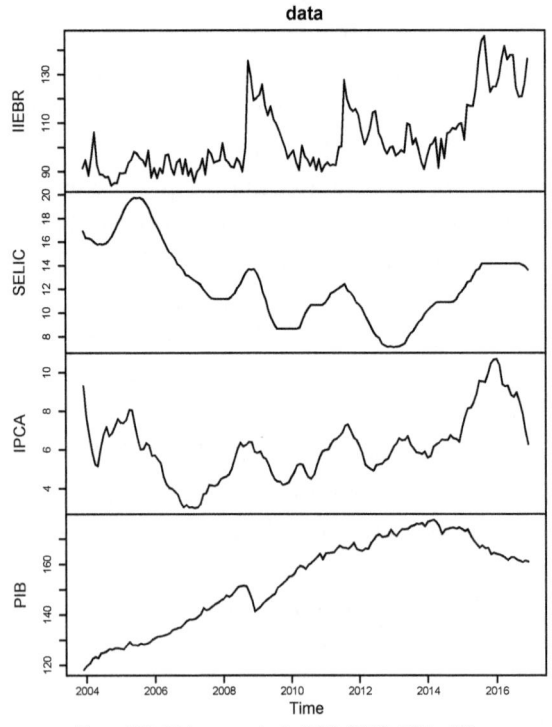

Figura 8.9: Séries mensais do IIEBR, SELIC, IPCA e PIB.

Com o VEC estimado, podemos especificar as matrizes de restrição. Para um modelo exatamente identificado, precisamos de $\frac{1}{2}K(K-1) = 6$, dado que o sistema contém $K = 4$ variáveis. Além disso, o resultado do método de Johansen em conjunto com a decomposição de Nelson-Beveridge, de que há apenas uma relação de cointegração, sugere que o restante dos choques tem efeitos permanentes nos sistema, a partir da equação $r(K-r) = 3$.

Assumindo que a taxa de juros (SELIC) não exerce efeito de longo prazo no PIB (neutralidade da política monetária) nem sobre ela mesma (o que sugeriria um processo não estacionário, hipótese não razoável para um intrumento de política econômica), ganhamos duas restrições na matriz $B\Pi$. Definimos como nulos também os impactos de longo prazo da inflação (IPCA) e do PIB na taxa de juros. Faltam portanto mais duas restrições.

Uma vez que $\frac{r(r-1)}{2} = 0$, não precisaríamos impor nenhuma restrição na matriz de curto prazo, mas para manter o modelo simples e as hipóteses razoáveis, definimos como 0 os elementos $B_{3,2}$ e $B_{3,4}$, anulando o efeito da inflação sobre a taxa de juros (lembrando que utilizamos a taxa nominal) e sobre o PIB, dado que utilizamos o dado deflacionado e não há, no curto prazo, um canal que justifique a existência desse efeito.

No R criamos essas duas matrizes, SR e LR, que serão argumentos da função SVEC, onde NA indica um coeficiente não restrito:

```
SR <- matrix(NA, nrow = 4, ncol = 4)
SR[2,3] <- 0
SR[4,3] <- 0
SR[4,3] <- 0
LR <- matrix(NA, nrow = 4, ncol = 4)
LR[2,2:4] <- 0
LR[4,2] <- 0
```

Em seguida verificamos se inserimos as restrições corretamente. Para a matriz B (SR) de choques contemporâneos temos:

	IIEBR	SELIC	IPCA	PIB
IIEBR	NA	NA	NA	NA
SELIC	NA	NA	0	NA
IPCA	NA	NA	NA	NA
PIB	NA	NA	0	NA

e para a matriz ΠB (LR) de longo prazo:

	IIEBR	SELIC	IPCA	PIB
IIEBR	NA	NA	NA	NA
SELIC	NA	0	0	0
IPCA	NA	NA	NA	NA
PIB	NA	0	NA	NA

No R, as duas matrizes são definidas com o código abaixo. Para estimarmos o modelo utilizaremos a função SVEC, de sintaxe similar à da função SVAR, mas tomando como argumento o objeto ca.jo estimado e as matrizes de restrição LR e SR, de longo e curto prazo. Caso seja especificado um modelo exatamente identificado é aconselhável definir lrtest como FALSE, o que evita uma mensagem de advertência. Os demais argumentos dizem respeito ao processo de otimização que calcula os parâmetros, discutidos em mais detalhes no manual do pacote.

```
SVEC(x, LR = NULL, SR = NULL, r = 1, start = NULL, max.iter
= 100, conv.crit = 1e-07, maxls = 1, lrtest = TRUE, boot =
FALSE, runs = 100)
```

Finalmente, com ambas as matrizes e a quantidade de relações de cointegrações possíveis definidas, estimamos o modelo:
svec <- SVEC(svec, LR = LR, SR = SR, r = 1, lrtest = FALSE)
summary{svec}

Abaixo a saída de summary, omitindo apenas os detalhes do call da função e da matriz de covariância estimada:[25]
SVEC Estimation Results:
========================

Estimated contemporaneous impact matrix:
```
         IIEBR     SELIC    IPCA      PIB
IIEBR    4.13065   1.54795  4.3043   -0.92432
SELIC   -0.08322   0.11262  0.0000   -0.08216
IPCA    -0.16704  -0.05335  0.2003    0.04974
PIB     -0.01753   0.53678  0.0000    0.89361
```

Estimated long run impact matrix:
```
         IIEBR     SELIC     IPCA     PIB
IIEBR   -0.6941  -0.081653   3.5290   0.2914
SELIC   -1.0189   0.000000   0.0000   0.0000
IPCA    -0.5904  -0.008701   0.3651   0.1290
PIB      0.4791   0.000000  -0.1761   1.5740
```

Para o modelo SVEC não é possível obter a normalização dos vetores de cointegração, porém estão disponíveis as funções de impulso resposta e decomposição de variância, permitindo as mesmas análises feitas para os modelos VAR e VEC. Em seguida analisamos as funções de impulso resposta que geraram

---

[25]Para se obter o desvio padrão das estimativas, altera-se o argumento lógico de boot para TRUE.

efeitos razoáveis (e.g. que não tenham explodido e/ou ficado estatisticamente insignificantes em todos os períodos), com intervalos de confiança de 95%.

É importante lembrar que, assim como nos modelos SVAR, as funções de impulso resposta dos modelos SVEC incorporam as restrições impostas. Todavia, no caso do SVEC, é comum que as relações de longo prazo irrestritas não convirjam. Isso ocorre para a resposta da Selic ao choque no IIEBR (figura 8.10a), sugerindo que choques de incerteza estejam relacionados a quedas da taxa de juros no curto prazo, com um efeito permanente de redução no longo prazo. Por outro lado, choques de incerteza apresentam inércia de pelo menos 3 meses.

(a) Respostas a choques no IIEBR

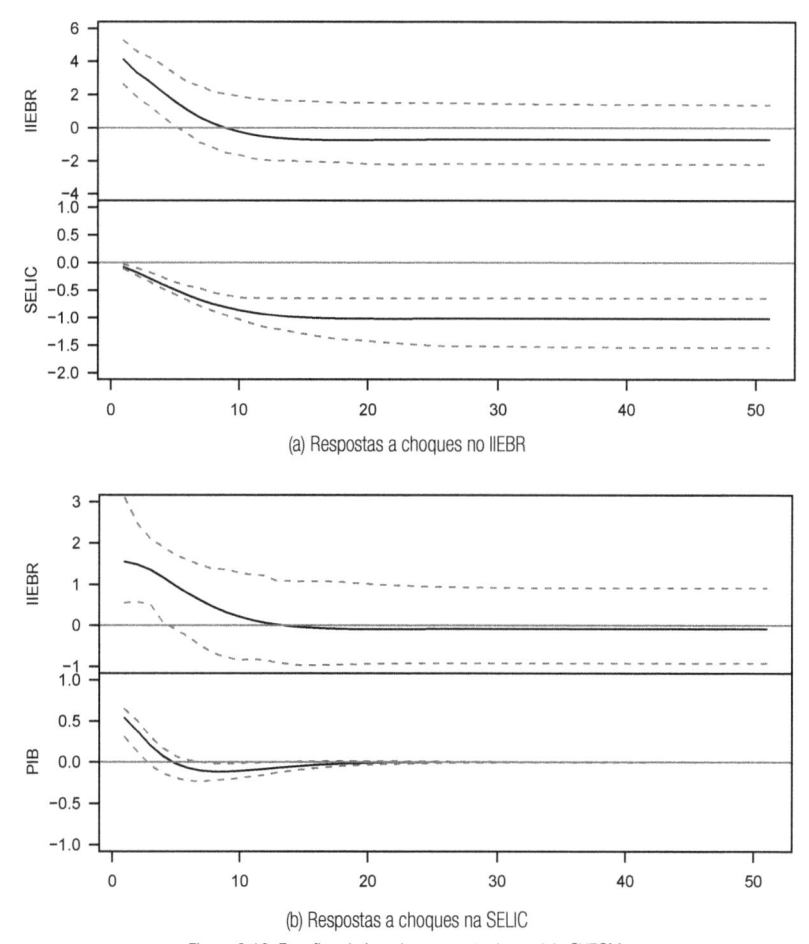

(b) Respostas a choques na SELIC

Figura 8.10: Funções de impulso resposta do modelo SVECM.

Os choques na Selic (figura 8.10b) estão relacionados a elevações da incerteza, talvez porque em tais momentos a política monetária esteja buscando combater altas da inflação, o que está associado a cenários mais incertos. O efeito no PIB apesar de modesto é dúbio, aparentando ser positivo no momento do choque e levemente negativo nos períodos seguintes.

Nos casos em que se queira testar uma especificação diferente, mais de uma identificação será possível. Podemos incluir essa alteração com a função update,[26] que aplicamos logo que alteramos mais um parâmetro do modelo.

Digamos que possuímos evidências teóricas para acreditar que os choques na taxa de juros não possuem efeitos de longo prazo na incerteza, poderíamos portanto anular esse efeito, impondo que $\Pi B_{1,2}$, em seguida testando se essa restrição cria um modelo estatisticamente diferente do anterior e então avaliando novamente as funções de impulso resposta:

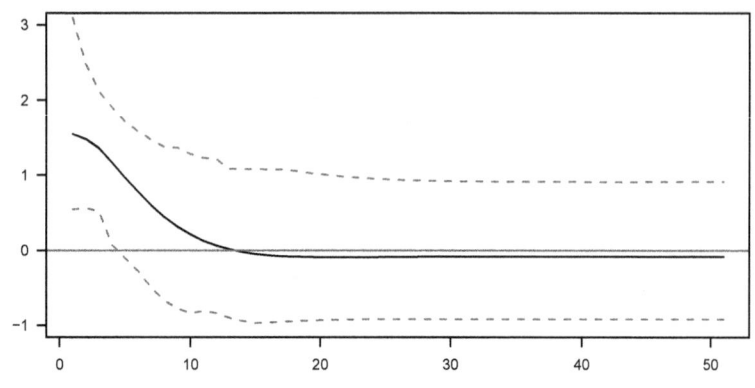

Figura 8.11: Respostas do IIEBR ao choque na Selic.

```
LR[1,2]<-0
svec <- update(svec, LR = LR, lrtest=T)
svec$LRover
```

        LR overidentification

data: vec
Chi^2 = 0.081446, df = 1, p-value = 0.7753

Dado que o p-valor do teste é 0.7753, não rejeitamos a hipótese nula de que a taxa de juros não exerce eeito de longo prazo na incerteza, corroborando a restrição teórica feita anteriormente.

Oservamos que a restrição remove o efeito de longo prazo da Selic (figura 8.11), fazendo com que a função convirja por volta de 12 meses – ainda menos se considerarmos a parte estatisticamente positiva.

---

[26]A função update() possui a mesma sintaxe de SVEC(), porém recebe um objeto svecest como argumento principal, não sendo necessário repetir argumentos que não foram alterados.

8.6 Investimento e confiança industrial

Realizaremos um pequeno estudo das inter-relações de *proxies* para investimento e confiança industrial, a partir de um modelo VAR contendo também *proxies* para o hiato do produto, capacidade instalada e incerteza econômica.[27] Os dados utilizados vão de setembro de 2005 a março de 2016.

Para o investimento, utilizamos como *proxy* a Produção de Bens de Capital, dessazonalizada, divulgada pelo Instituto Brasileiro de Geografia e Estatística (IBGE). O hiato do produto é estimado utilizando o Índice de Atividade Econômica do Banco Central do Brasil (IBC-Br), ao qual aplicamos o filtro HP (Hodrick & Prescott, 1997) para obter as flutuações em torno da tendência de longo prazo.

O índice de confiança utilizado é o Índice de Confiança Industrial (ICI). A capacidade instalada é mensurada a partir do Nível de Utilização da Capacidade Instalada (Nuci). Finalmente, para a incerteza econômica utiliza-se o Indicador de Incerteza da Economia - Brasil (IIE-Br). Todas essas séries são produzidas e divulgadas pelo Instituto Brasileiro de Economia da FGV (FGV IBRE).

A priori, seguindo a proposta inicial, não diferenciaremos as variáveis. O próximo passo é verificar o número de defasagens adequadas:

```
$selection
AIC(n)  HQ(n)  SC(n)  FPE(n)
   3      2      1      2

$criteria
                1            2            3            4            5            6
AIC(n)     6.765277     6.337435     6.336284     6.565461     6.709335     6.670444
HQ(n)      7.055926     6.870291     7.111348     7.582732     7.968814     8.172130
SC(n)      7.481346     7.650228     8.245802     9.071703     9.812302    10.370135
FPE(n)   867.617684   567.004855   569.846462   725.001986   853.276080   844.496716
                7            8            9           10           11           12
AIC(n)     6.601482     6.639016     6.677110     6.799767     6.784535     6.839901
HQ(n)      8.345375     8.625117     8.905418     9.270283     9.497258     9.794831
SC(n)     10.897897    11.532156    12.166974    12.886355    13.467848    14.119938
FPE(n)   820.740361   900.322420  1005.861068  1249.510882  1387.973753  1707.955859
```

Como os dados são mensais, seguimos a sugestão comum na literatura de verificar o número de defasagens a partir de um máximo de 12, contemplando assim o período de um ano. No resultado, apenas o AIC e FPE convergem, o que pode causar confusão na escolha. Todavia, há de se ter em mente que um dos principais propósitos da inclusão de defasagens em modelos autorregressivos é reduzir a correlação residual do modelo.

---
[27]Vale observar que não utilizamos uma *proxy* para custo de capital, pois não consta no estudo original do qual este exemplo se deriva.

Parametrizamos então o modelo com 3 *lags* e a presença de constante, uma vez que nenhuma variável aparenta apresentar tendências determinísticas, porém possuem períodos condizentes com a presença de *drifts* (figura 8.12).

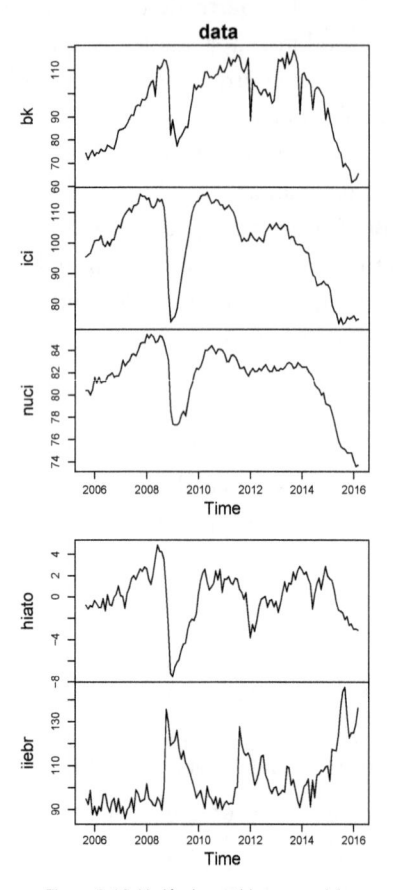

Figura 8.12: Variáveis contidas no modelo.

Dado que o modelo envolve 5 variáveis e três defasagens, a saída da função summary() é extensa, de maneira que apresentaremos apenas os resultados para a equação da variável de Produção de Bens de Capital (bk), com a omissão de algumas linhas da saída, incluindo as de variáveis não estatisticamente significantes (i.e. p-valor acima de 10%). Vale ressaltar ainda que mesmo que algumas variáveis e defasagens não sejam significantes para essa equação, o são para outras, de maneira que decidimos mantê-las:[28]

---

[28]De fato, para podermos definir especificações distintas para cada equação, o ideal seria estimar o modelo através do método SUR (Zellner, 1962) (do inglês *seemingly unrelated regressions*), não disponível nos pacotes discutidos nesse capítulo.

```
Estimation results for equation bk:
===================================
         Estimate Std. Error t value Pr(>|t|)
bk.l1    0.42424   0.09539    4.448 2.12e-05 ***
ici.l1   0.82218   0.23209    3.542 0.000587 ***
nuci.l1 -1.97050   1.09029   -1.807 0.073496 .
bk.l2    0.29575   0.09970    2.966 0.003710 **
nuci.l2  2.37928   1.34978    1.763 0.080778 .
bk.l3    0.20218   0.09477    2.133 0.035155 *
---
Signif. codes:  0 '***' 0.001 '**' 0.01 '*' 0.05 '.' 0.1 ' ' 1

Residual standard error: 4.642 on 108 degrees of freedom
Multiple R-Squared: 0.9168,   Adjusted R-squared: 0.9053
F-statistic: 79.38 on 15 and 108 DF,  p-value: < 2.2e-16
```

Após estimar o modelo verificamos sua estabilidade e realizamos os testes de correlação residual e heterocedasticidade. Quanto à estabilidade, vemos que os autovalores do modelo se encontram todos dentro do círculo unitário (figura 8.13), de maneira que o processo é estável, o que é corroborado nos testes de flutuação empírica (figura 8.14).

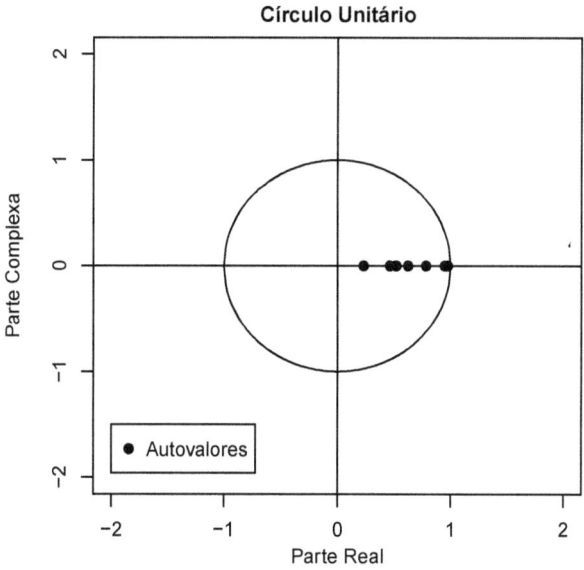

Figura 8.13: Autovalores do modelo estimado.

No teste mais adequado ao modelo dado o tamanho da amostra (Portmanteau ajustado), sem ganhos de robustez para valores maiores de defasagem:

```
Portmanteau Test (adjusted)

data:  Residuals of VAR object var_inv
Chi-squared = 363.26, df = 325, p-value = 0.07058
```

Realizamos também o teste de heterocedasticidade:
```
ARCH (multivariate)

data:  Residuals of VAR object var_inv
Chi-squared = 1146.8, df = 1125, p-value = 0.3189
```

Notamos que ambos os testes apresentam p-valores bem mais altos que os adequados para podermos prosseguir, o que não se altera muito quando estimamos o modelo com os dados diferenciados. Todavia, como o propósito deste exemplo é tão apenas apresentar aplicações das metodologias, de maneira que não realizamos um estudo exaustivo da especificação ideal do modelo. Todavia, consideraremos e estabilidade do modelo e conduziremos o estudo mesmo sem poder considerar ausência de correlação residual e homocedasticidade dos resíduos. Entretanto, alertamos ao leitor que a rejeição dessas hipóteses impede qualquer inferência quando realizamos trabalhos empíricos.

OLS-CUSUM of equation bk

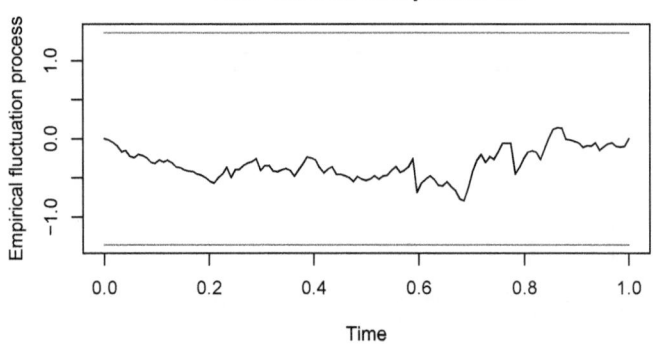

OLS-CUSUM of equation hiato

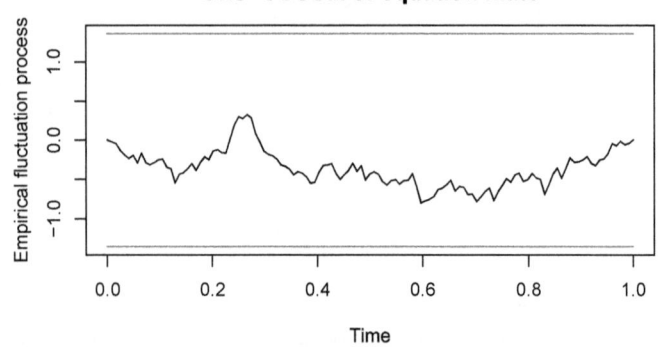

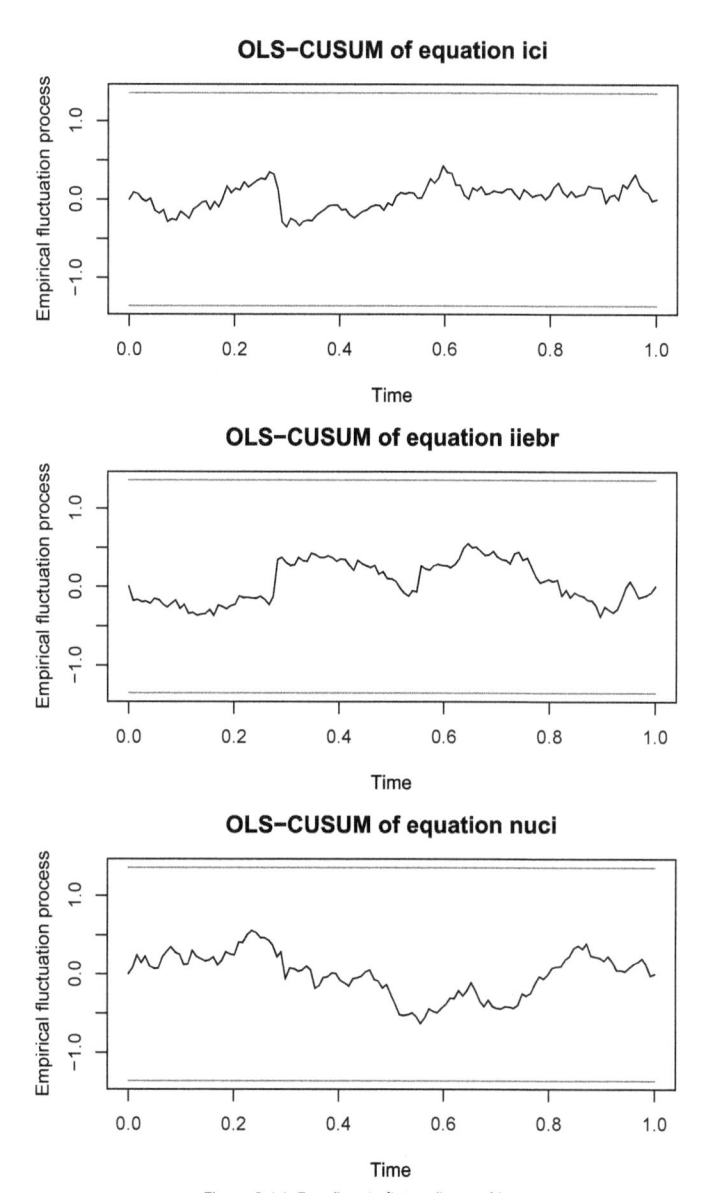

Figura 8.14: Funções de flutuação empírica.

Assim, partimos à análise das funções de impulso resposta, onde se aplica a identificação recursiva a partir da decomposição de Cholesky para obtenção dos choques puros.

Para a produção de bens de capital (bk) (figura 8.15), obtemos respostas estatisticamente significativas para a confiança (ici), hiato (hiato) e incerteza (iiebr), além dele próprio. A função sugere que choques na confiança aumentam a produção de bens de capital, enquanto choques no hiato e na incerteza reduzem.

Para a confiança e a incerteza, a resposta atinge maior valor entre o 5º e 7º mês do choque, a partir de onde convergem a zero. Para o hiato a resposta só parece ser significativa a partir do 8º mês, durando até o 24º, o que pode ocorrer tanto pelo tempo de ajuste necessário entre os pedidos e a produção quanto por uma possível espera dos agentes associados à demanda em verificar se o desvio do produto potencial é de fato um sinal de aquecimento fora de equilíbrio da economia, o que requer revisões para redução de demanda.

VAR Impulse Response in BK

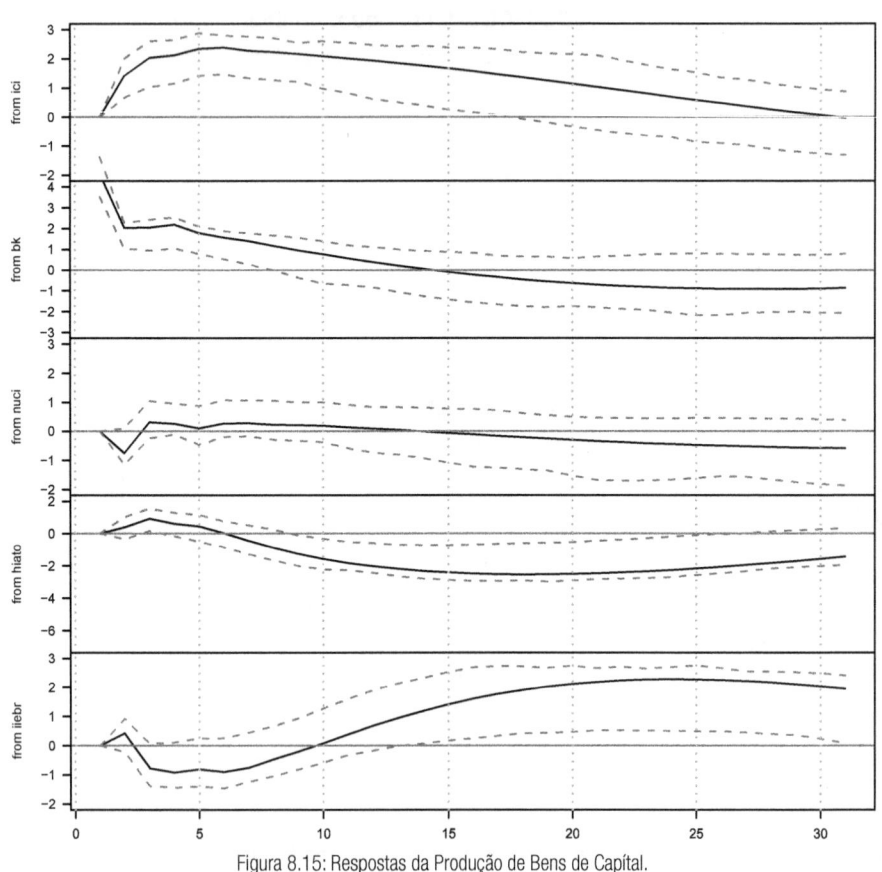

Figura 8.15: Respostas da Produção de Bens de Capital.

Para confiança industrial, figura 8.16, as respostas significativas ocorrem para o hiato e a incerteza. As funções sugerem que choques em ambas as variáveis diminuem a confiança do setor industrial. Porém, enquanto a resposta máxima da incerteza ocorre em torno do 3º mês, é a partir daí que se faz sentir a resposta de desvios do hiato, o que deve possuir explicação similar à da produção de bens de capital.

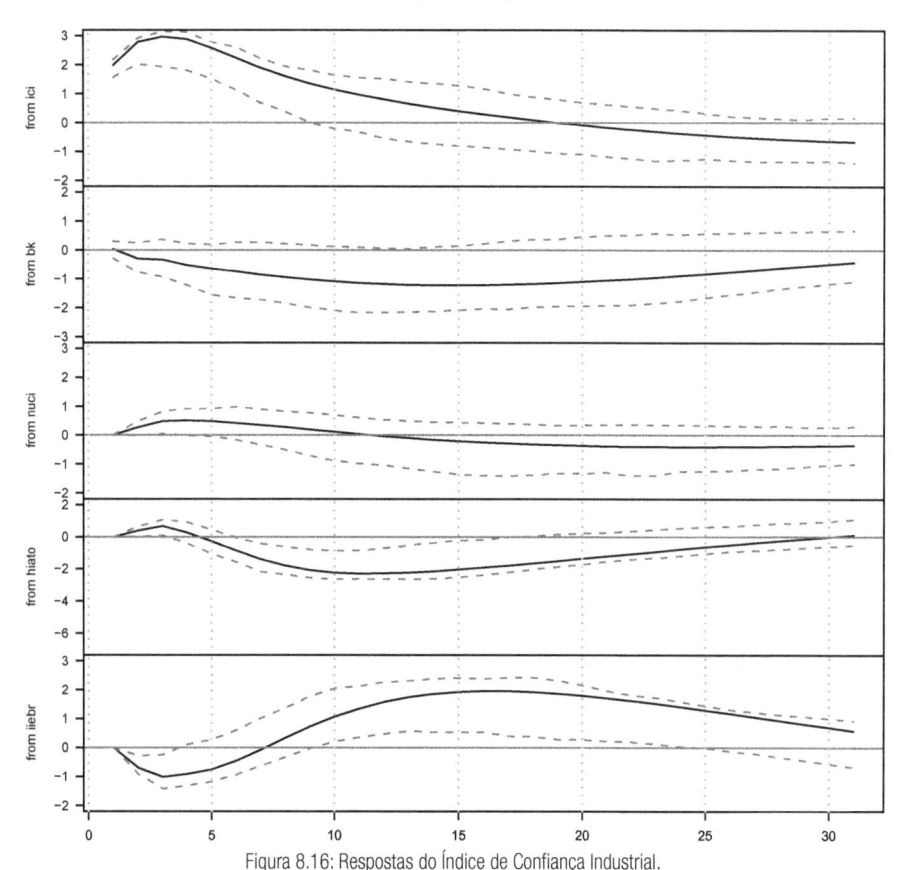

Figura 8.16: Respostas do Índice de Confiança Industrial.

8.7 Considerações finais

Neste capítulo fomos apresentados aos modelos VAR e suas principais propriedades, como estabilidade e representação em médias móveis, que sustentam resultados importantes tanto para estimação quanto análise do modelo. Entre as ferramentas para análise, discutimos as funções de impulso resposta, a decomposição de erros de previsão e a causalidade de Granger, que podem oferecer importantes informações quanto ao comportamento estrutural do modelo. Dado que todas essas ferramentas são melhor aproveitadas quando somos capazes de identificar os parâmetros estruturais do modelo, apresentamos o que é e como obter os parâmetros de um VAR estrutural (SVAR). Considerando as relações de longo prazo presentes em muitos modelos envolvendo séries não estacionárias, discutimos os modelos vetoriais de correção de erro (VECM), aos quais se aplicam as mesmas ferramentas de análise de um VAR comum. Finalmente, fizemos um breve estudo envolvendo *proxies* para investimento e confiança industrial no Brasil, exemplificando as principais técnicas apresentadas.

Referências Bibliográficas

AKAIKE, H. Information theory and an extension of the maximum likelihood principle. *2nd International Symposium on Information Theory*, p. 267–281. 1973.

BAI, J.; PERRON, P. Computation and analysis of multiple structural change models. *Journal of Applied Econometrics*, v. 18, n. 1, p. 1–22, 2003.

BOWLES, M. Ensemble packages in R. 2015. Disponível em: <http://blog.revolutionanalytics.com/2014/04/ensemble-packages-in-r. html>.

BOX, G.E.P.; JENKINS, G.M. Time series analysis: forecasting and control. 1970.

BREUSCH, T.S. Testing for autocorrelation in dynamic linear models. *Australian Economic Papers*, v. 17, n. 31, p. 334–355, 1978.

BROWN, R.L.; DURBIN, J.; EVANS, J.M. Techniques for testing the constancy of regression relationships over time. *Journal of the Royal Statistical Society. Series B (Methodological)*, v. 37, n. 2, p. 149–192, 1975.

CALCAGNO, V. *glmulti: model selection and multimodel inference made easy.* R package version 1.0.7. 2013. Disponível em: <https://CRAN.R-project.org/package=glmulti>.

CAMPBELL, J.Y.; SHILLER, R.J. Cointegration and tests of present value models. *Journal of Political Economy*, v. 95, n. 5, p. 1.062–1.088, 1987.

CHAN, K.-S.; RIPLEY, B. *TSA: time series analysis*. R package version 1.01. 2012. Disponível em: <https://CRAN.R-project.org/package=TSA>.

CHANG, I.; TIAO, G.C.; CHEN, C. Estimation of time series parameters in the presence of outliers. *Technometrics*, v. 30, n. 2, p. 193–204, 1988.

CHOW, G.C. Tests of equality between sets of coefficients in two linear regressions. *Econometrica: Journal of the Econometric Society*, p. 591–605, 1960.

COCHRANE, D.; ORCUTT, G.H. Application of least squares regression to relationships containing auto-correlated error terms. *Journal of the American Statistical Association*, v. 44, n. 245, p. 32–61, 1949.

COWPERTWAIT, P.S.; METCALFE, A.V. *Introductory time series with R.* Springer Science & Business Media, 2009.

DICKEY, D.A.; FULLER, W.A. Distribution of the estimators for autoregressive time series with a unit root. *Journal of the American Statistical Association*, v. 74, n. 366a, p. 427–431, 1979.

DOLADO, J.J.; JENKINSON, T.; SOSVILLA-RIVERO, S. Cointegration and unit roots. *Journal of Economic Surveys*, v. 4, n. 3, p. 249–273, 1990.

DRAGULESCU, A.A. *xlsx: read, write, format Excel 2007 and Excel 97/2000/XP/2003 files.* R package version 0.5.7. 2014. Disponível em: <https://CRAN.R-project.org/package=xlsx>.

DURBIN, J. Testing for serial correlation in least-squares regression when some of the regressors are lagged dependent variables. *Econometrica: Journal of the Econometric Society*, p. 410–421, 1970.

_____; WATSON, G.S. Testing for serial correlation in least squares regression. I. *Biometrika*, v. 37, n. 3-4, p. 409–428, 1950.

_____; _____. Testing for serial correlation in least squares regression. II. *Biometrika*, v. 38, n. 1/2, p. 159–177, 1951.

_____; _____. Testing for serial correlation in least squares regression. III. *Biometrika*, v. 58, n. 1, p. 1–19, 1971.

ELLIOTT, G.; ROTHENBERG, T.; STOCK, J. Efficient test for an autoregressive unit root. *Econometrica*, v. 64, n. 4, p. 813–836, 1996.

ENDERS, W. *Applied econometric time series.* v. 4. John Wiley & Sons Inc. 2008.

ENGLE, R.F. Wald, likelihood ratio, and lagrange multiplier tests in econometrics. *Handbook of econometrics*, v. 2, p. 775–826, 1984.

ENGLE, R.F.; GRANGER, C.W. Co-integration and error correction: representation, estimation, and testing. *Econometrica*, v. 55, n. 2, p. 251–276, 1987.

FERREIRA, P.C.; COSTA, J.; SPERANZA, T. *BETS: Brazilian economic time series.* R package version 0.0.98. 2016. Disponível em: <http://CRAN.R-project.org/package=BETS>.

_____; GONDIN, J.L.; DE MATTOS, D.M. Métodos de ajuste sazonal para séries de business tendency: um estudo de caso para a sondagem da indústria utilizando o método X13-ARIMASEATS. FGV IBRE, 2015.

FINDLEY, D.F.; MONSELL, B.C.; BELL, W.R.; OTTO, M.C.; CHEN, B.-C. New capabilities and methods of the X-12-ARIMA seasonal-adjustment program. *Journal of Business & Economic Statistics*, v. 16, n. 2, p. 127–152, 1998.

Referências Bibliográficas

FOK, D.; FRANSES, P.H.; PAAP, R. Performance of seasonal adjustment procedures: simulation and empirical results. *Econometric Institute Report*, 2005.

FOX, J.; WEISBERG, S. *An R companion to applied regression*. Thousand Oaks CA: Sage, 2 ed. 2011. Disponível em: <http://socserv.socsci.mcmaster.ca/jfox/Books/Companion>.

FRENCH, M.W. Estimating changes in trend growth of total factor productivity: Kalman and H-P Filters versus a Markov-Switching framework. FED – Finance and Economics Discussion Series – Working Paper n. 2001-44. 2001.

GAVRILOV, I.; PUSEV, R. *normtest: Tests for normality*. R package version 1.1. 2014. Disponível em: <https://CRAN.R-project.org/package=normtest>.

GODFREY, L.G. Testing against general autoregressive and moving average error models when the regressors include lagged dependent variables. *Econometrica: Journal of the Econometric Society*, p. 1.293–1.301, 1978.

GÓMEZ, V.; MARAVALL, A. *Guide for using the programs Tramo and Seats*. Banco de España, 1998.

GRANGER, C.W. Investigating causal relations by econometric models and cross-spectral methods. *Econometrica: Journal of the Econometric Society*, v. 37, n. 3, p. 424–438, 1969.

GRANGER, C.W.; NEWBOLD, P. Spurious regressions in econometrics. Journal of Econometrics, v. 2, n. 2, p. 111–120, 1974.

GRANGER, C.W.; NEWBOLD, P. Forecasting transformed series. *Journal of the Royal Statistical Society. Series B (Methodological)*, p. 189–203, 1976.

GRAVES, S. *FinTS: companion to tsay (2005) analysis of financial time series*. 2014. Disponível em: <http://cran.r-project.org/package=FinTS>.

GREENE, W.H. *Econometric analysis*. 5. ed. Prentice Hall, Upper Saddle River, 2003.

HAMILTON, J.D. *Time series analysis*. Princeton University Press. 1994.

HARVEY, A.; SHEPARD, N. Structural time series models. *Elsevier Science Publishers* B.V., 1993.

HILDRETH, C.; LU, J. Demand relations with auto-correlated disturbances. *Michigan State University, Agricultural Experimental Station. Technical Bulletin*, v. 276, p. 185. 1960.

HODRICK, R.; PRESCOTT, E. Postwar business cycles. *Jornal of Money, Credit and Banking*, 1997.

HUNGARIAN CENTRAL STATISTICAL OFFICE. Seasonal adjustment methods and pratices. *European Commission Grant*, 2007.

HYLLEBERG, S.; ENGLE, R.F.; GRANGER, C.W.; YOO, B.S. Seasonal integration and cointegration. *Journal of Econometrics*, v. 44, n. 1, p. 215–238, 1990.

HYNDMAN, R.J. *forecast: forecasting functions for time series and linear models*. R package version 6.2. 2015. Disponível em: <http://github.com/robjhyndman/forecast>.

HYNDMAN, R.J.; RAZBASH, S.; SCHMIDT, D. Forecasting functions for time series and linear models. *R package version*. 2012. Disponível em: <http://CRAN.R-project.org/package=forecast>.

IBGE. Pesquisa Industrial Mensal – Produção Física. 2015a. Disponível em: <http://www.ibge.gov.br/home/estatistica/indicadores/industria/pimpfbr/>.

IBGE. Pesquisa Industrial Mensal Produção Física – Brasil – Notas Metodológicas. 2015b. Disponível em: <http://www.ibge.gov.br/home/estatistica/indicadores/industria/pimpfbr/notas_metodologicas.shtm1>.

IPEA. Instituto de pesquisa econômica aplicada. 2015. Disponível em: <http://www.ipea.gov.br/portal/index.php?option=com_content&view=article&id=21971&catid=10&Itemid=9>.

JARQUE, C.M.; BERA, A.K. Efficient tests for normality, homoscedasticity and serial independence of regression residuals. *Economics Letters*, v. 6, n. 3, p. 255–259, 1980.

JOHANSEN, S. Statistical analysis of cointegration vectors. *Journal of Economic Dynamics and Control*, v. 12, n. 2, p. 231–254, 1988.

_____; JUSELIUS, K. Maximum likelihood estimation and inference on cointegration with applications to the demand for money. *Oxford Bulletin of Economics and Statistics*, v. 52, n. 2, p. 169–210, 1990.

KEELE, L.; DE BOEF, S. Not just for cointegration: error correction models with stationary data. *Documento de Trabajo. Departamento de Política y Relaciones Internacionales, Nuffield College y Oxford University*, 2004.

KLEIBER, C.; ZEILEIS, A. *Applied econometrics with R*. Springer Science & Business Media, 2008.

KOMSTA, L.; NOVOMESTKY, F. Moments, cumulants, skewness, kurtosis and related tests, 2015.

KOOPMAN, S.J.; HARVEY, A.; DOORNIK, J.; SHEPARD, N. Structural time series analyser, modeler and predictor. *Timberlake Consultants*, 2009.

KWIATKOWSKI, D.; PHILLIPS, P.C.; SCHMIDT, P.; SHIN, Y. Testing the null hypothesis of stationarity against the alternative of a unit root: how sure are we that economic time series have a unit root? *Journal of Econometrics*, v. 54, n. 1, p. 159–178, 1992.

LI, Z. *dcv: conventional cross-validation statistics for climate-growth model*. R package version 0.1.1. 2010. Disponível em: <https://CRAN.R-project.org/package=dcv>.

LIVSEY, J.; PANG, O.; MCELROY, T. Effect of trading day regressors on seasonal adjustment of growth rates. *RESEARCH REPORT SERIES, US* Census Bureau, 2014. Disponível em: <https://www.census.gov/srd/papers/pdf/rrs2014-09.pdf>.

LJUNG, G.M.; BOX, G.E. On a measure of lack of fit in time series models. *Biometrika, v. 65, n. 2*, p. 297–303, 1978.

LÜTKEPOHL, H. *New introduction to multiple time series analysis.* v. 3. Springer Science & Business Media, 2005.

_____. Structural vector autoregressive analysis for cointegrated variables. In *Modern Econometric Analysis*, p. 73–86, Springer, 2006.

MACKINNON, J.G. Numerical distribution functions for unit root and cointegration tests. *Journal of Applied Econometrics*, n. 11, p. 601–618, 1996.

MOHR, F. *prais: Prais-Winsten estimation procedure for ar(1) serial correlation.* R package version 0.1.1. 2015. Disponível em: <https://CRAN.R-project.org/package=prais>.

NEWEY, W.K.; WEST, K.D. A simple, positive semi-definite, heteroskedasticity and autocorrelation consistent covariance matrix. *Econometrica*, v. 55, n. 3, p. 703–708, 1987.

PFAFF, B. *Analysis of integrated and cointegrated time series with R.* Springer Science & Business Media, 2008a.

_____. Var, svar and svec models: implementation within r package vars. Journal of Statistical Software, v. 27, n. 1, p. 1–32, 2008b.

_____; STIGLER, M.; PFAFF, M.B. *vars: VAR modeling.* R package version 1.5-2. 2013. Disponível em: <https://CRAN.R-project.org/package=vars>.

_____; ZIVOT, E.; STIGLER, M. *urca: unit root and cointegration tests for time series data.* 2016. Disponível em:<https://CRAN.R-project.org/package=urca>.

PHILLIPS, P.C.; PERRON, P. Testing for a unit root in time series regression. *Biometrika*, v. 75, n. 2, p. 335–346, 1988.

PINDYCK, R.S.; RUBINFELD, D.L. *Econometric models and economic forecasts.* v. 4. Irwin/McGraw-Hill Boston, 1998.

PLOSSER, C.I. A time series analysis of seasonality in econometric models. *The National Bureau of Economic Research*, 1979.

PRAIS, S.J.; WINSTEN, C.B. Trend estimators and serial correlation. *Tech. rep., Cowles Commission Discussion Paper*, n. 383 (Chicago), 1954.

RASMUSSEN, R. On time series data and optimal parameters. *The International Journal of Management Science*, 2004.

R CORE TEAM graphics: *the R graphics package*. 2015a.

_____. stats: *the R stats package*. 2015b.

SAX, C. Github christoph sax. 2015a. Disponível em: <https://github.com/christophsax>.

_____. seasonal: *R interface to X-13-Arima-Seats*. R package version 1.6.1. 2015b. Disponível em: <http://CRAN.R-project.org/package=seasonal>.

SCHWARZ, G. et al. Estimating the dimension of a model. *The Annals of Statistics*, v. 6, n. 2, p. 461–464, 1978.

SHAPIRO, S.S.; WILK, M.B. An analysis of variance test for normality (complete samples). *Biometrika*, v. 52, n. 3/4, p. 591–611, 1965.

SHISKIN, J.; YOUNG, A.H.; MUSGRAVE, J.C. The X-11 variant of the census method II seasonal adjustment program. *Bureau of the Census*, 52, 1967.

SIMS, C.A. Macroeconomics and reality. *Econometrica*, v. 48, n. 1, p. 1–48, 1980.

SPADA, S.; QUARTAGNO, M.; TAMBURINI, M. *orcutt: estimate procedure in case of first order autocorrelation*. R package version 1.1. 2012. Disponível em: <https://CRAN.R-project.org/package=orcutt>.

TEAM, R.C. R: A language and environment for statistical computing. vienna: R foundation for statistical computing. 2017. Disponível em: <https://www.R-project.org>.

TRAPLETTI, A.; HORNIK, K. *tseries: time series analysis and computational finance*. R package version 0.10-34. 2015. Disponível em: <http://CRAN.R-project.org/package=tseries>.

TSAY, R.S. Outliers, level shifts, and variance changes in time series. *Journal of Forecasting*, v. 7, n. 1, p. 1–20, 1988.

U.S. CENSUS BUREAU. X-13ARIMA-SEATS reference manual acessible html output version. 2015. Disponível em: <https://www.census.gov/ts/x13as/docX13AS.pdf>.

VERZANI, J. *Using R: data sets, etc. for the text "using R for introductory statistics", second edition*. R package version 2.0-5. 2015. Disponível em: <https://CRAN.R-project.org/package=UsingR>.

WICKHAM, H.; CHANG, W. *devtools: Tools to make developing R Packges easier*. R package version 1.13.3. 2017. Disponível em: <https://CRAN.R-project.org/package= devtools>.

YULE, G.U. Why do we sometimes get nonsense-correlations between time-series? A study in sampling and the nature of time-series. *Journal of the Royal Statistical Society*, v. 89, n. 1, p. 1–63, 1926.

ZEILEIS, A. Econometric computing with HC and HAC covariance matrix estimators. *Journal of Statistical Software*, v. 11, n. 10, p. 1–17, 2004.

_____. dynlm: dynamic linear regression. R package version 0.3-5. 2016. Disponível em: <http://CRAN.R-project.org/package=dynlm>.

_____; HOTHORN, T. Diagnostic checking in regression relationships. *R News*, v. 2, n. 3, p. 7–10, 2002.

_____; LEISCH, F.; HORNIK, K.; KLEIBER, C. Strucchange. An R package for testing for structural change in linear regression models. 2001.

ZELLNER, A. An efficient method of estimating seemingly unrelated regressions and tests for aggregation bias. *Journal of the American Statistical Association*, v. 57, n. 298, p. 348–368, 1962.

_____. Front matter to seasonal analysis of economic time series. *The National Bureau of Economic Research*. 1979.

ZIVOT, E.; ANDREWS, D.W.K. Further evidence on the great crash, the oil-price shock, and the unit-root hypothesis. *Journal of Business and Economic Statistics*, 1999.